Le livre de l'Origami

pliages à vivre et à jouer

ÉDITIONS FRANCE LOISIRS

Remerciements

À tous ceux qui, de près ou de loin, m'ont aidé et encouragé à élaborer ce livre.
À mes trois enfants : Nina et Angelo, qui m'ont offert beaucoup de leur créativité, et Tessa, pour ses conseils.
À Setsuko, ma compagne.
À mes amis et créateurs, qui ont témoigné de leur amitié : L. Canovi, D. Brill, S. et M. Biddle, S. et Y. Momotani, J. Cunliff, T. Inoué, P. Jackson, S. Weiss, K. Kasahara...
À Fabrice Besse, pour ses magnifiques photos inondées de lumière.
À ceux qui apprécient mon travail et m'invitent à l'exposer.

Vous pouvez m'écrire pour me faire part de vos expériences et de vos trouvailles :

Didier Boursin, boutique « Setsuko et Didier »
17, rue Sainte-Croix-de-la-Bretonnerie 75004 Paris
Tél 01 42 71 56 23. Fax 01 48 04 79 66

Textes et dessins : Didier Boursin
Stylisme photo : Didier Boursin
Photographies : Cactus studio

Directrice éditoriale : Catherine Franck
Éditrice : Youna Duhamel-Brésolin
Réalisation : fabre & tilleul
Coordination technique : Nicolas Perrier
Lecture-correction : Édith Zha

Éditions France Loisirs,
123, boulevard de Grenelle, Paris
www.franceloisirs.com
ISBN : 2-7441-3935-1
N° Éditeur : 34351
Dépôt légal : décembre 2000
Impression et reliure : Canale (Italie)
Éditions du Club France Loisirs, Paris
avec l'autorisation de Dessain et Tolra

Les pliages du **Livre de l'origami** sont issus des ouvrages suivants parus aux éditions Dessain et Tolra :
- Pliages en mouvement
- Pliages en liberté
- Pliages utiles
- Animaux de papier

Du même auteur aux éditions Dessain et Tolra :
- Pliages premiers pas
- Pliages magiques
- Pliage des serviettes

Aux éditions ACL :
- Pliages et mathématiques

Didier Boursin a réalisé plusieurs pliages de ce livre et des précédents pour le film « Femme agitée » de Guila Braoudé.

Sommaire

*	très facile
**	facile
***	difficile

Le pliage de papier est probablement né en Chine au début de notre ère avec l'invention du papier. C'est au Japon qu'il s'est développé plusieurs siècles plus tard et est devenu un art de cérémonie dans la tradition shinto sous forme de boîtes d'offrandes et de pliages en zigzag pour les divinités. Le pliage devient ensuite un art subtil de l'emballage réalisé dans des papiers blancs, pour conserver des épices, des médicaments, pour envelopper des petits objets de la vie quotidienne tels que peigne, éventail, baguettes. Le papier, fabriqué à grande échelle, devient un produit plus accessible et un passe-temps connu sous le nom d'Origami. En France, sous Henri IV, le pliage de serviettes servait de décoration dans les banquets d'apparat et cet art était apprécié de toutes les cours européennes. Léonard de Vinci utilisa le pliage pour étudier la géométrie et l'aérodynamisme. Aujourd'hui, partout dans le monde, des enfants et des adultes pratiquent le pliage de papier car des créateurs contemporains ont su transmettre cette tradition et l'enrichir avec leurs créations. Le pliage intéresse aussi de nombreux professionnels : l'architecte ou l'ingénieur, pour la recherche de structures nouvelles, les mathématiciens, pour l'étude de la géométrie du plan et de l'espace, les professions médicales, pour la rééducation de la main.

Dans ce livre, je vous propose plus d'une cinquantaine de mes créations et celles de mes amis : des avions aux performances étonnantes, des animaux très décoratifs, des boîtes à utiliser en toute occasion, des cartes d'invitation pour annoncer vos fêtes et de nombreux pliages qui deviendront magiques entre vos mains.

Dans le sommaire, nous avons attribué des étoiles * (de 1 à 3) selon un niveau de difficulté croissant. Je vous conseille dans un premier temps, de plier des modèles simples, d'une part pour assimiler le langage de base et d'autre part pour acquérir légèreté des gestes et précision des mouvements. Pour avoir d'autres conseils, reportez-vous en fin d'ouvrage, où vous trouverez des explications complémentaires.

J'espère que vous prendrez beaucoup de plaisir à réaliser ces pliages. Faites découvrir votre nouvelle passion à tous vos amis en montrant vos chefs-d'œuvre.

Plis et symboles

 plier devant

 plier derrière

 pousser, enfoncer

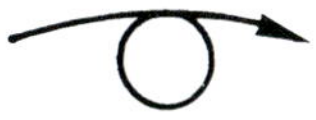 retourner le modèle

 ouvrir, déplier

 suivre la flèche

 vue agrandie

 tenir ce point

 insérer, glisser à l'intérieur

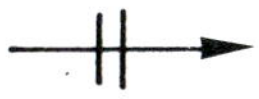 répéter l'opération autant de fois qu'il y a de barres

 souffler, gonfler

 tirer et pousser

pli vallée

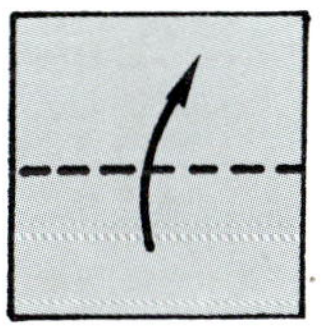

Plier un carré de papier en 2 par-devant.

Vous obtenez un pli vallée.

pli montagne

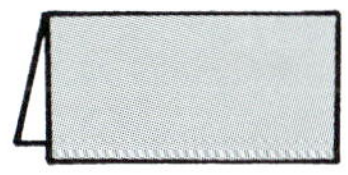

Plier un carré de papier en 2 par-derrière.

Vous obtenez un pli montagne.

marquer le pli

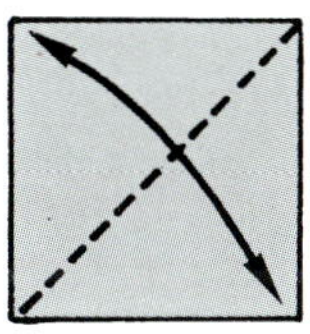

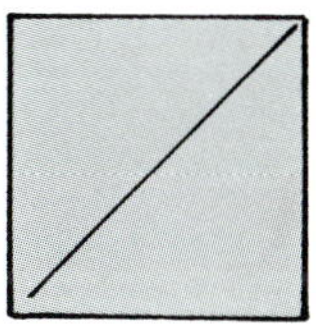

Faites bien la différence entre le fait de plier le papier et de marquer le pli.
Dans le premier cas, vous conserverez le pli ;
dans le second cas, vous le dépliez.

couper

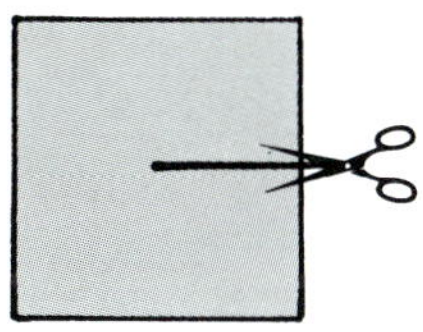

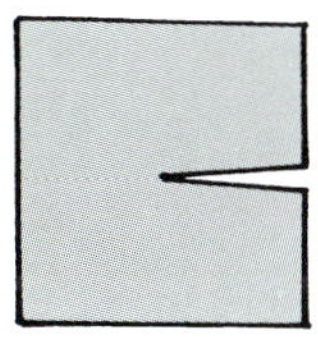

Découper le long du trait.

repli

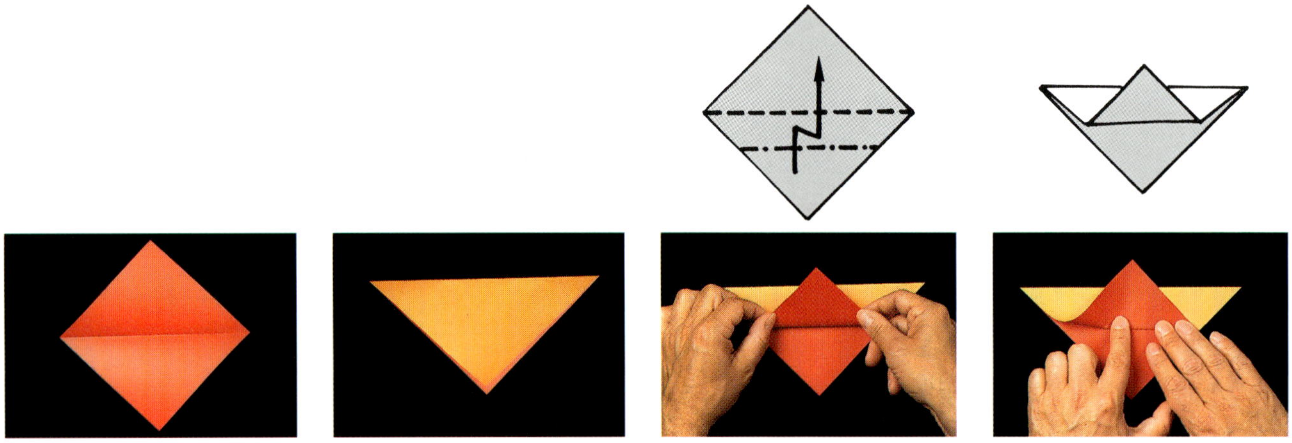

Plier un carré de papier en 2 par-devant.

Vous obtenez un triangle.

Remonter une pointe.

Marquer le pli, vous obtenez un repli.

joindre les points

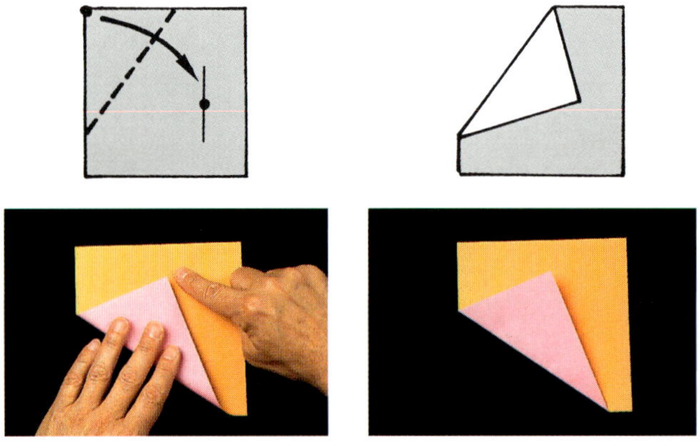

Plier une pointe sur le repère indiqué.

Marquer le pli.

triangle équilatéral

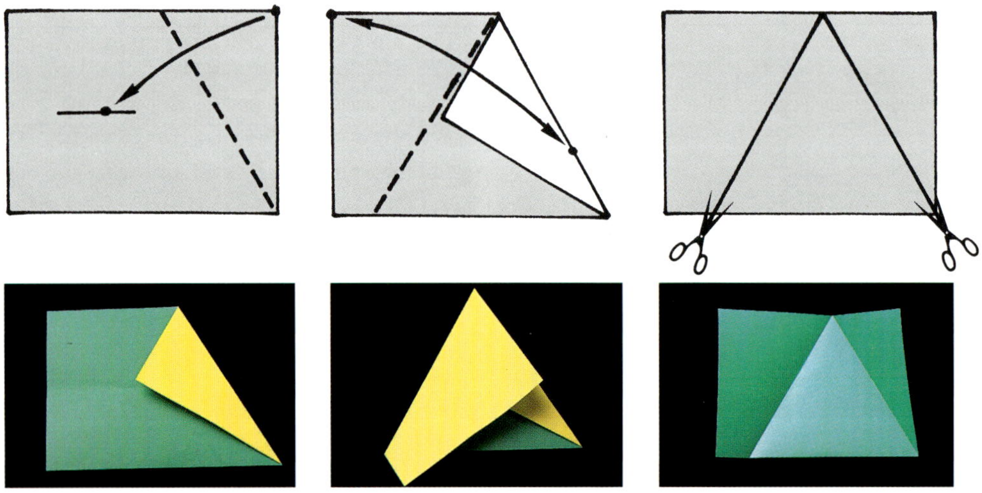

En partant de l'angle inférieur, joindre le pli central d'un rectangle.

Marquer le pli en rabattant le côté gauche sur le premier pli, puis déplier.

Découper les côtés : vous obtenez un triangle équilatéral qui vous servira, pour « La boîte triangulaire » (pp. 12-13) ou « La boîte murale » (pp. 28-29).

pli inversé intérieur

Plier un carré en 2
et marquer un pli vallée
vers le haut.

Puis ouvrir.

Marquer le pli central sur
la partie droite en vallée
et les plis de part et d'autre
en pli montagne, et creuser
la partie gauche.

Vous obtenez un pli inversé
intérieur.

pli inversé extérieur

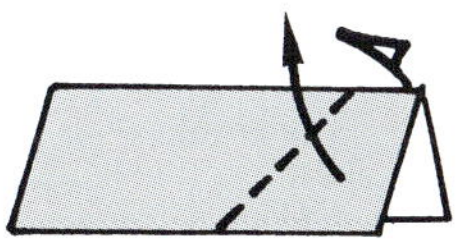

Ce schéma signifie que vous devez réaliser un pli inversé extérieur.

Plier un carré en 2
et marquer un pli vallée
vers le haut.

Puis ouvrir.

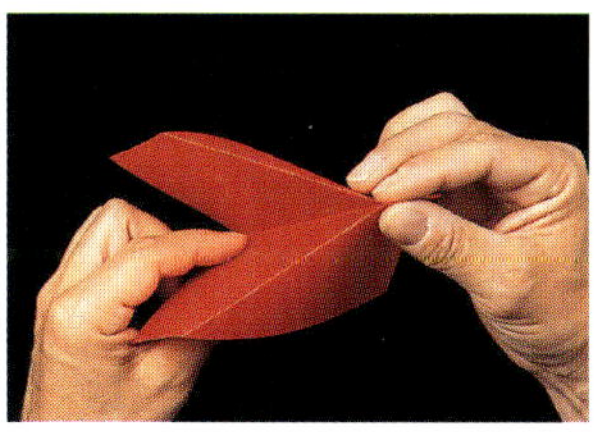

Marquer le pli central sur
la partie droite en vallée
et les plis de part et d'autre
en pli vallée, et creuser
la partie droite.

Vous obtenez un pli inversé
extérieur.

base préliminaire

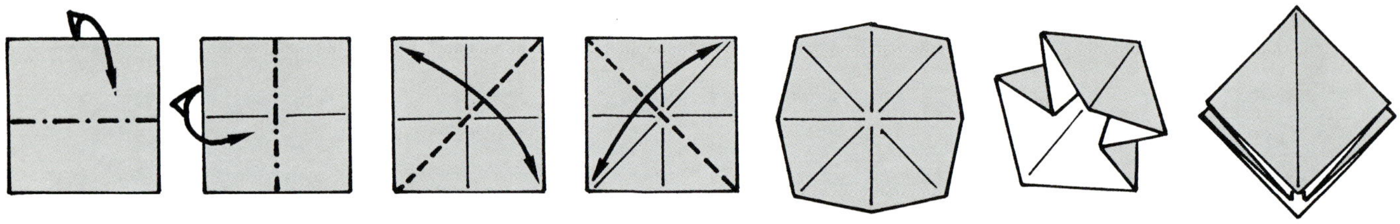

Sur un carré de papier, marquer une médiane en pli montagne.

Puis marquer la deuxième médiane.

Marquer une diagonale en pli vallée.

Puis marquer la deuxième diagonale.

Appuyer au centre par en dessous.

Tenir deux côtés opposés et joindre les plis pour former un losange.

Aplatissez l'ensemble.

Vous obtenez une base préliminaire qui vous servira à réaliser « La petite bête qui monte » (pp. 142-143) et la base de l'oiseau.

base de la bombe à eau

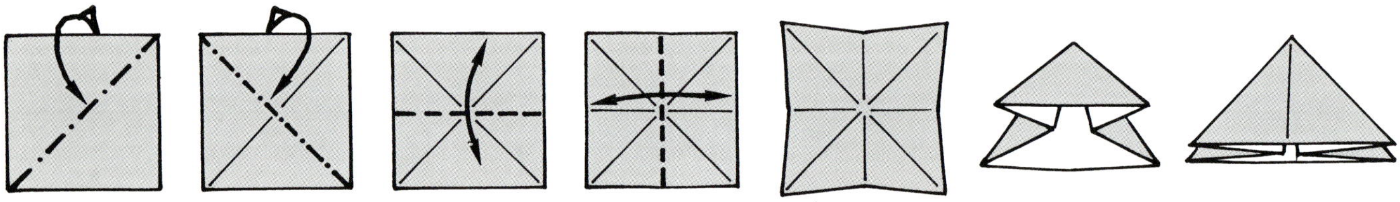

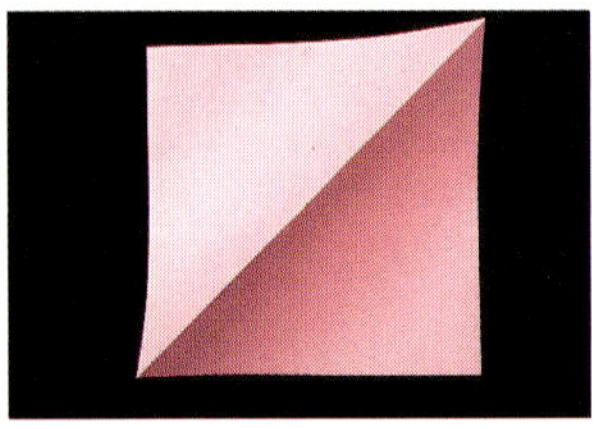

Sur un carré de papier, marquer une diagonale en pli montagne.

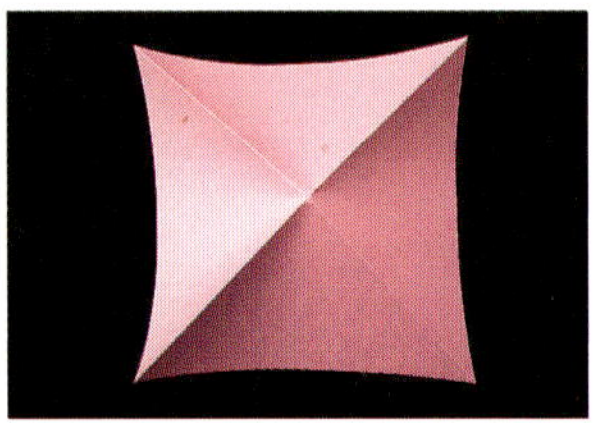

Puis marquer la deuxième diagonale.

Marquer une médiane en pli vallée.

Puis marquer la deuxième médiane.

Appuyer au centre par en dessous.

Tenir deux côtés opposés et joindre les plis pour former un triangle, puis aplatissez l'ensemble.

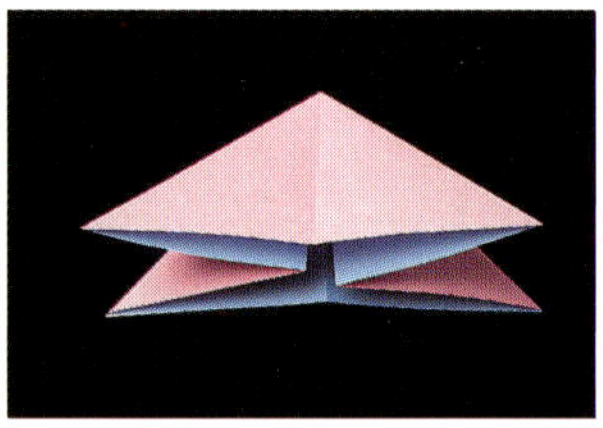

Vous obtenez la base de la bombe à eau.

base de l'oiseau

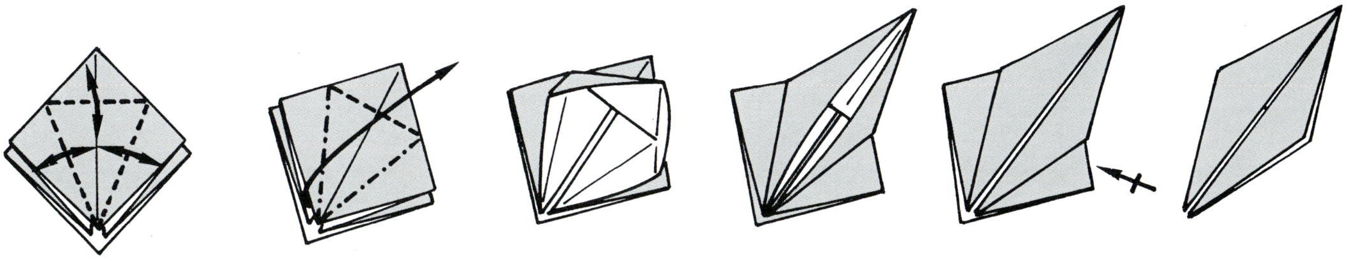

Réaliser une base préliminaire, puis replier les côtés le long du pli central.

Rabattre le triangle supérieur.

Après avoir déplié les trois pointes, saisir par la pointe du bas la première épaisseur.

Remonter la pointe du bas dans ses plis.

Aplatir l'ensemble.

Retourner le pliage puis répéter les mêmes opérations, en pliant les côtés puis en rabattant le triangle.

Après avoir déplié les côtés, remonter la pointe dans ses plis.

Vous obtenez la base de l'oiseau qui vous servira pour le pliage « Oiseau » (p. 110-111).

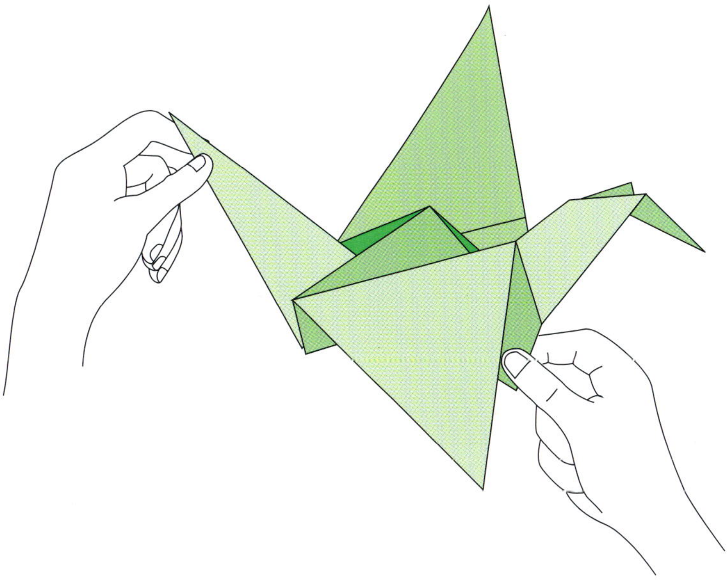

Boîtes et récipients

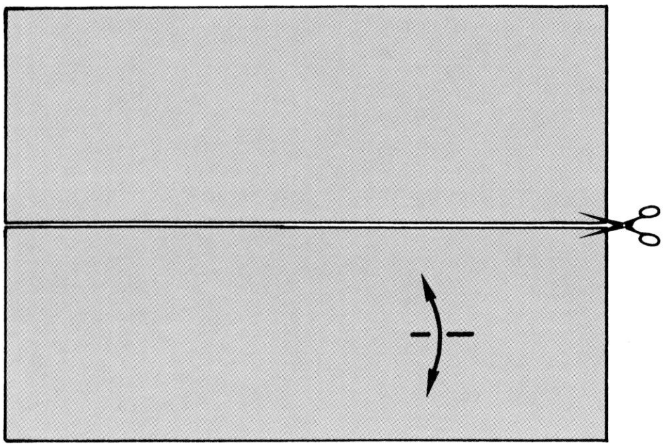

1 Marquer d'un pli le milieu d'une demi-feuille A4 ou d'une feuille plus grande.

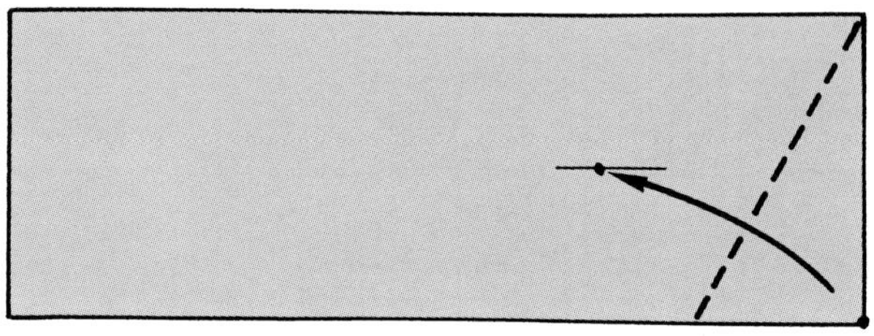

2 En partant de l'angle supérieur, joindre les points sur le pli central.

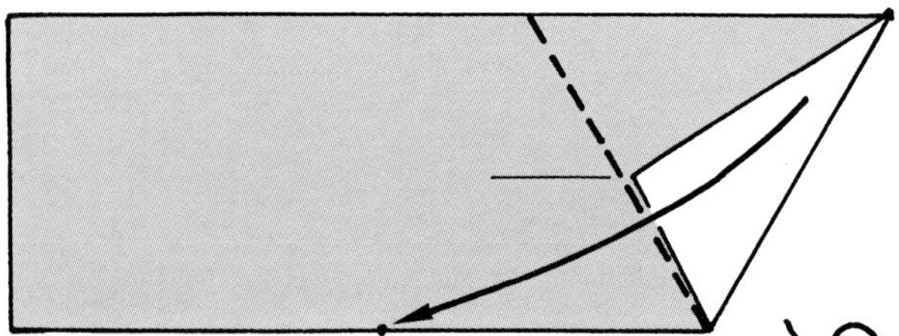

3 Rabattre la partie droite en juxtaposant les bords puis retourner.

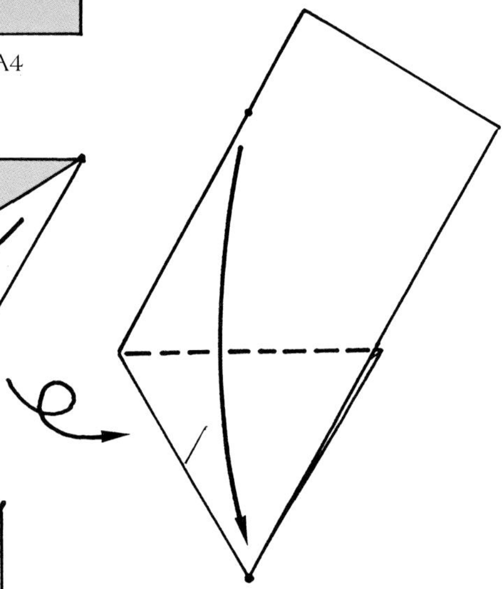

4 Replier à nouveau en faisant correspondre les bords.

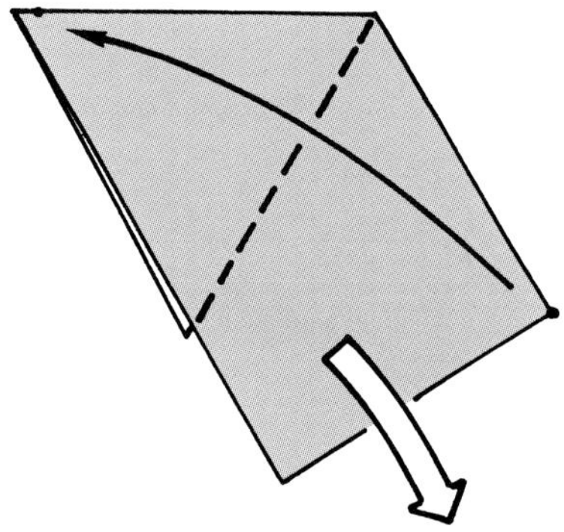

5 Replier une dernière fois comme précédemment puis déplier complètement.

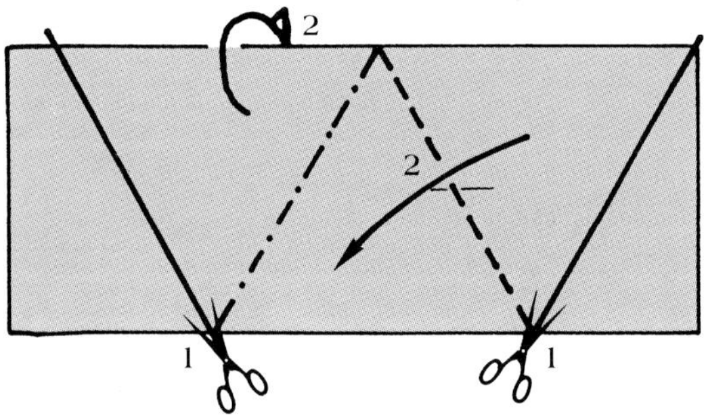

6 Découper aux traits forts puis plier comme indiqué.

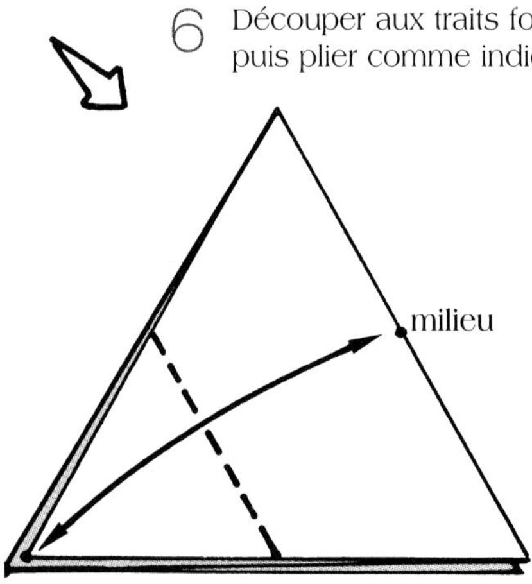

7 Marquer le pli sur toutes les épaisseurs jusqu'à la marque centrale en joignant les points.

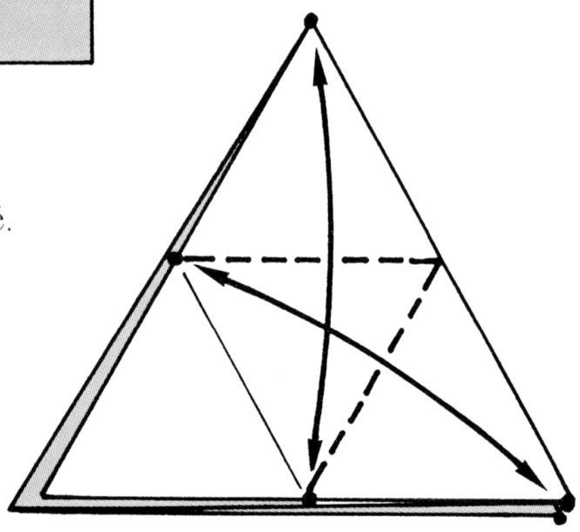

8 Puis marquer les deux autres côtés sur toutes les épaisseurs.

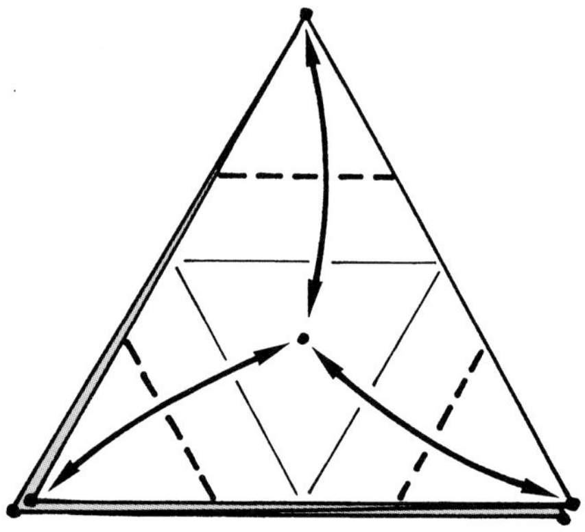

9 Joindre les trois pointes au centre sur toutes les épaisseurs puis déplier.

10 Le triangle du haut étant rabattu en volume, glisser les deux autres côtés dans les poches.

Boîte triangulaire

UN ÉCRIN. Les emballages les plus beaux sont ceux que l'on réalise soi-même. Une simple feuille de papier se métamorphose par quelques plis en un très bel écrin pour une broche ou tout autre bijou fantaisie.

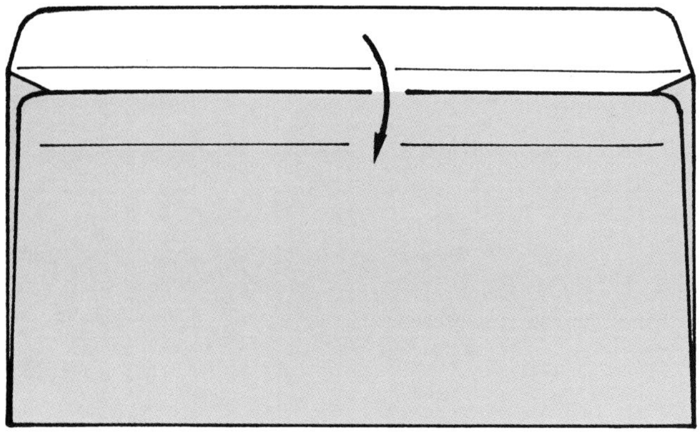

1 Coller la languette d'une enveloppe puis retourner.

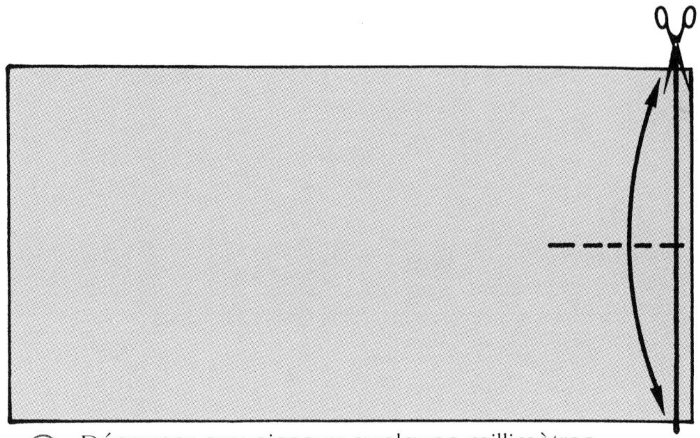

2 Découper aux ciseaux quelques millimètres puis marquer le pli central sur 4 cm environ.

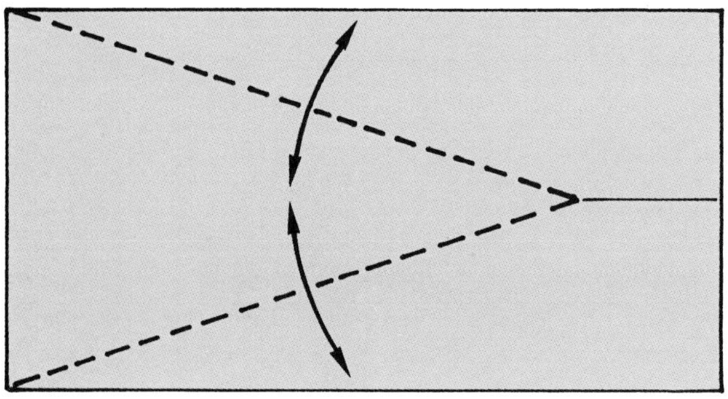

3 Marquer les plis en biais de chaque côté.

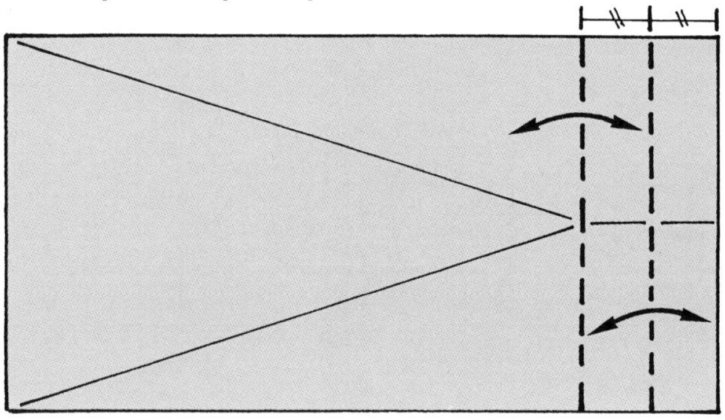

4 Puis marquer les plis verticaux.

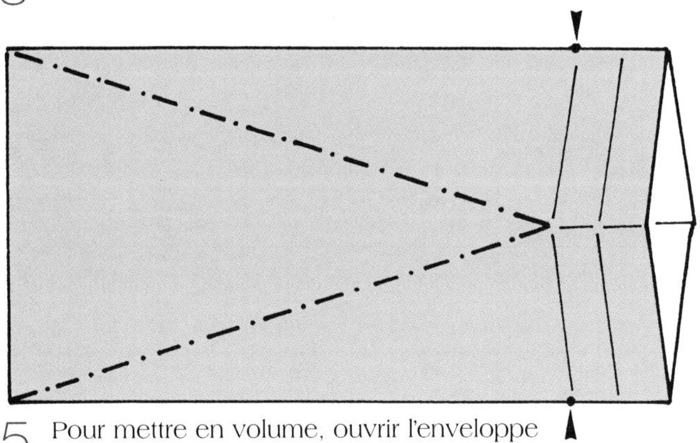

5 Pour mettre en volume, ouvrir l'enveloppe en joignant les points puis bien marquer les plis.

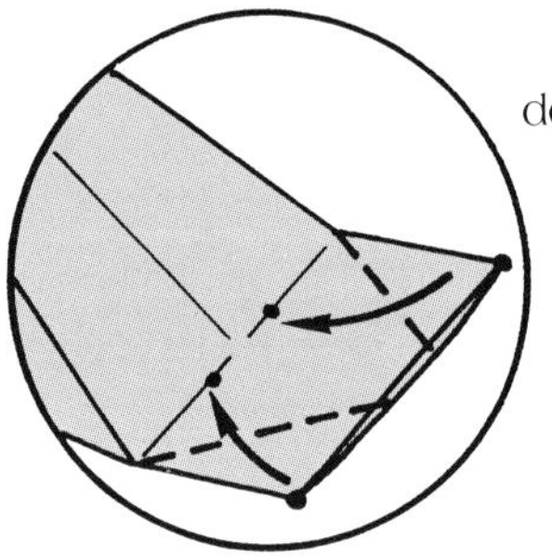

détail

6 Plier les coins en joignant les points.

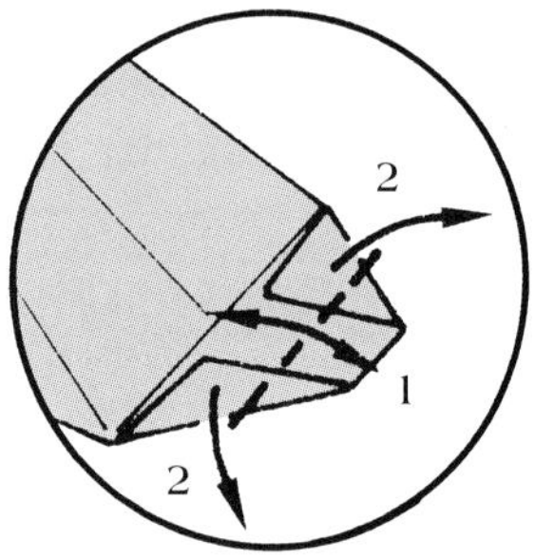

7 Marquer le pli indiqué puis déplier les angles.

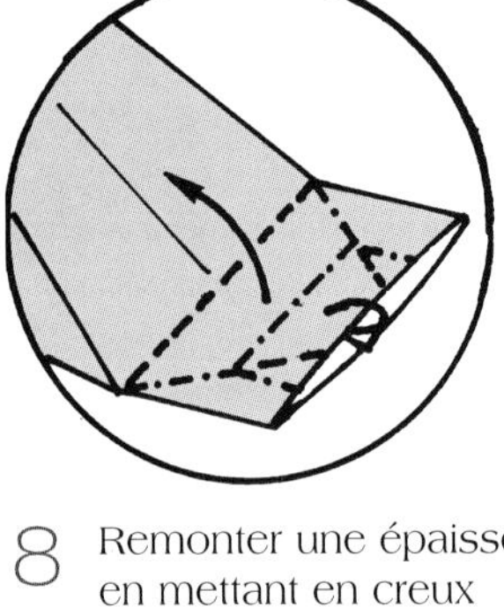

8 Remonter une épaisseur en mettant en creux l'extrémité.

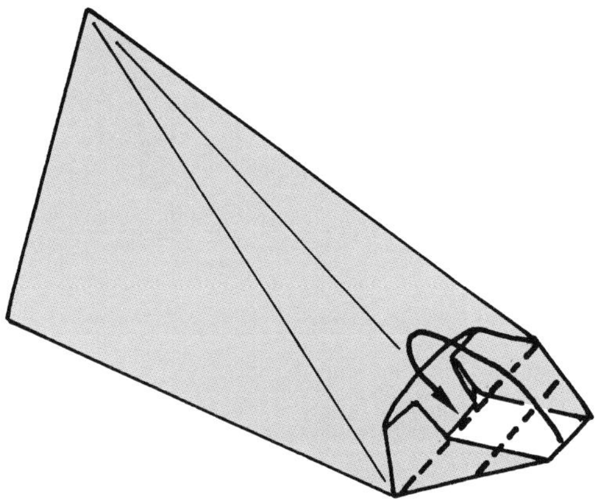

9 Introduire l'épaisseur du dessous comme indiqué.

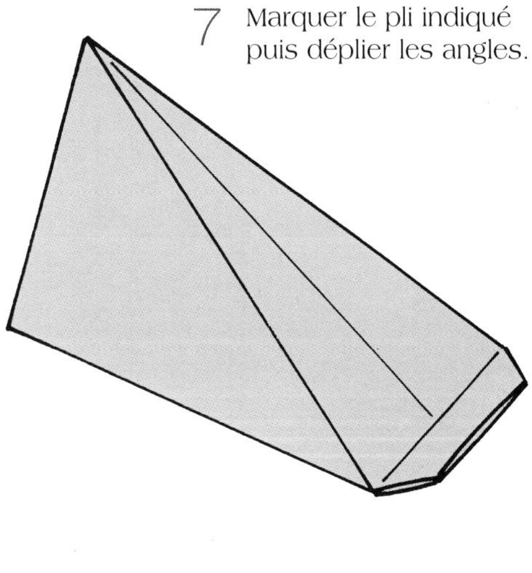

Sachet

UN CADEAU. Vous ne soupçonnez pas les possibilités cachées d'une simple enveloppe. Elle se transforme en un tour de main en volume pour les petits cadeaux à emballer à la dernière minute. On trouve, aujourd'hui, des enveloppes de toutes les couleurs et de toutes les tailles.

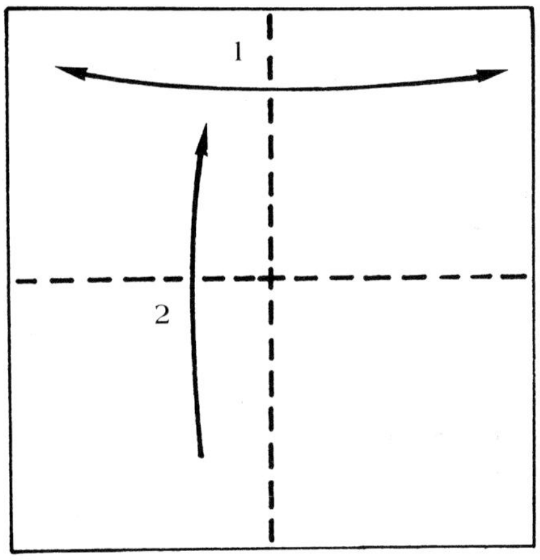

1 Marquer le pli vertical puis plier en deux vers le haut.

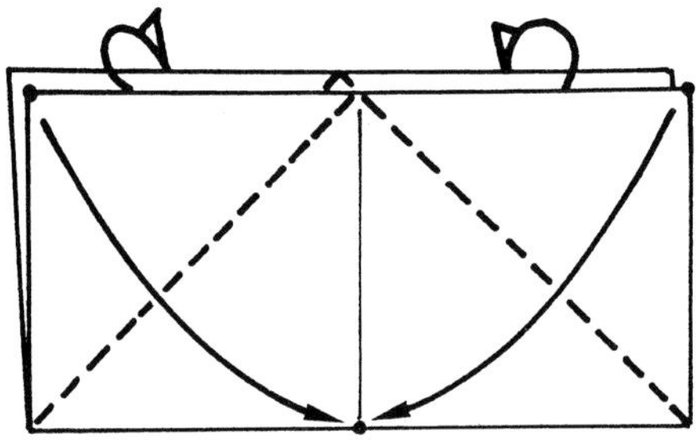

2 Rabattre les angles au centre en joignant les points, procéder de même manière.

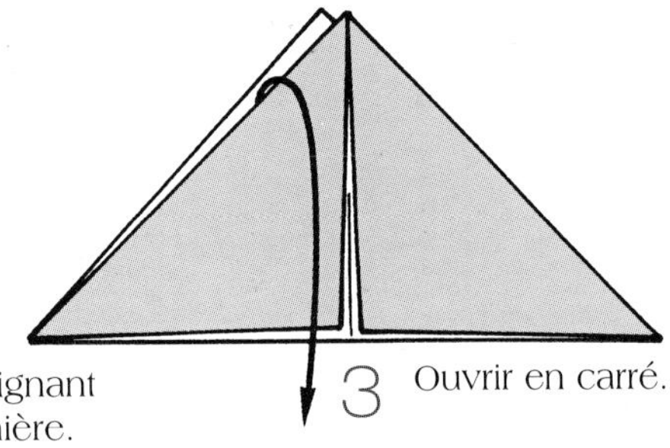

3 Ouvrir en carré.

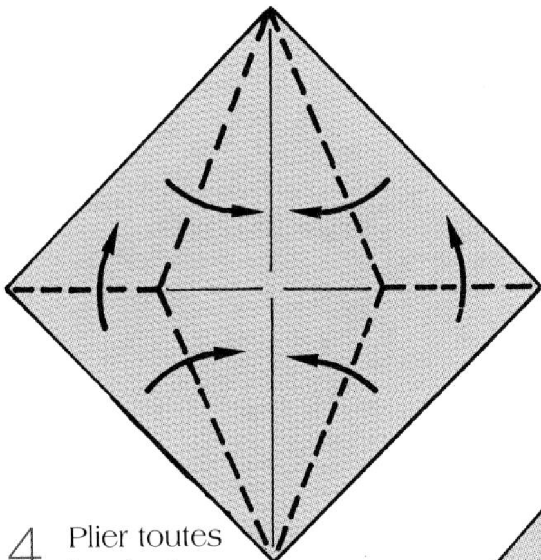

4 Plier toutes les épaisseurs comme indiqué.

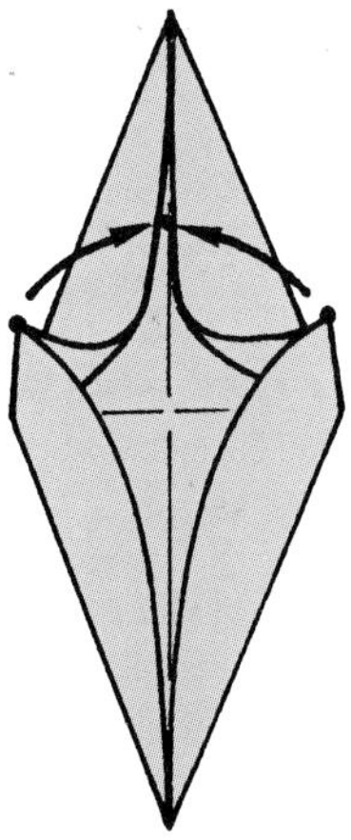

5 Mettre à plat en joignant les pointes au centre.

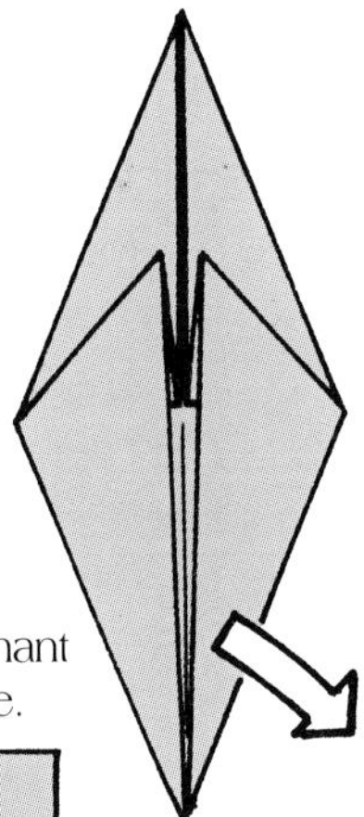

6 Déplier complètement.

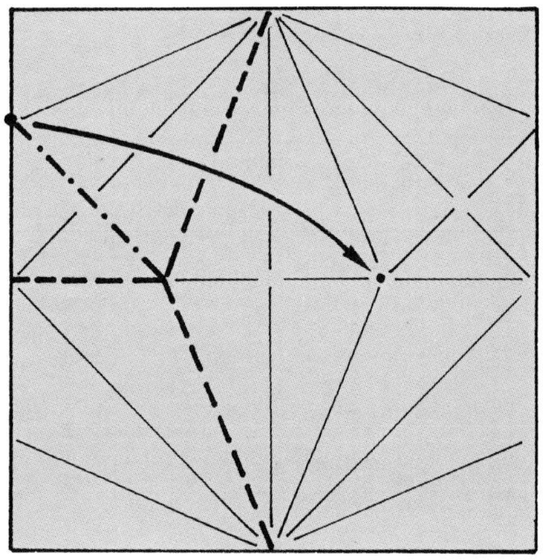

7 Plier en joignant les points.

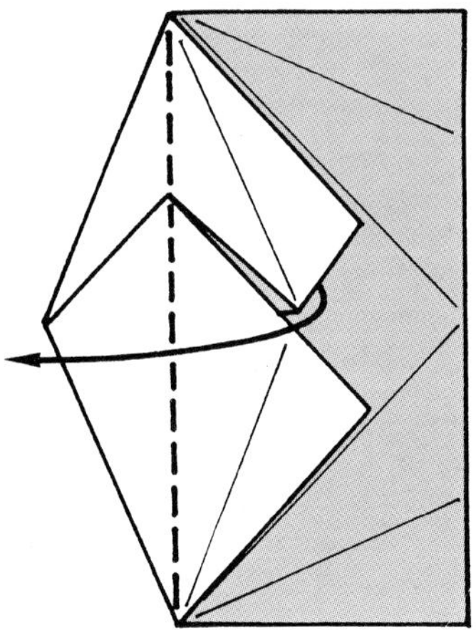

8 Rabattre vers la gauche.

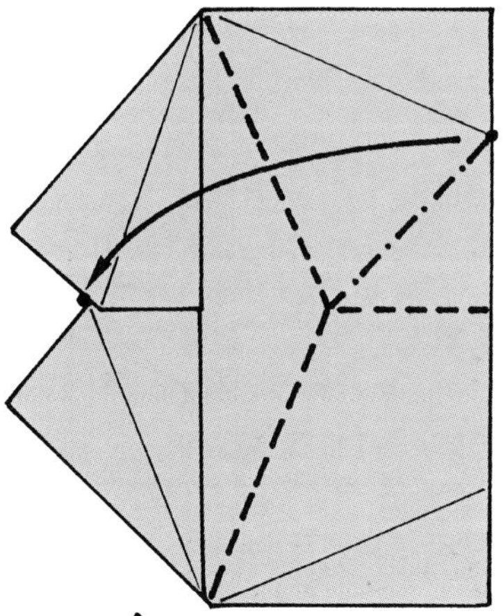

9 Plier en joignant les points puis procéder comme en 8.

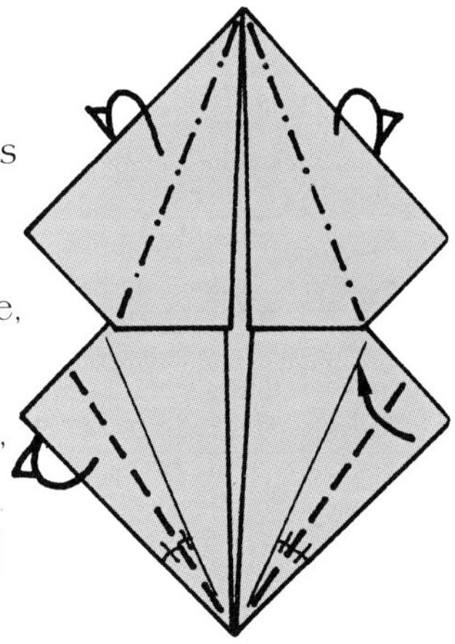

10 Pour bloquer la partie haute, rentrer les languettes à l'intérieur sous les triangles.

10bis Sur la partie basse, rabattre le long du pli marqué : derrière à gauche, dessus à droite.

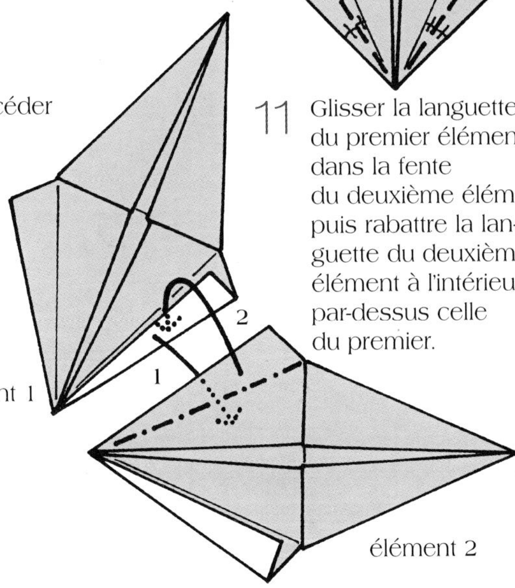

élément 1

11 Glisser la languette du premier élément dans la fente du deuxième élément puis rabattre la languette du deuxième élément à l'intérieur, par-dessus celle du premier.

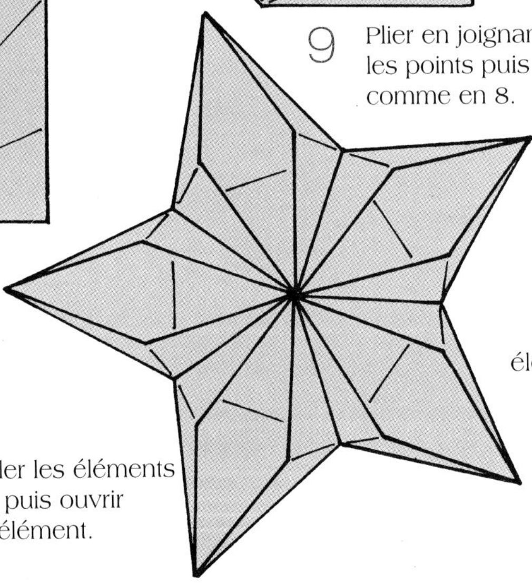

12 Assembler les éléments par cinq puis ouvrir chaque élément.

Boîte étoilée

SUR LE PONT. Dans les branches de cette étoile de mer, il y a des noisettes, des pistaches et tout ce qu'il faut pour accompagner un cocktail réussi.

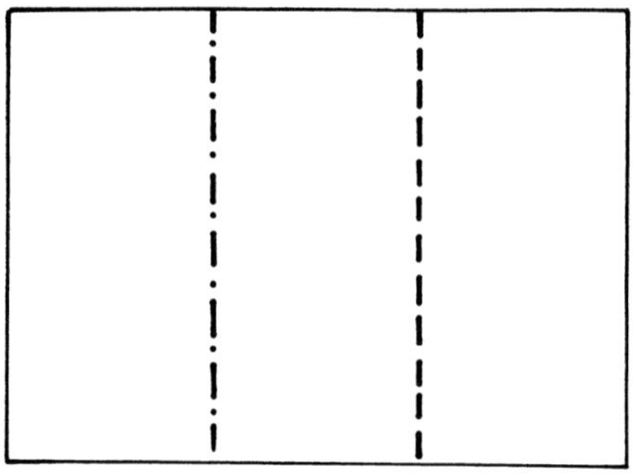

1 Marquer les tiers d'une feuille A4.

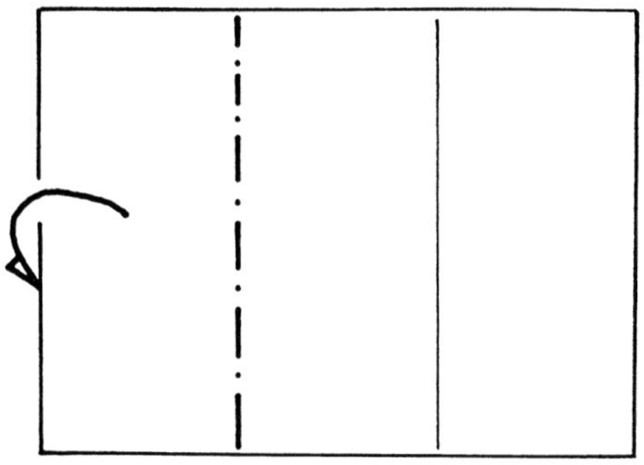

2 Rabattre derrière une bande.

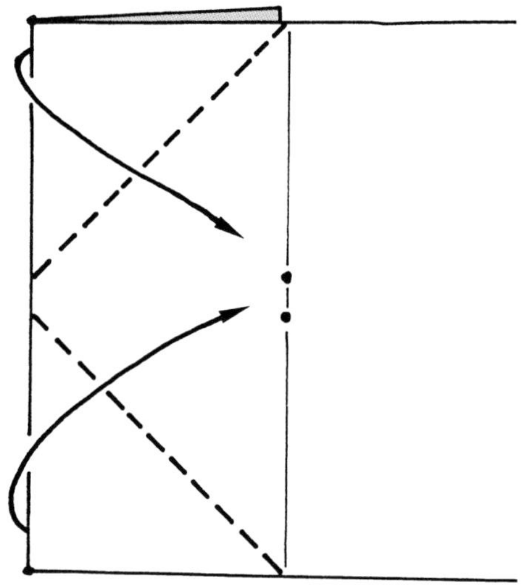

3 Rabattre les deux coins sur le pli marqué.

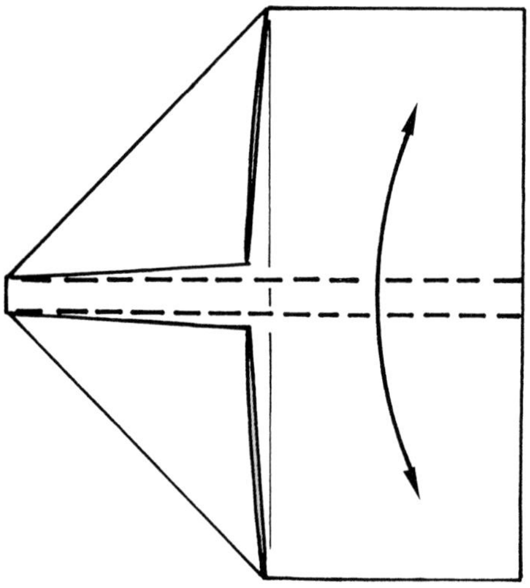

4 Marquer les deux plis horizontaux.

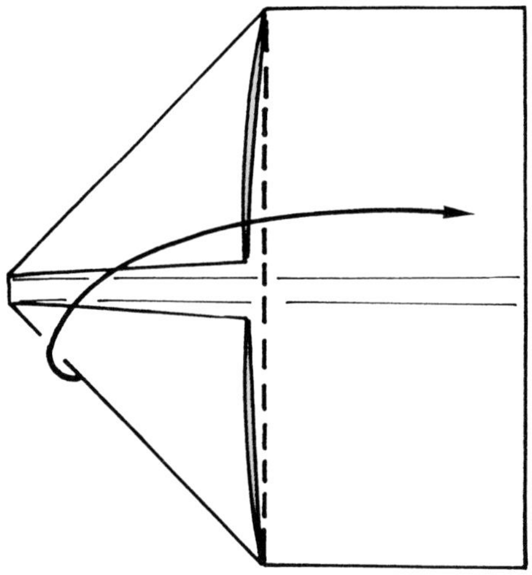

5 Rabattre la partie gauche.

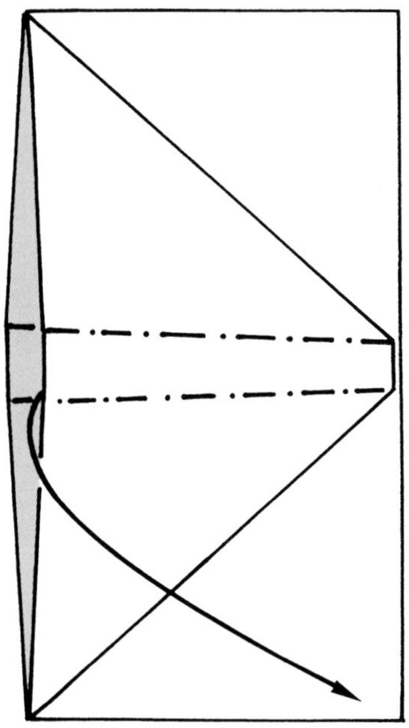

6 Ouvrir la poche pour faire apparaître le volume.

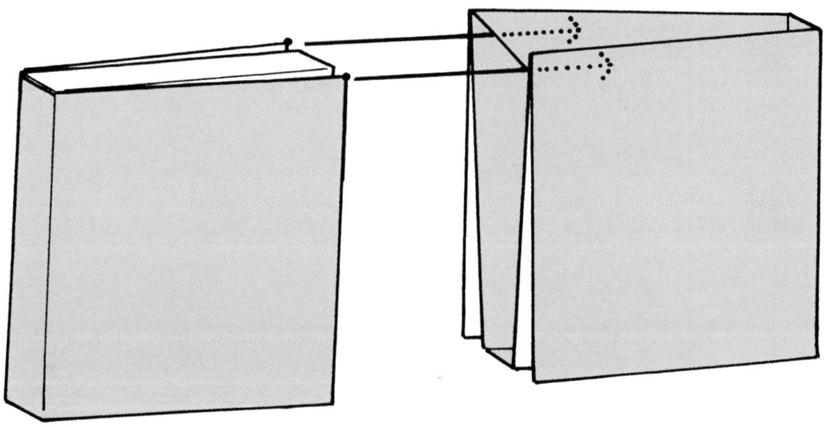

7 Emboîter deux pliages identiques en glissant les coins dans les poches en haut ; pour emballer un disque compact, il faut deux feuilles 42,6 cm × 29,6 cm.

Boîtier

DE CONCERT. Le pliage, comme la musique, se joue du bout des doigts. Pour ce boîtier, vous n'avez pas besoin d'être un virtuose. C'est une œuvre à la portée de tous et vous ne risquez pas de fausses notes.

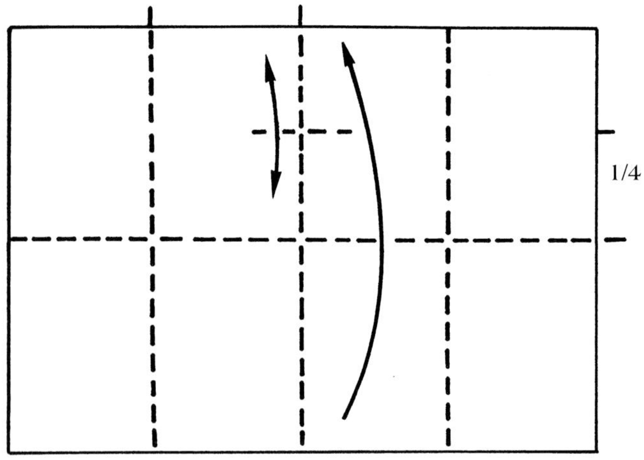

1 Marquer les verticales d'une feuille A4 puis marquer le quart horizontal en haut et plier ensuite en deux vers le haut.

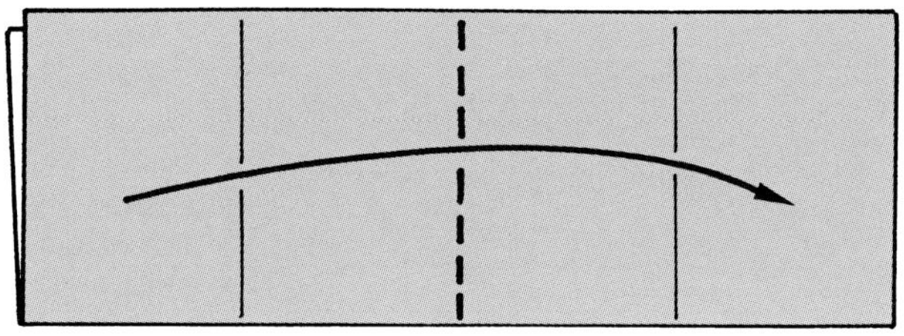

2 Plier en deux vers la droite.

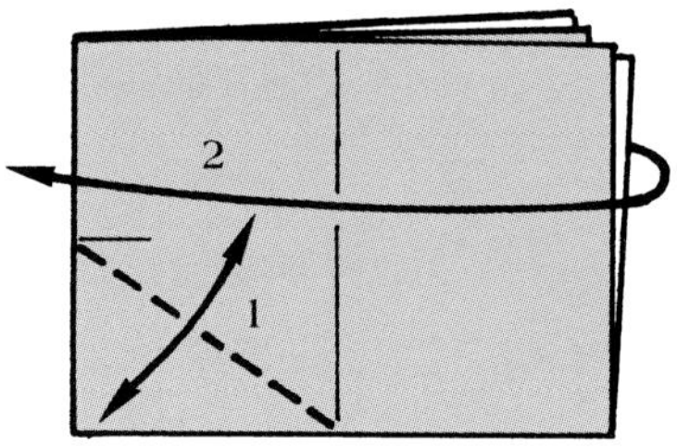

3 Marquer le pli de l'angle gauche puis ouvrir comme en 2.

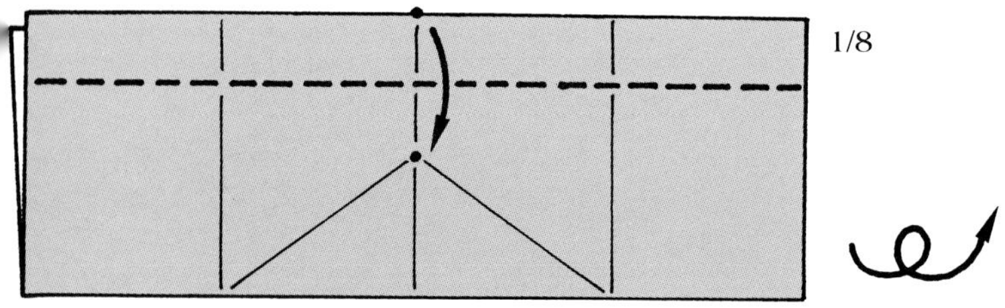

4 Rabattre le huitième d'une épaisseur en joignant les points puis retourner.

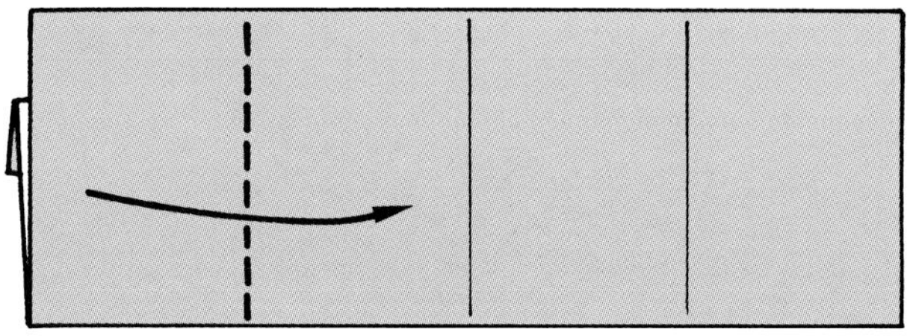

5 Plier toutes les épaisseurs jusqu'au centre.

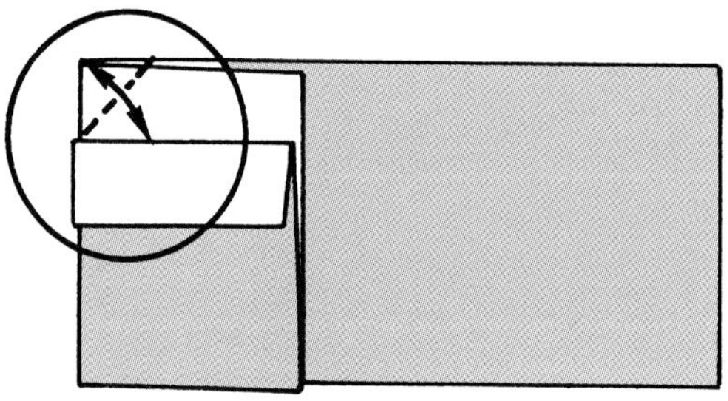

6 Marquer l'angle du haut.

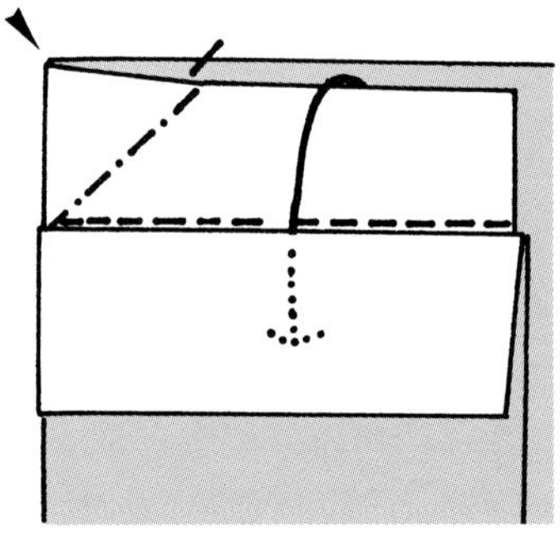

7 Rabattre une épaisseur à l'intérieur en effectuant un pli inversé dans l'angle.

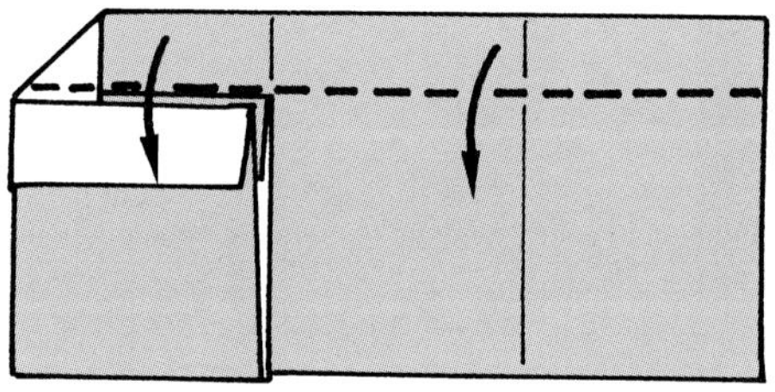

8 Plier toute la bande par-dessus puis retourner.

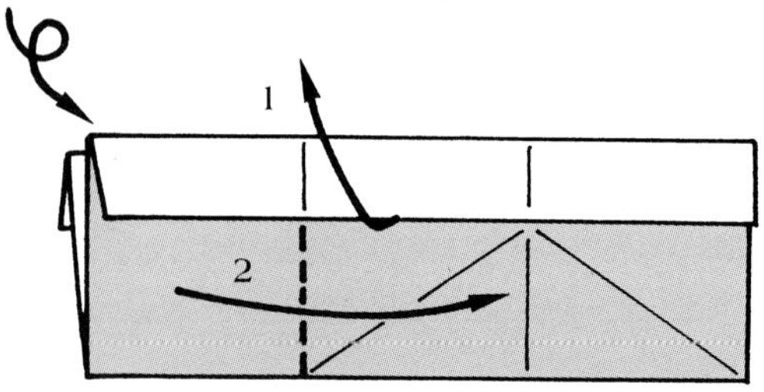

9 Soulever la bande pour rabattre toutes les épaisseurs vers la droite.

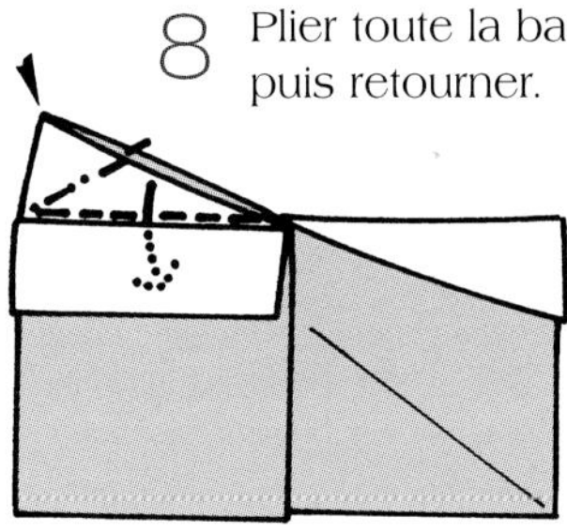

10 Répéter les étapes 6, 7 et 8 dans l'angle du haut.

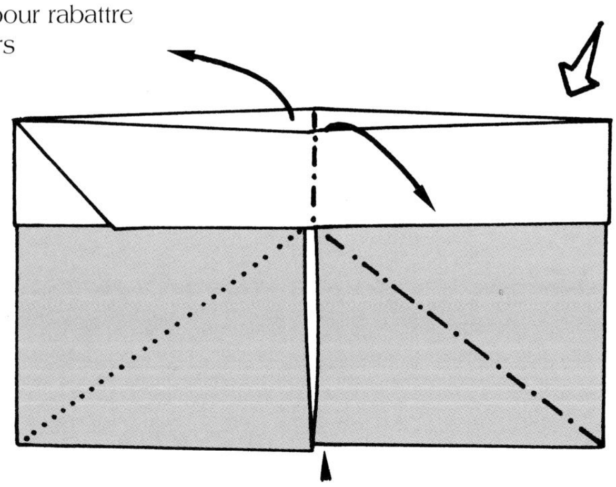

11 Ouvrir le haut en poussant à la base pour faire apparaître un losange.

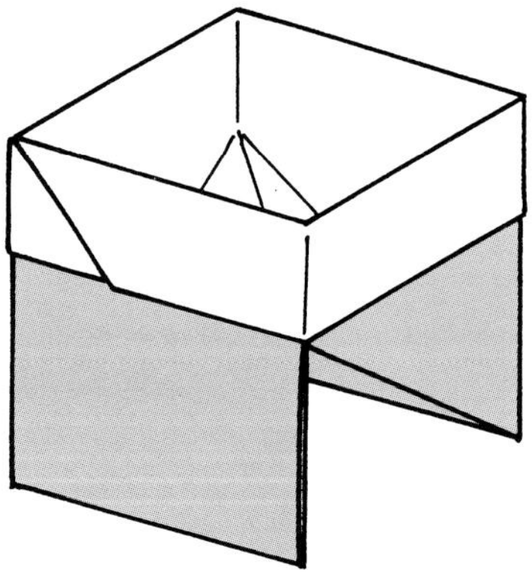

Boîte sur pied

AU NATUREL. Ces boîtes se garnissent, au gré de l'imagination, de pétales de fleurs pour un pot-pourri ou de graines de toutes les couleurs pour décorer la maison.

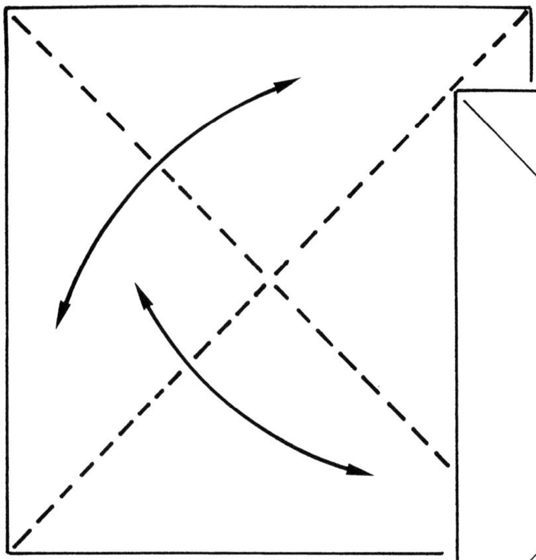

1 Marquer les diagonales d'un carré de 20 cm de côté environ.

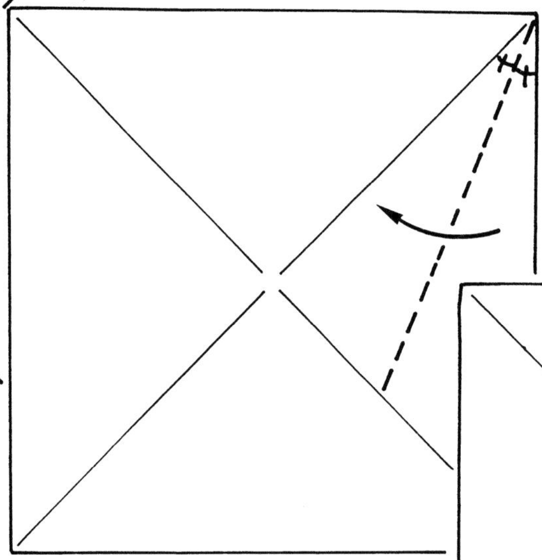

2 Plier l'angle en deux, sans marquer l'extrémité.

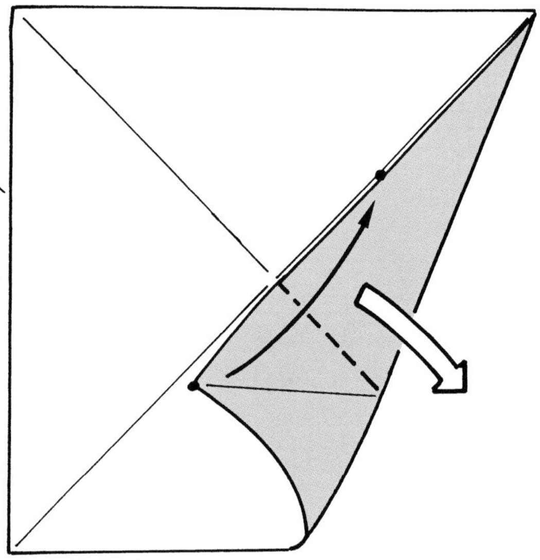

3 Puis rabattre la pointe le long de la diagonale, marquer uniquement le pli intérieur puis déplier.

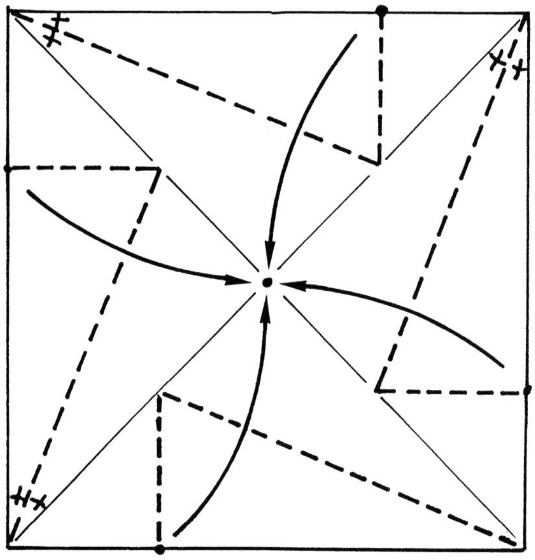

4 Répéter les étapes 2 et 3 sur les trois autres côtés puis plier chaque côté comme en 3.

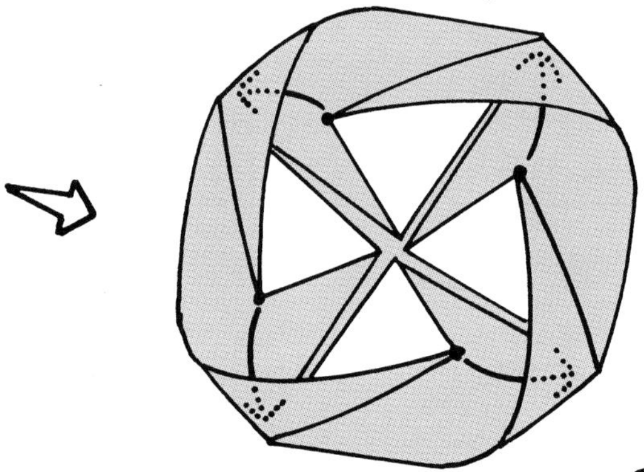

5 Placer les pointes à l'intérieur.

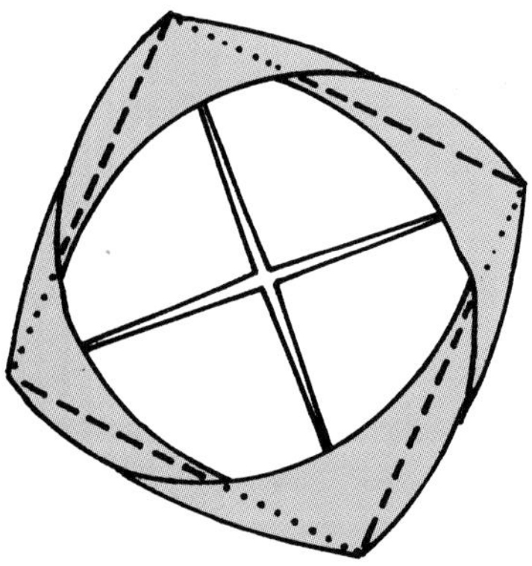

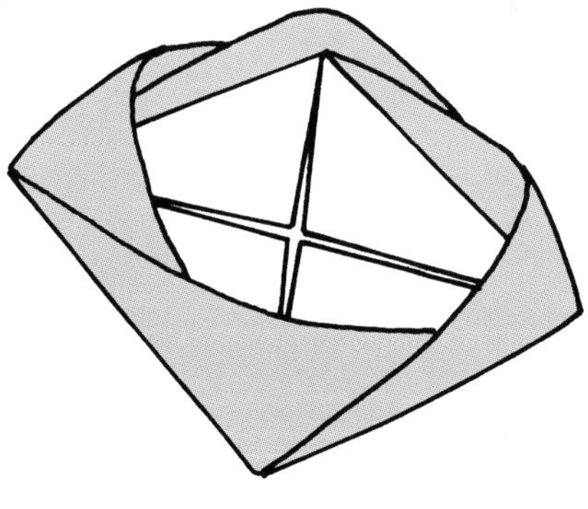

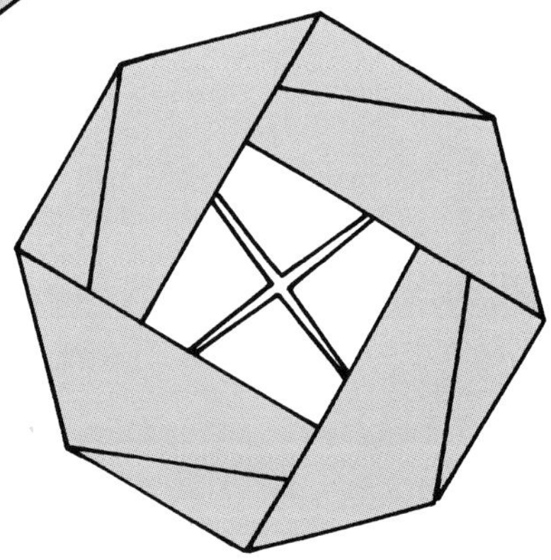

6 Marquer le fond en carré. On obtient un dessous-de-verre ou une boîte.

Aplati, ce pliage peut devenir dessous-de-verre.

Récipient

UN ZESTE. Tout est prêt pour les rafraîchissements. Des rondelles de citron sont posées délicatement sur les verres, les cacahuètes attendent sagement dans leurs récipients, c'est le moment de porter un toast à la belle journée qui s'annonce.

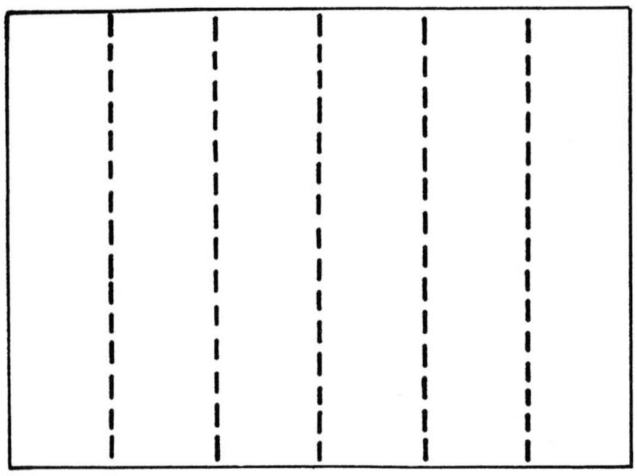

1 Diviser en trois puis en six parties égales une feuille A4.

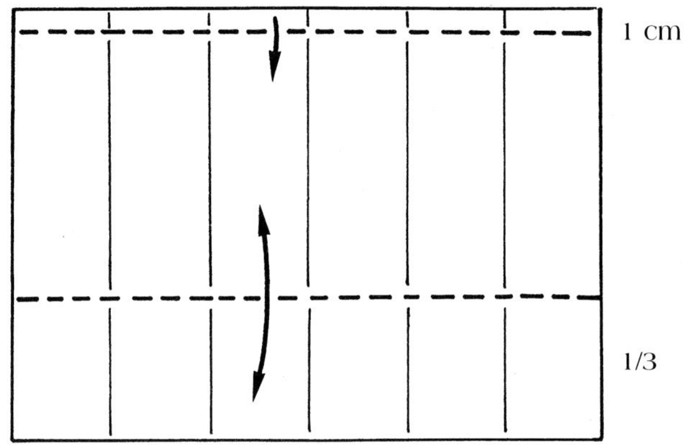

2 Rabattre un bord de 1 cm environ puis marquer le tiers à la base.

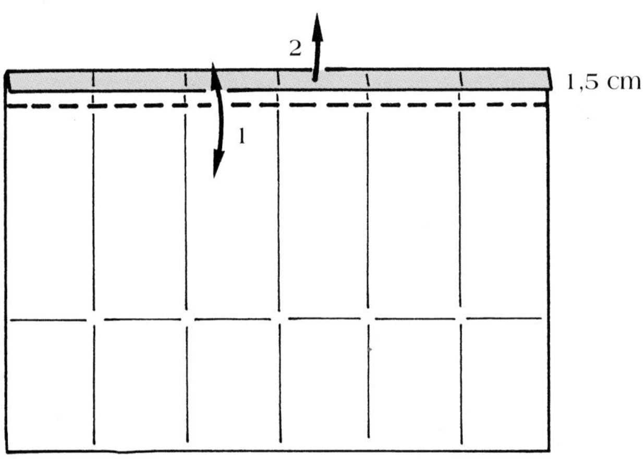

3 Marquer une autre bande de 1,5 cm environ puis déplier complètement.

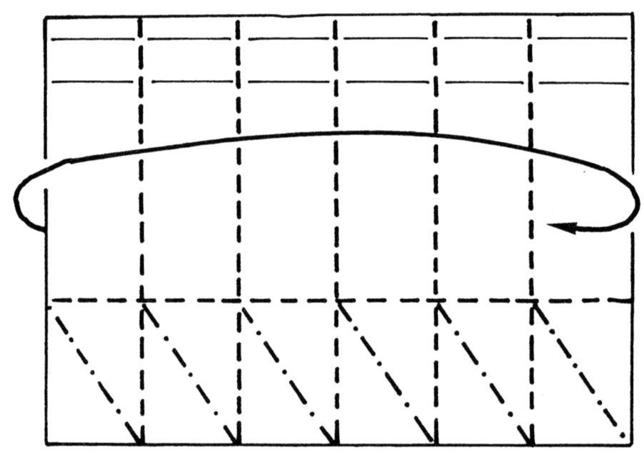

4 À la base, marquer les diagonales des rectangles puis enrouler en juxtaposant deux bandes, former le pentagone de la base en mettant dans ses plis le volume.

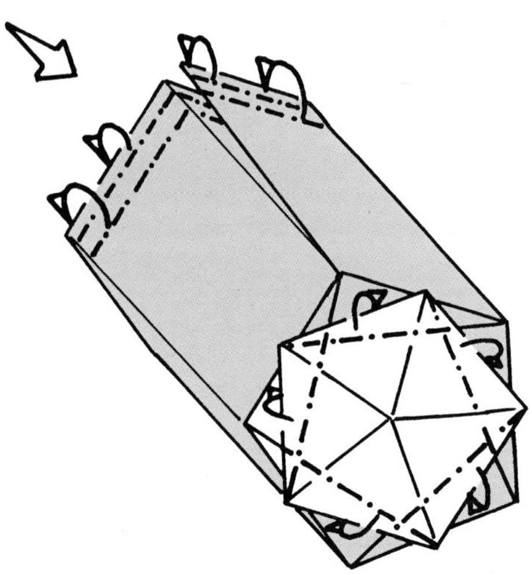

5 Sur la partie supérieure rabattre à l'intérieur le petit bord puis le second à la base, replier chaque côté du pentagone pour bloquer l'ensemble.

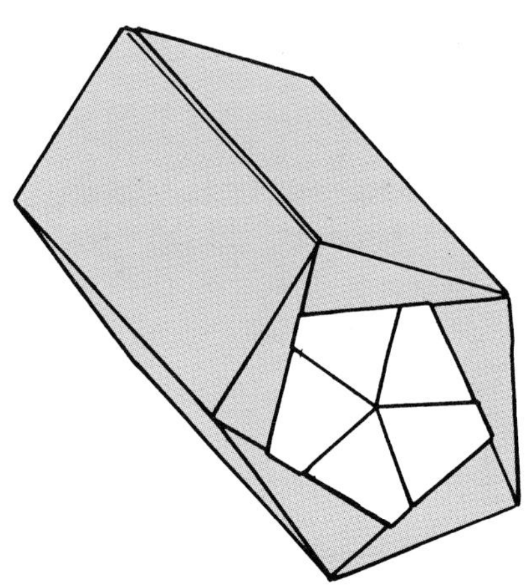

6 Comme ceci puis lester le fond de la boîte avec du sable et de petites billes.

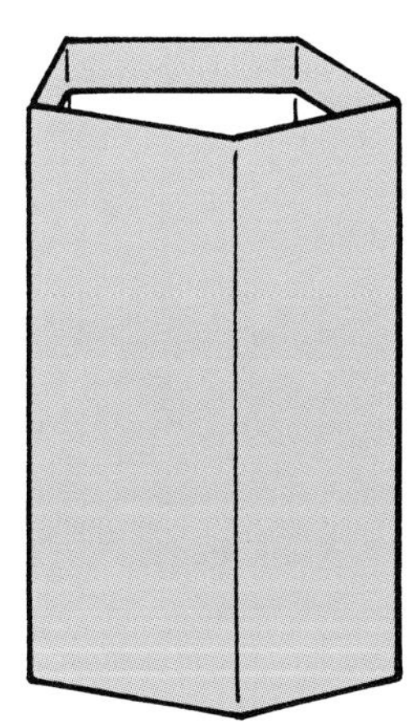

Pot à crayons

À DESSEIN. Ce modèle est dédié au créateur japonais Shuzo Fujimoto, qui a réalisé de nombreux pliages géométriques comme celui-ci. Ce pot à crayons, une fois lesté, est bien pratique lorsqu'un enfant veut faire un beau dessin ou du coloriage.

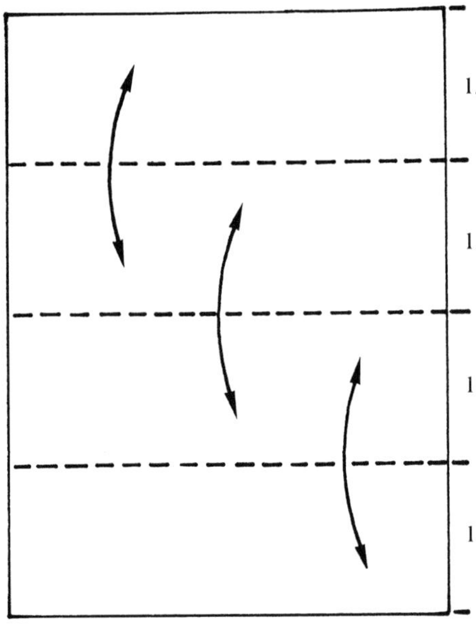

1 Format initial 3 × 4 (21 cm × 28 cm) – marquer les plis sur la moitié.

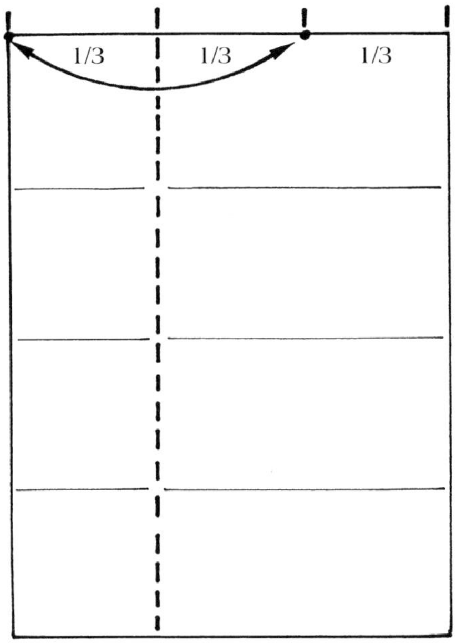

2 Plier le battant de gauche au tiers (voir p. 5).

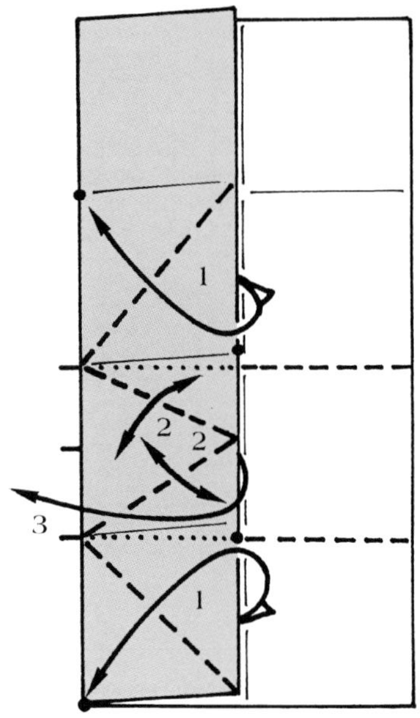

3 Marquer les diagonales des deux carrés puis marquer les plis du carré intermédiaire en joignant le milieu du côté du carré puis ouvrir.

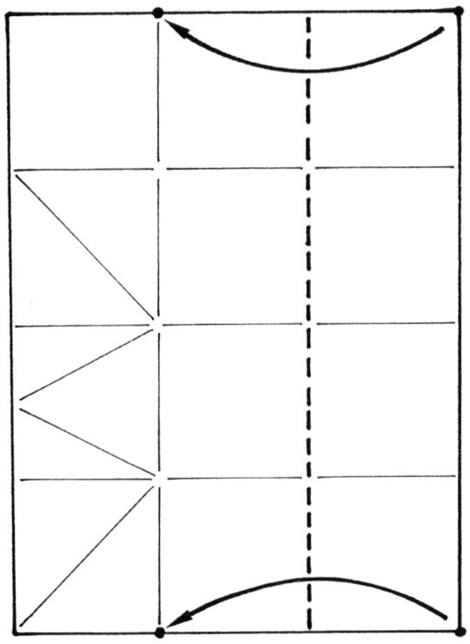

4 Rabattre le côté droit en joignant les points.

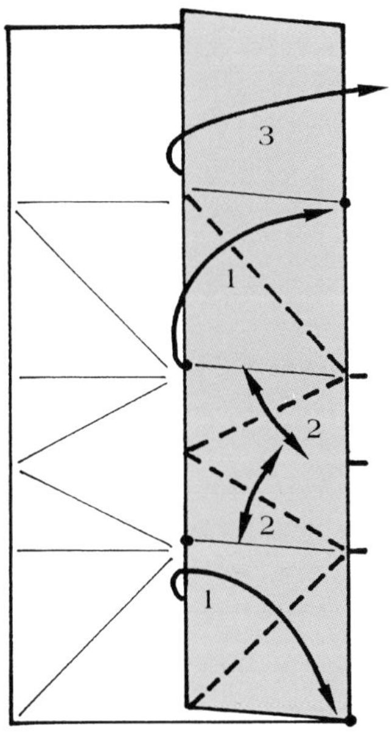

5 Exécuter les mêmes plis qu'à l'étape 3 puis ouvrir.

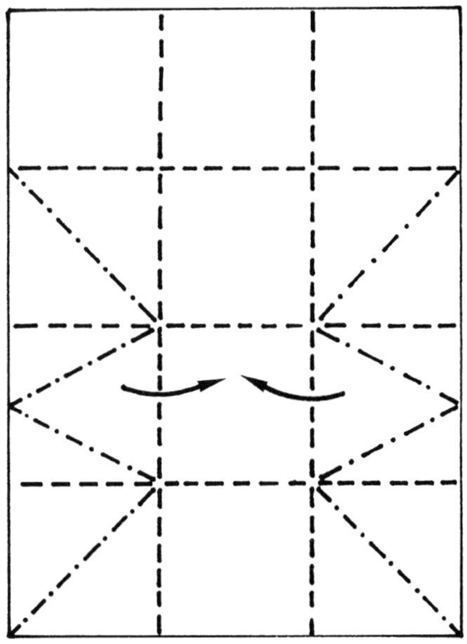

6 Plier d'abord les deux verticales puis mettre les côtés dans leurs plis.

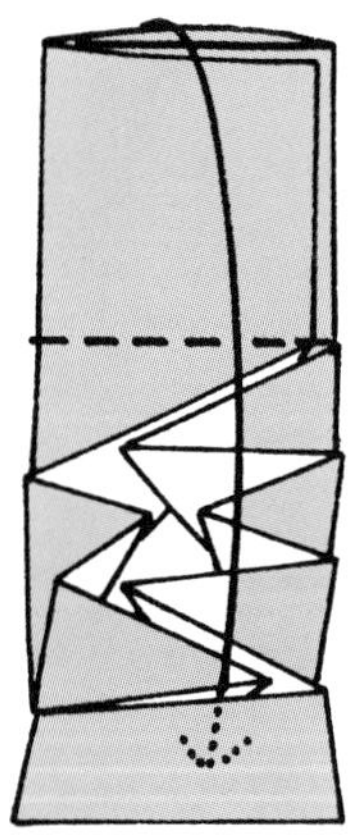

7 Mettre en volume et glisser la partie supérieure à l'intérieur.

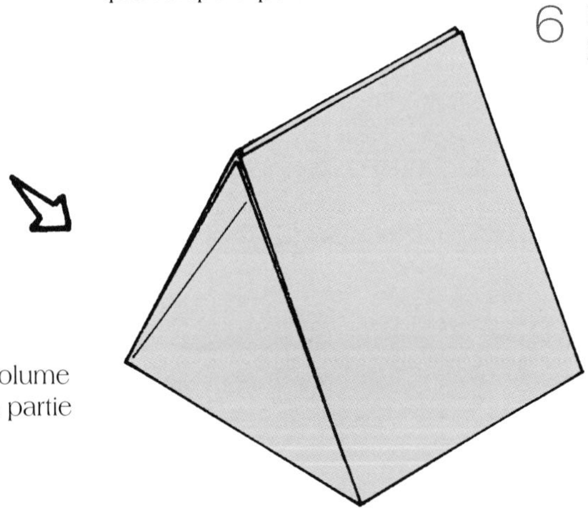

Emballage

AUX CHAMPS. Déclinées en plusieurs coloris, ces drôles de petites boîtes attendent qu'on veuille bien les remplir de mille trésors merveilleux.

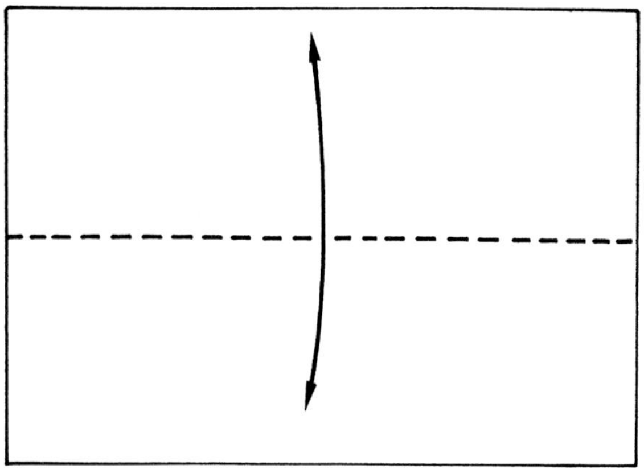

1 Marquer le pli central d'une feuille A4 (ou plus grande).

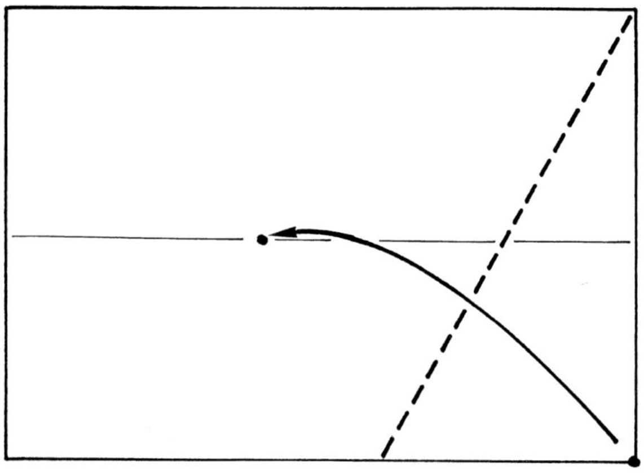

2 En partant de l'angle supérieur droit, joindre les points sur le pli central.

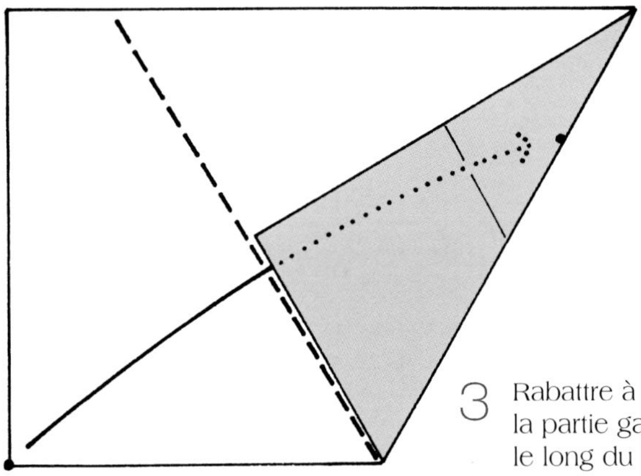

3 Rabattre à l'intérieur la partie gauche, le long du triangle plié.

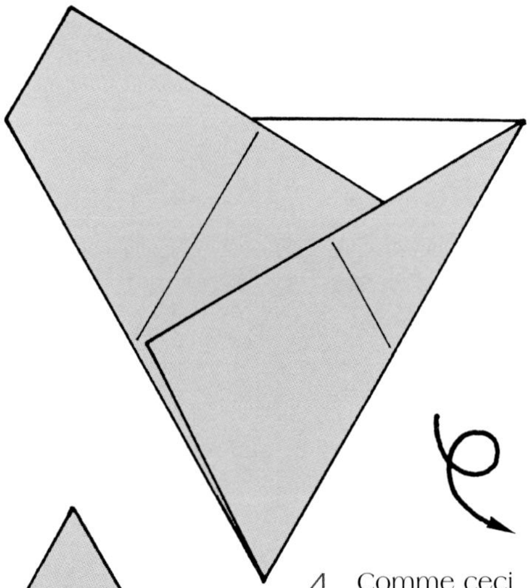

4 Comme ceci puis retourner.

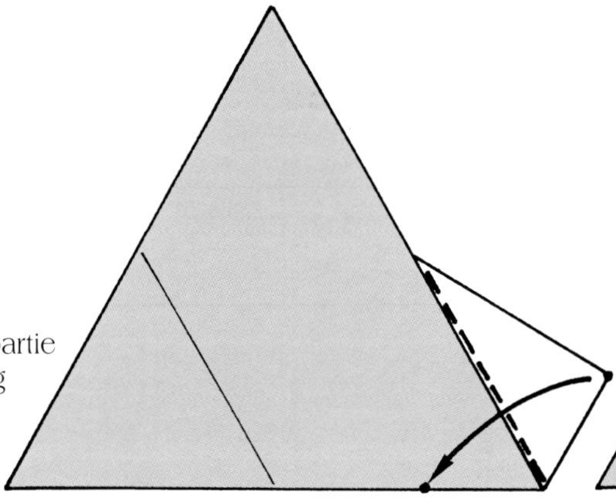

5 Rabattre la partie droite le long du triangle.

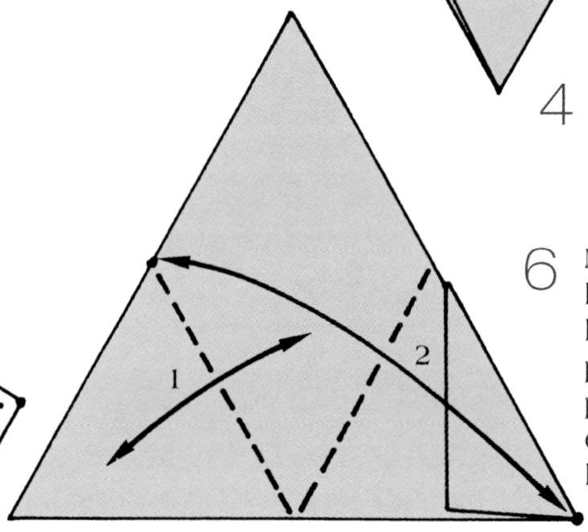

6 Marquer sur toutes les épaisseurs le triangle de gauche puis faire de même pour le triangle de droite en joignant les points.

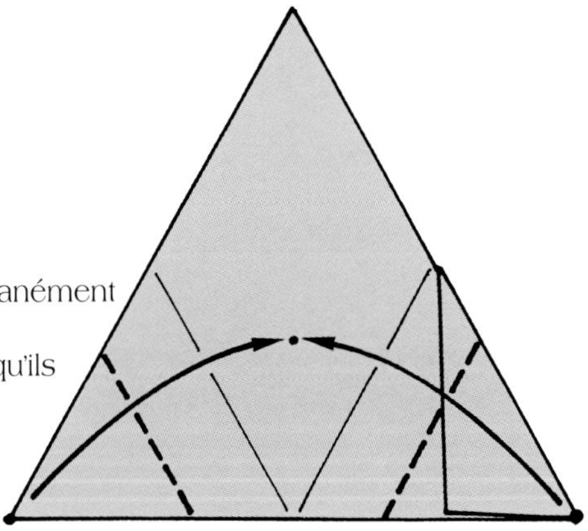

7 Rabattre simultanément les deux côtés, de façon à ce qu'ils se rencontrent au centre sur une ligne horizontale.

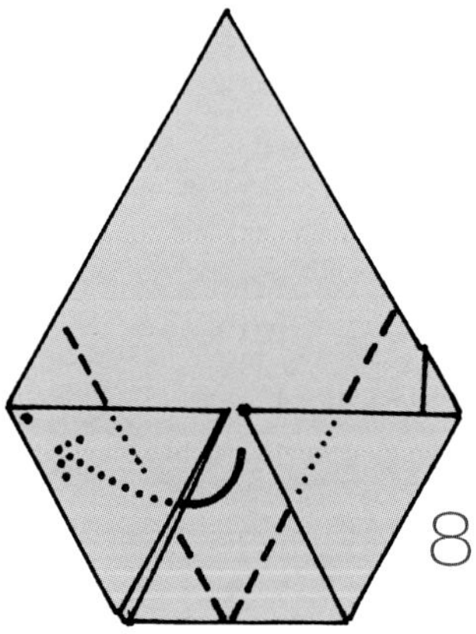

8 Emboîter la partie droite dans celle de gauche.

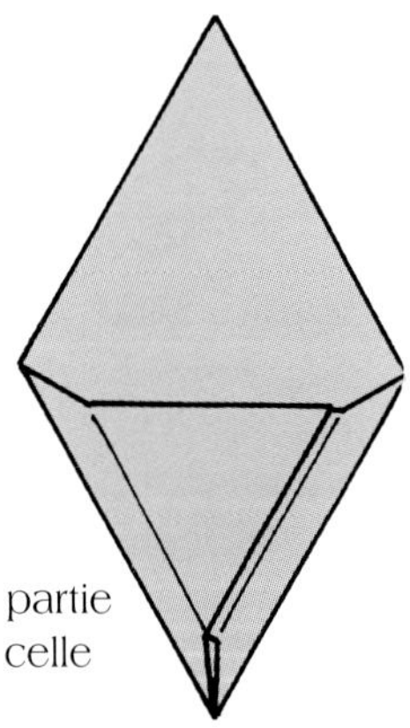

Boîte murale

DES CONDIMENTS. Cette applique murale trouvera facilement sa place. Vous pourrez y déposer des condiments fraîchement cueillis, qui embelliront votre cuisine avant de relever le goût de vos plats.

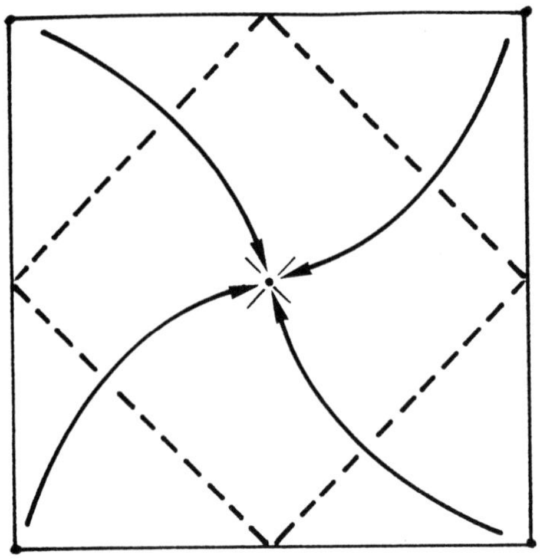

1 Pincer les diagonales pour repérer le centre puis joindre les quatre coins au point central.

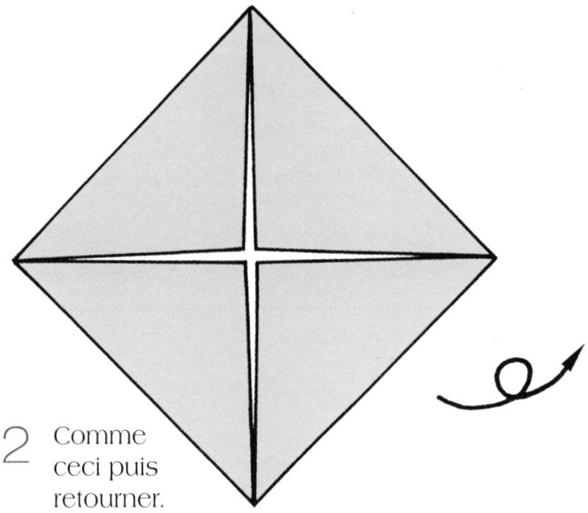

2 Comme ceci puis retourner.

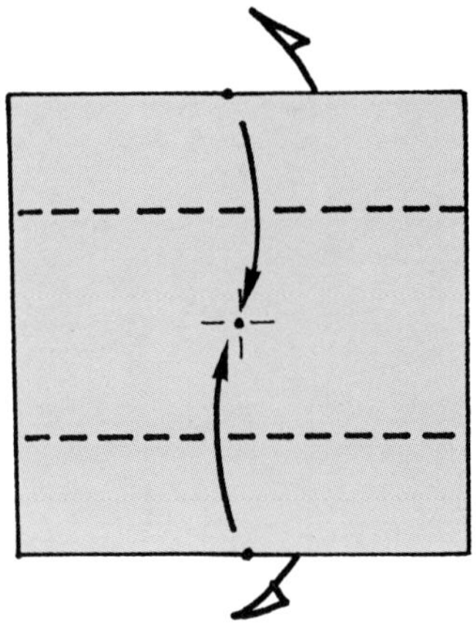

3 Plier jusqu'au centre en dégageant les pointes arrière.

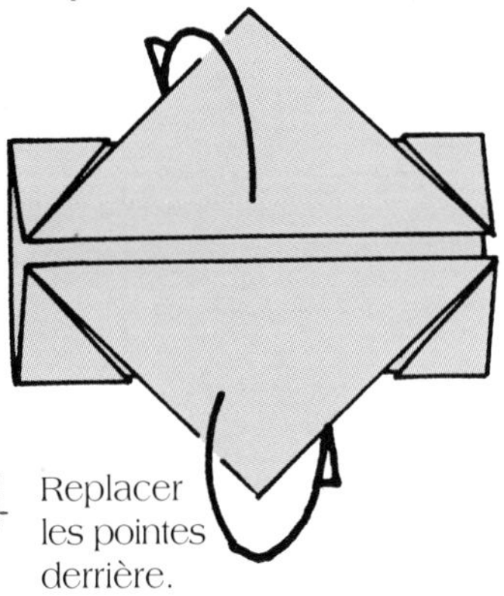

4 Replacer les pointes derrière.

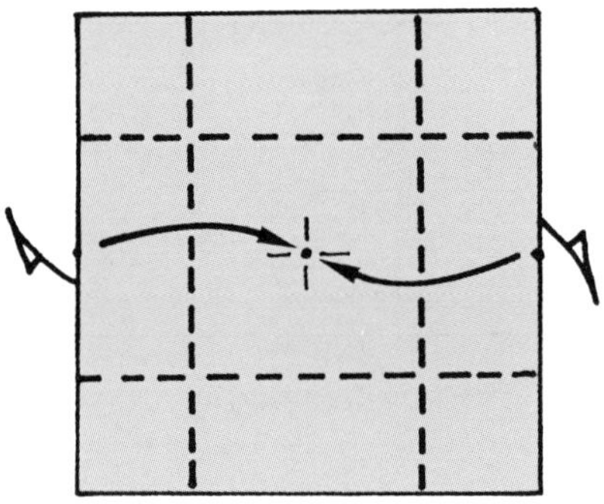

5 Plier jusqu'au centre les deux autres côtés en dégageant les pointes arrière.

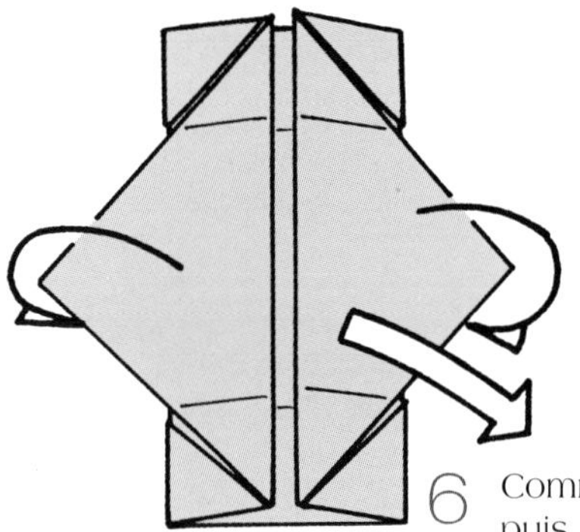

6 Comme ceci puis ouvrir complètement.

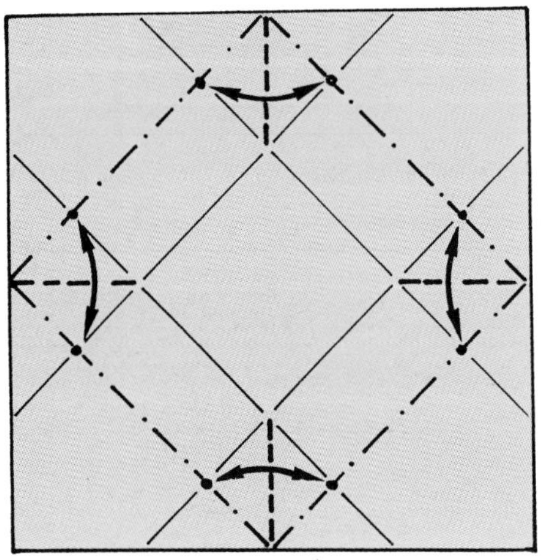

7 Marquer les plis.

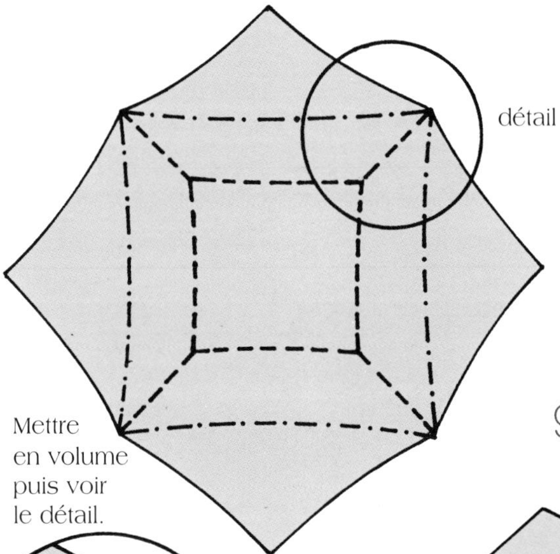

8 Mettre en volume puis voir le détail.

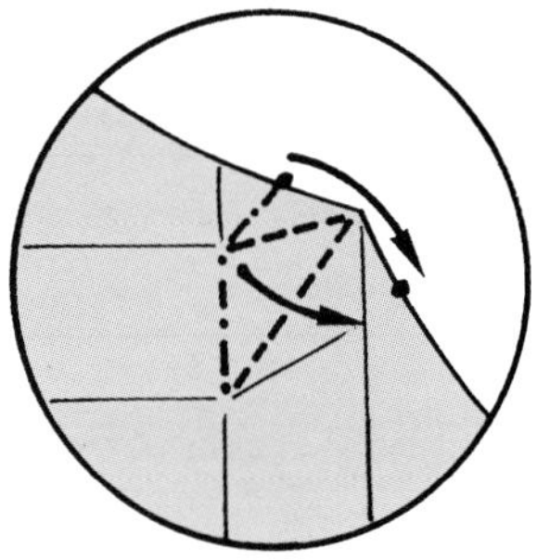

9 Plier le carré et le triangle en joignant les points.

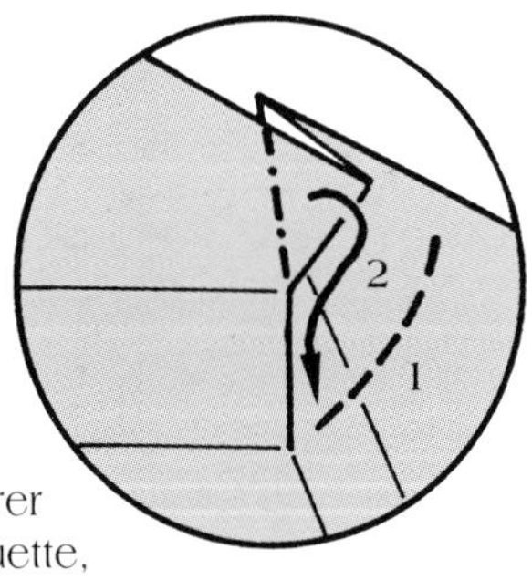

10 Avant de rentrer la languette, creuser la partie droite.

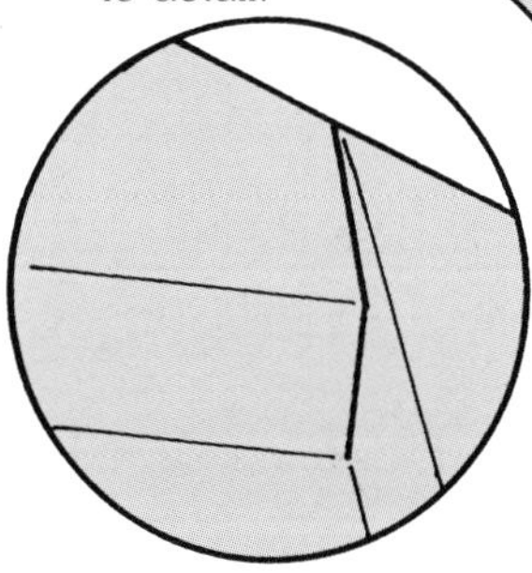

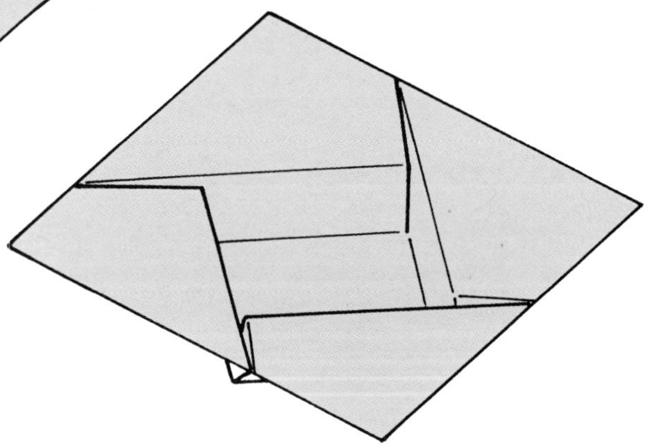

11 Comme ceci puis répéter sur les trois autres côtés.

Coupelle

UN PARFUM D'ANIS. Ce récipient aux lignes pures se réalise dans un papier de couleur en harmonie avec son contenu. Au creux de ce pliage, placez des graines ou des épices aux arômes subtils qui rempliront l'air de senteurs délicates.

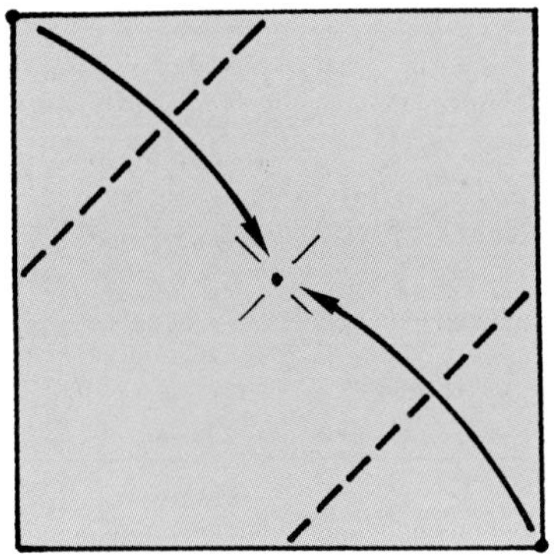

1 Dans un carré joindre deux angles opposés jusqu'au centre.

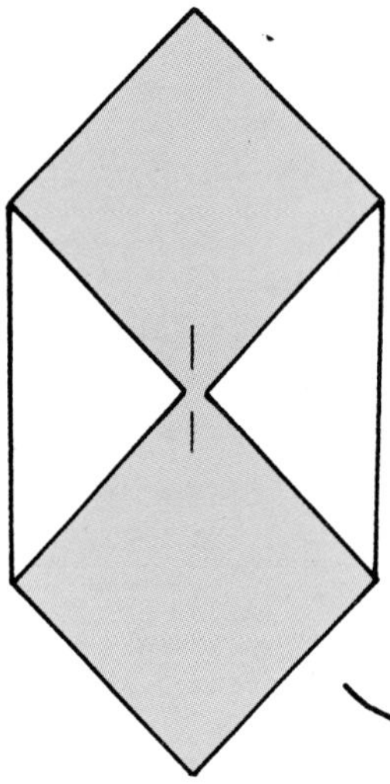

2 Comme ceci puis retourner.

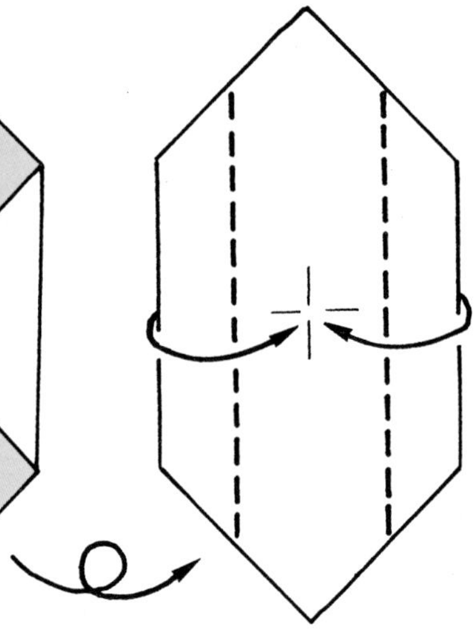

3 Rabattre les côtés en dégageant les pointes.

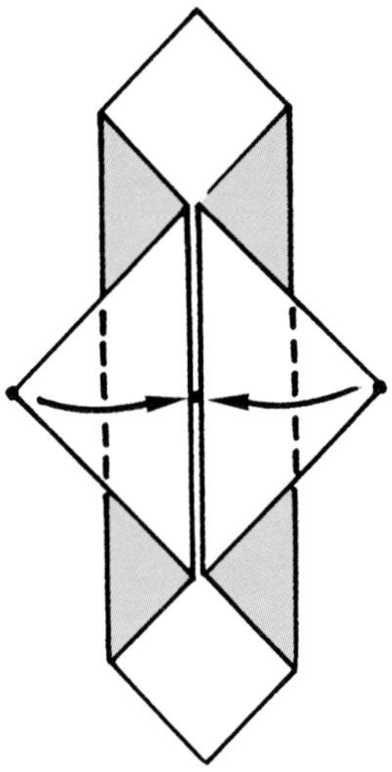

4 Plier les côtés en joignant les points.

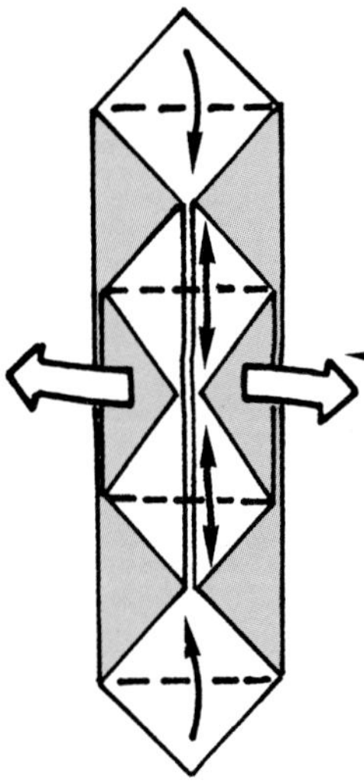

5 Marquer les plis puis déplier complètement.

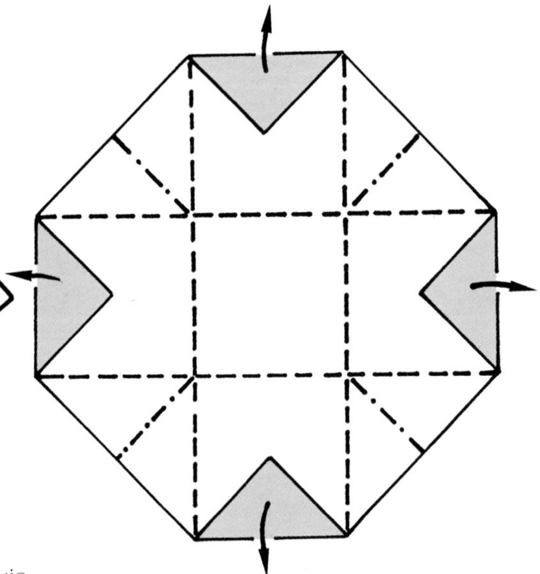

6 Déplier les quatre angles puis mettre en volume en ayant marqué les plis dans le bon sens.

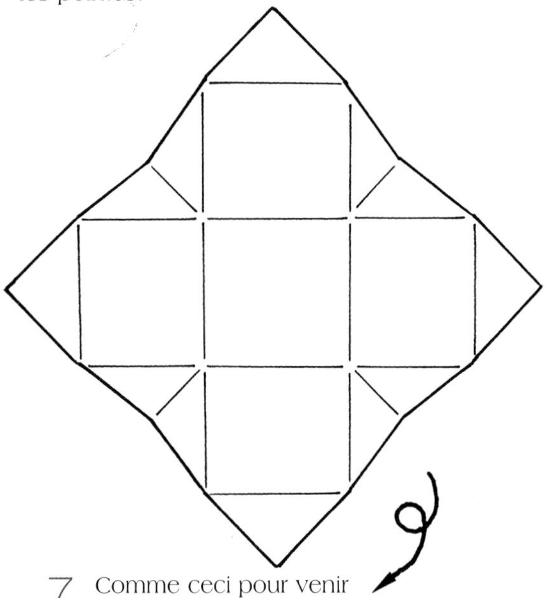

7 Comme ceci pour venir refermer et retourner.

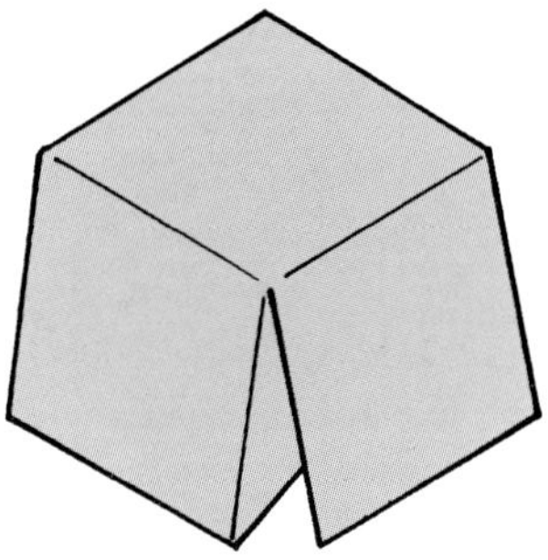

8 Comme ceci puis plier un autre carré comme le premier.

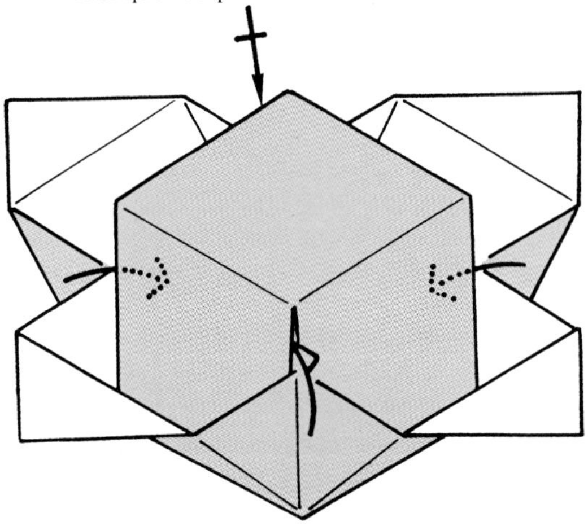

9 Placer le deuxième pliage en dessous et poser le premier au centre, emboîter le surplus de papier dans les arêtes verticales du volume.

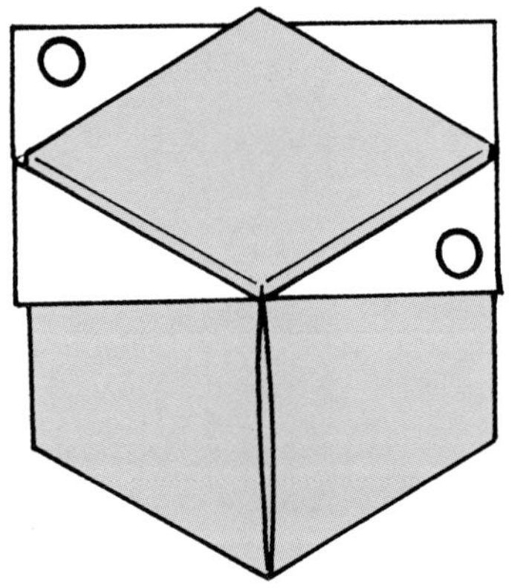

10 Pour ouvrir, tirer deux languettes opposées comme indiqué.

Boîte cube

DES PÉTALES. La magie de cette boîte réside dans son mode d'ouverture et de fermeture. En tirant sur deux pétales opposés, le cube s'ouvre en se dépliant et fait apparaître ce que vous avez placé à l'intérieur.

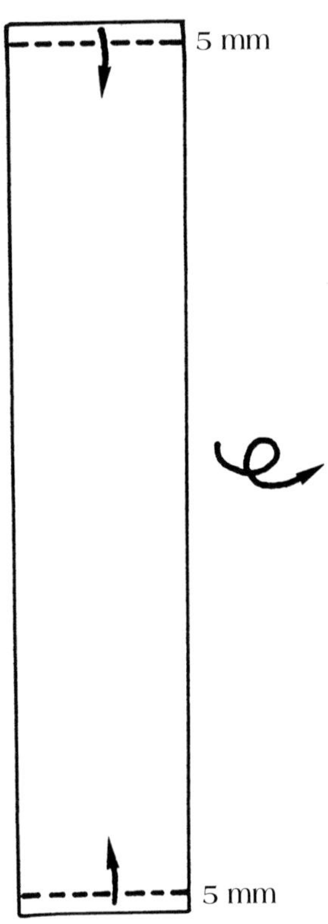

1 Format initial 1 × 5 (30 cm × 6 cm) – rabattre 5 mm environ puis retourner.

2 Plier en joignant les points à partir du milieu.

3 Rabattre l'autre côté.

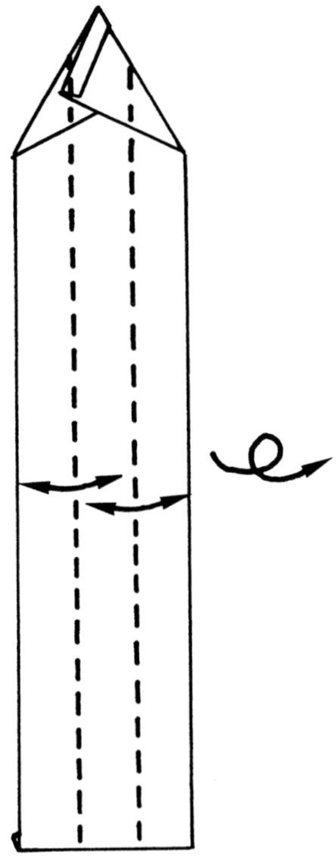

4 Marquer les plis verticaux au tiers puis retourner.

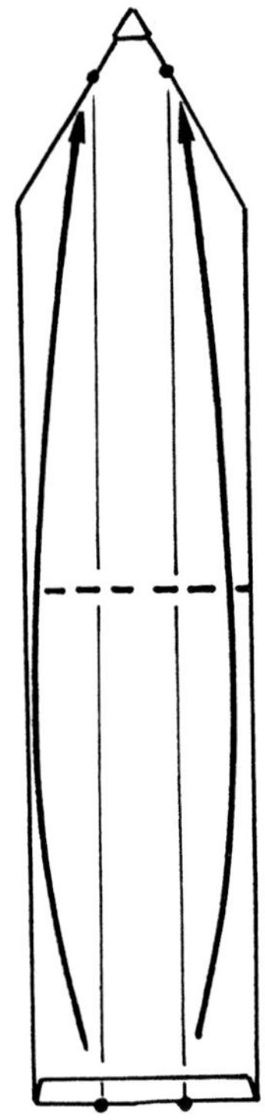

5 Rabattre vers le haut en joignant les points.

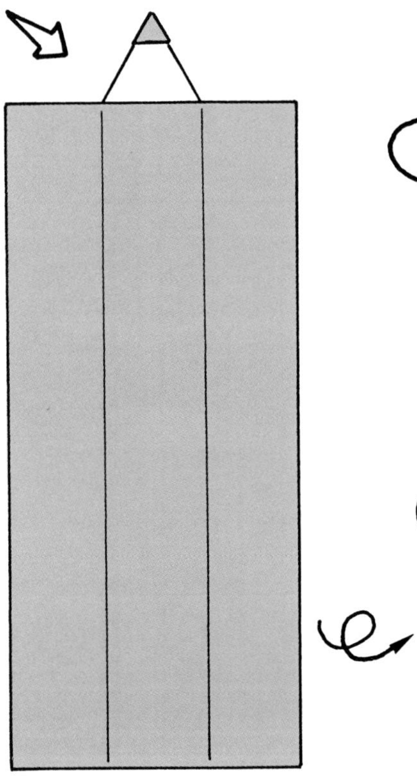

6 Comme ceci puis retourner.

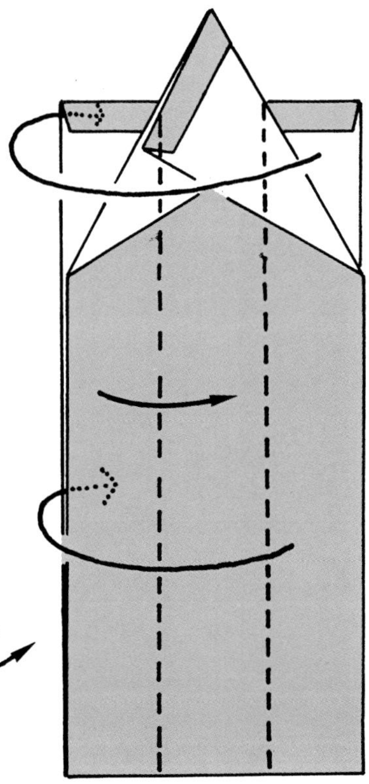

7 Plier en trois en emboîtant les côtés l'un dans l'autre.

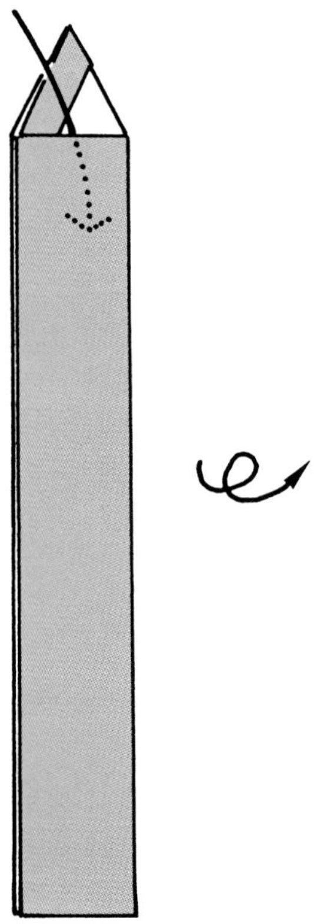

8 Placer le stylo ou le crayon à l'intérieur puis retourner.

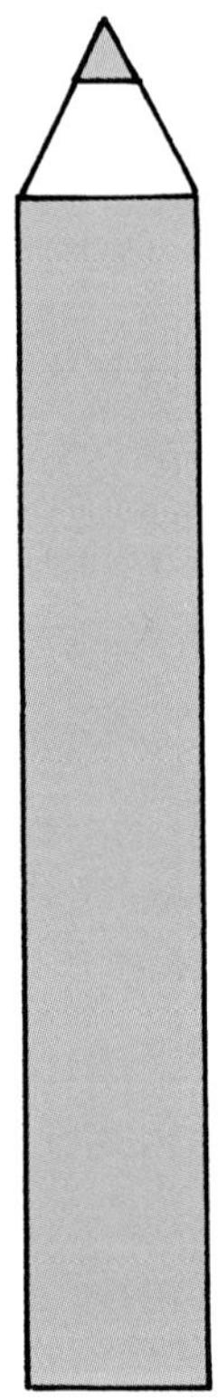

Crayon-étui

LES CRAYONS DE PAPIER. Ces petits crayons de couleur, confectionnés dans des papiers colorés sur une face, amuseront petits et grands. Ils servent d'étui-cadeau à de simples stylos-billes. Les plus malins les utiliseront aussi comme marque-page.

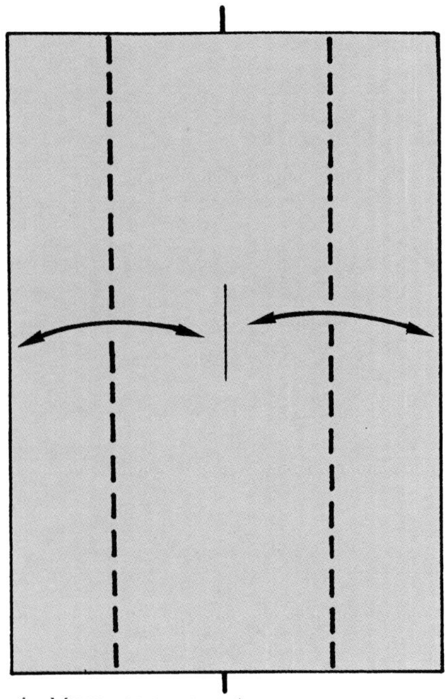

1 Marquer au quart
les verticales d'une feuille A4.

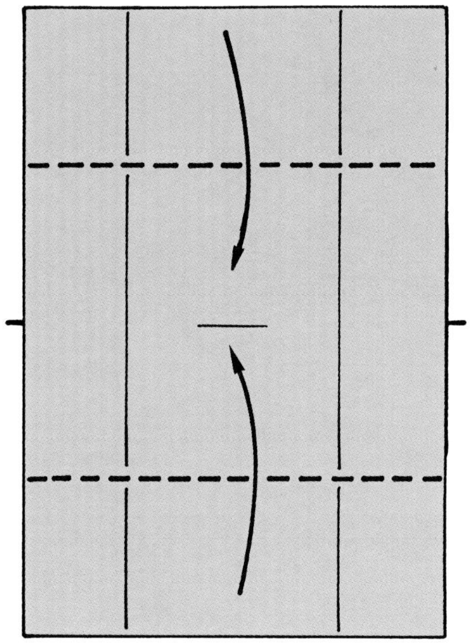

2 Rabattre les deux autres côtés
jusqu'au centre.

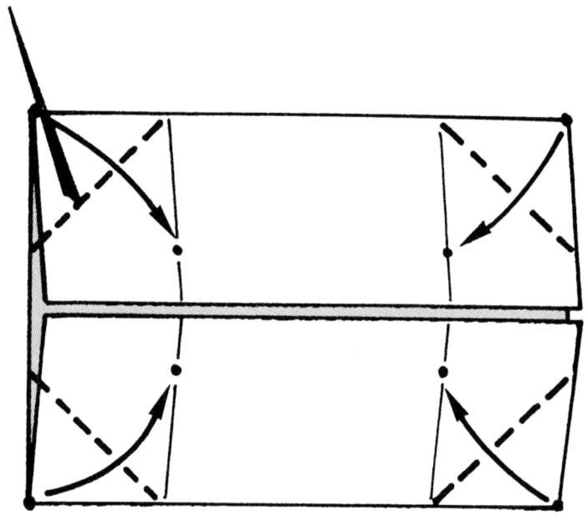

3 Plier les quatre angles.

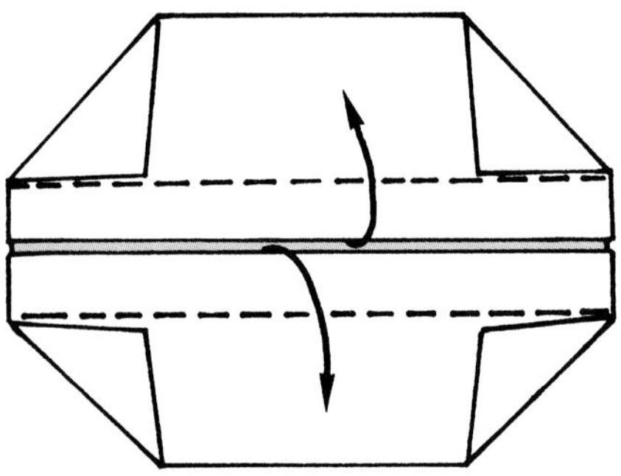

4 Rabattre les bandes par-dessus.

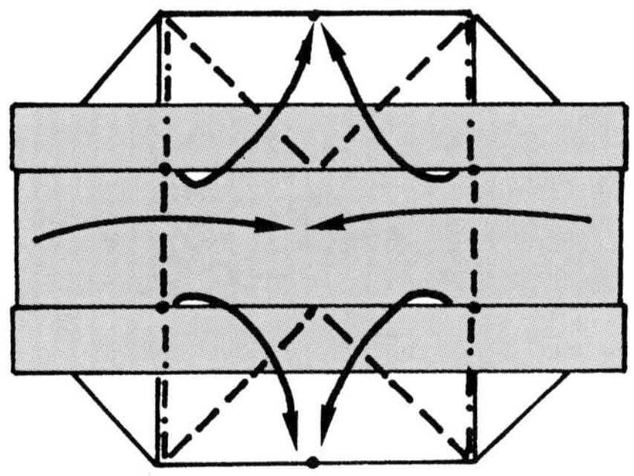

5 Remettre à plat dans l'autre sens en suivant
les indications.

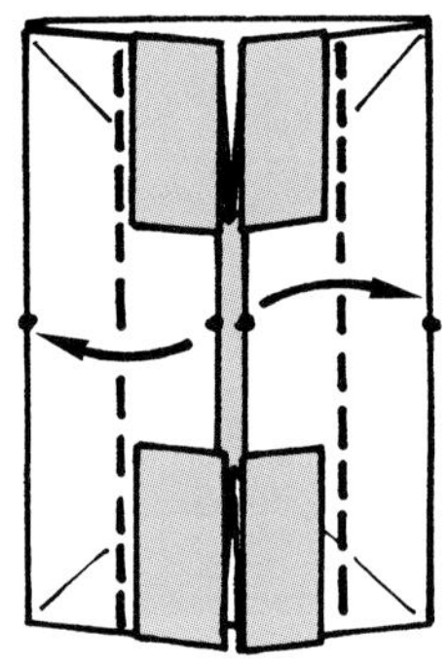

6 Plier les bandes verticales
vers l'extérieur.

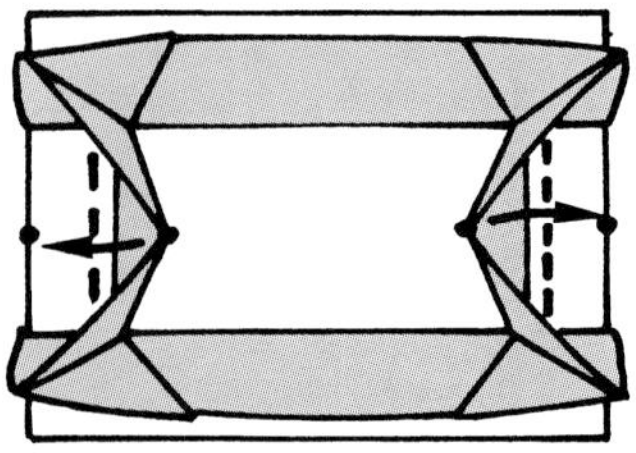

7 Mettre à plat les petits côtés.

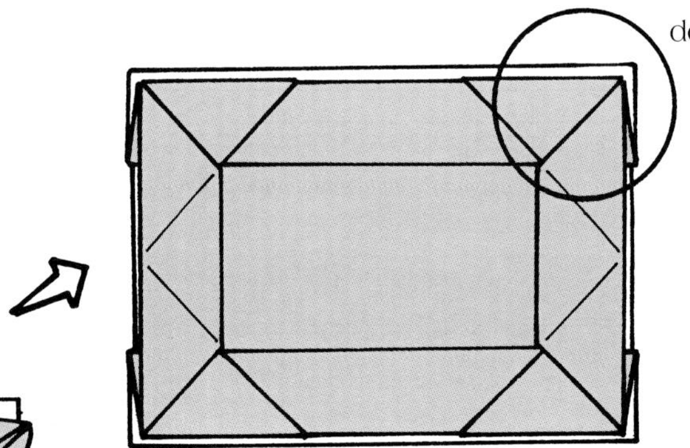

8 Comme ceci.

détail de l'angle

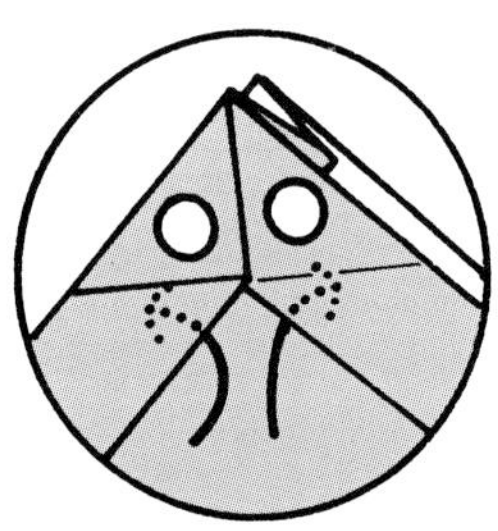

9 Placer les pouces à l'intérieur et les index
aux points indiqués puis tirer doucement
en remontant les côtés. Mettre ainsi
en forme les quatre coins.

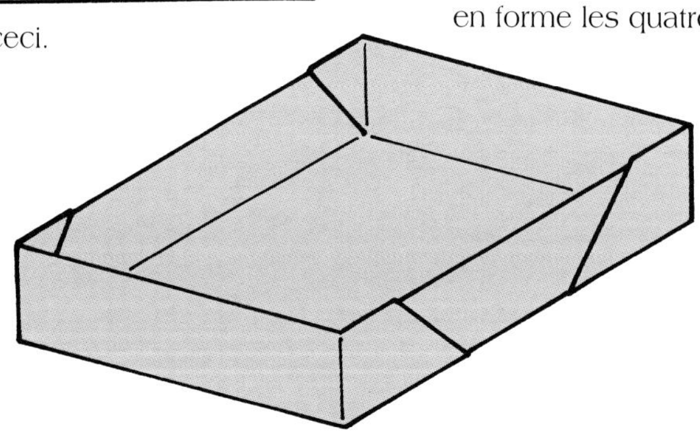

Boîte rectangulaire

DES FRIANDISES. Tout le monde aime les bonbons et les chocolats. Disposez-en quelques-uns dans cette boîte pour que chacun puisse se servir. Pour les protéger de la poussière, vous réaliserez le couvercle en suivant la même technique, avec une feuille légèrement plus petite.

THEATRE
MUNDO

JAPAN

Cartes et enveloppes

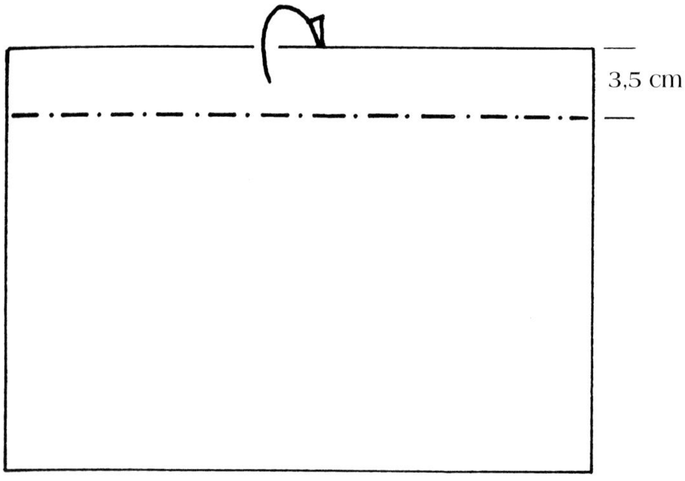

1 Format initial A4 – plier derrière une bande de 3,5 cm environ.

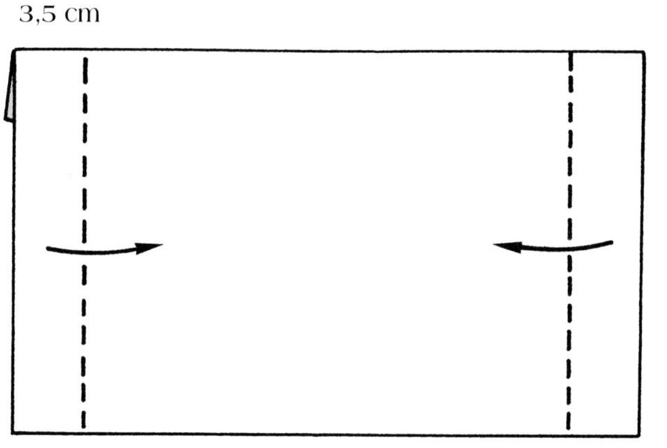

2 Rabattre une bande de chaque côté de la même largeur que précédemment.

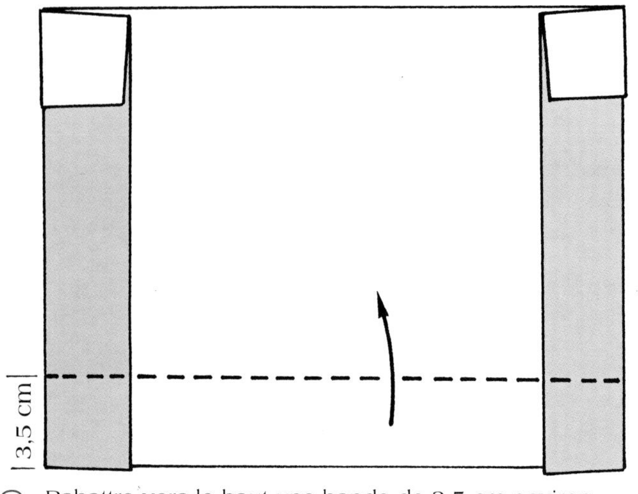

3 Rabattre vers le haut une bande de 3,5 cm environ.

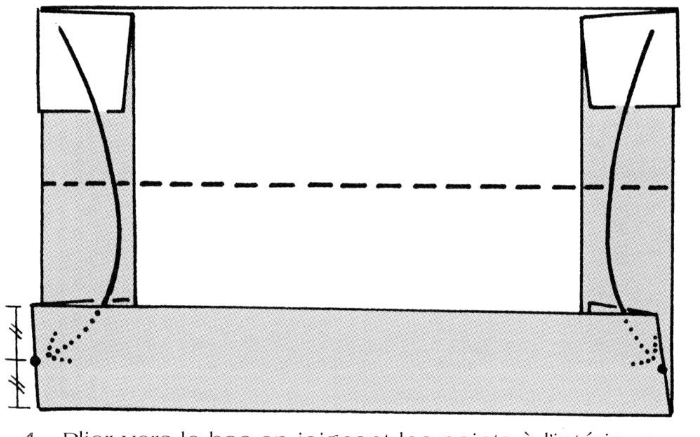

4 Plier vers le bas en joignant les points à l'intérieur de chaque côté.

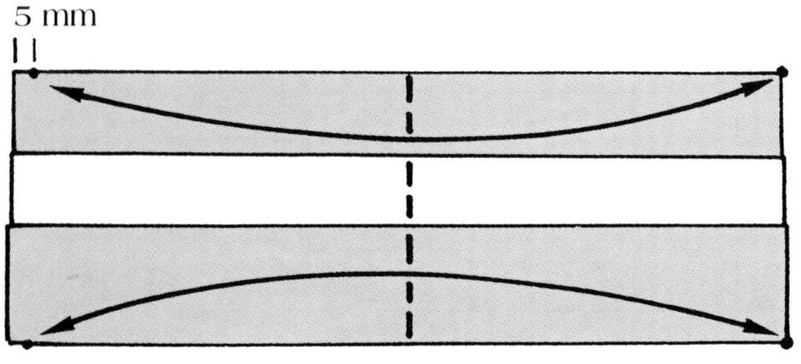

5 Marquer le pli en rabattant le côté gauche vers la droite à 5 mm du bord environ.

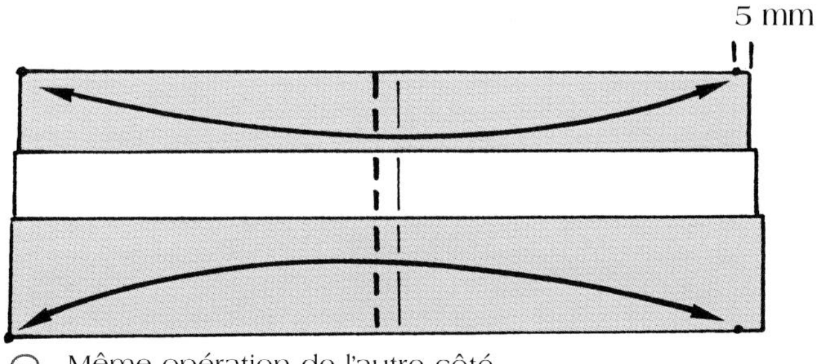

6 Même opération de l'autre côté.

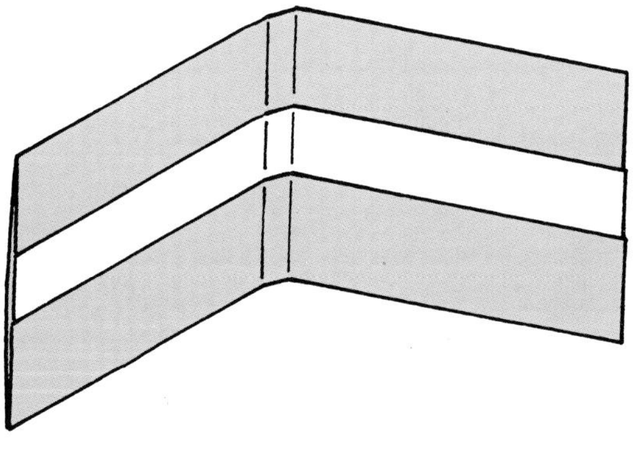

Portefeuille

LES PETITS PAPIERS. Des papiers de toutes sortes arrivent dans nos poches chaque jour. Ce petit portefeuille improvisé vous permet de ranger un ticket de teinturier, un bordereau de banque, une liste de courses ou une carte de téléphone.

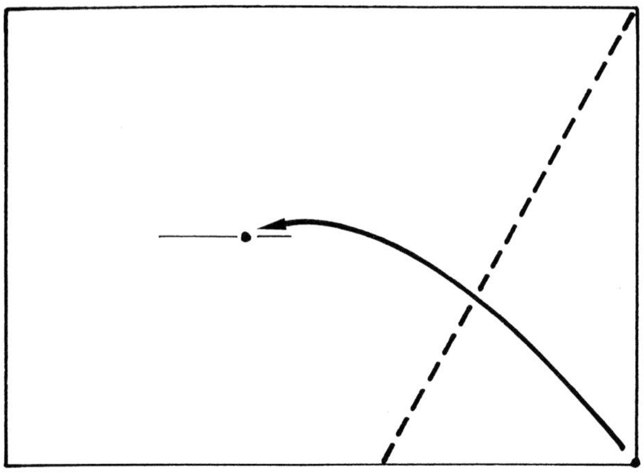

1 Format initial A4 – en partant de l'angle supérieur droit, joindre la ligne centrale.

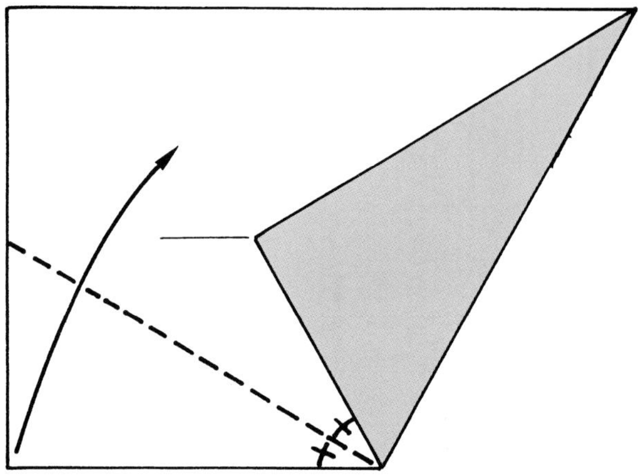

2 Remonter la partie gauche le long du bord plié.

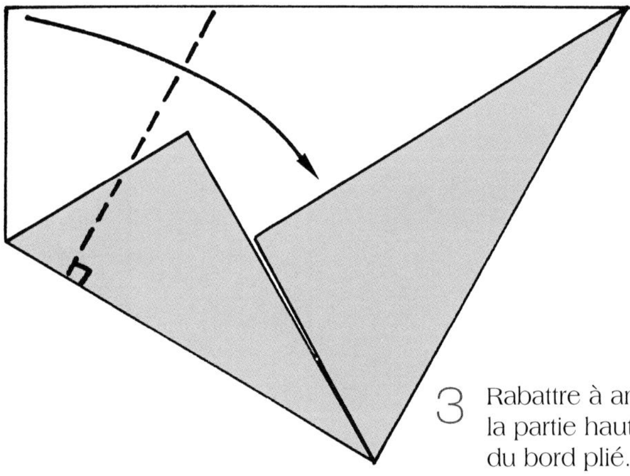

3 Rabattre à angle droit la partie haute le long du bord plié.

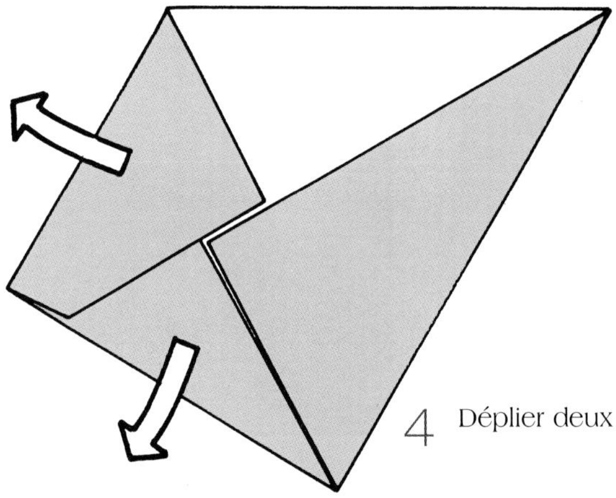

4 Déplier deux côtés.

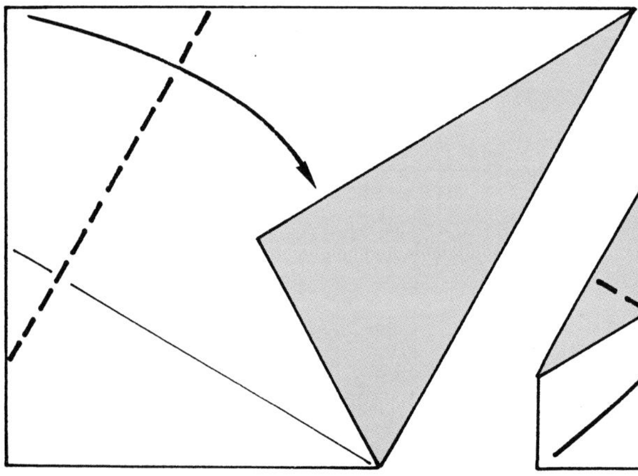

5 Replier la partie haute.

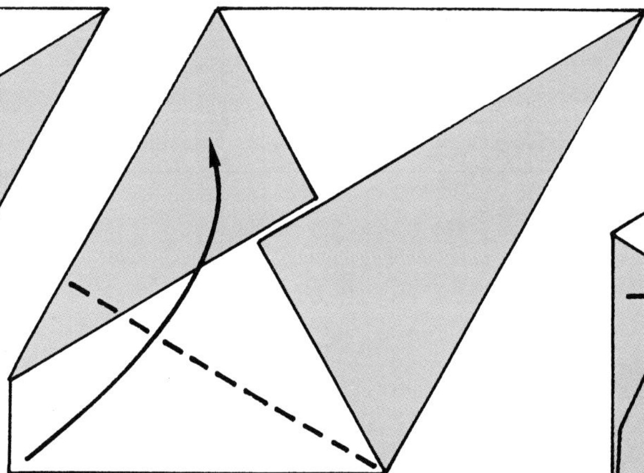

6 Puis la partie basse.

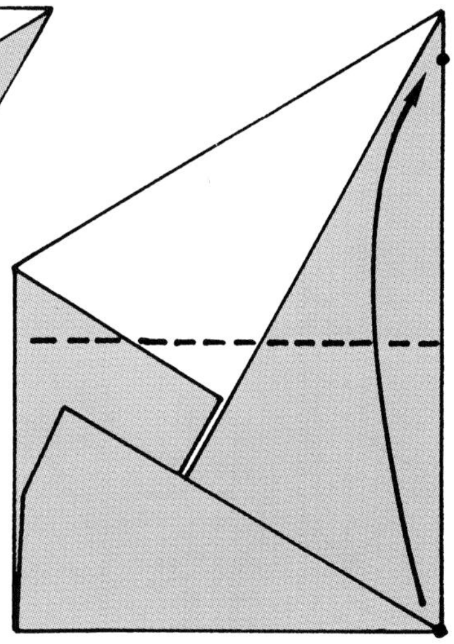

7 Remonter l'ensemble en joignant les points.

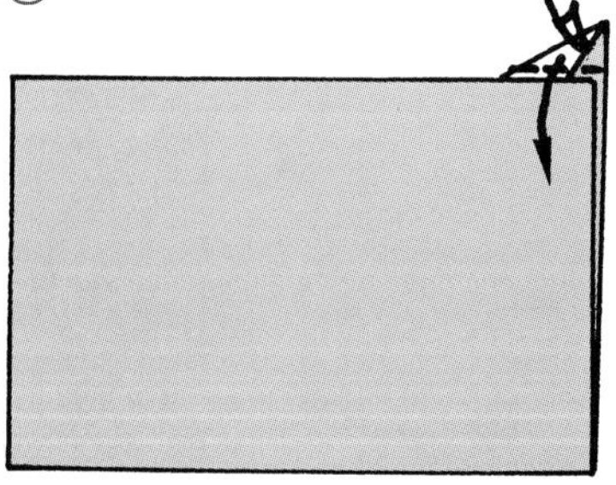

8 En rabattant la pointe, glisser le coin entre les deux épaisseurs.

9 Sceller cette lettre par un cachet de cire ou un timbre.

Enveloppe

UN PLI. Recevoir et envoyer une lettre qui sort de l'ordinaire est toujours agréable. Il suffit pour cela d'y ajouter une touche personnelle. On peut y glisser une carte postale ou écrire directement sur la feuille avant de la plier.

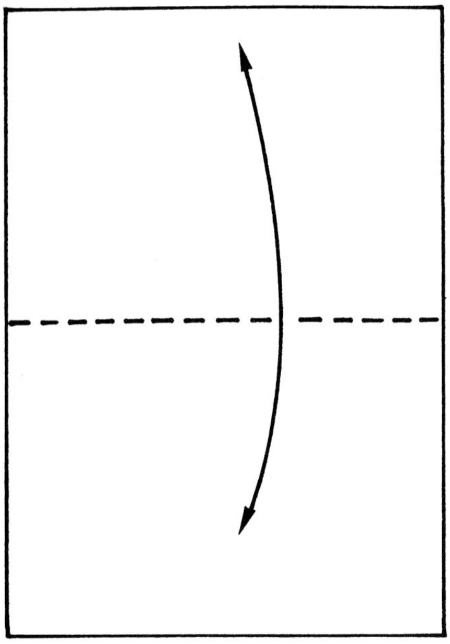

1 Marquer le milieu d'une feuille A4.

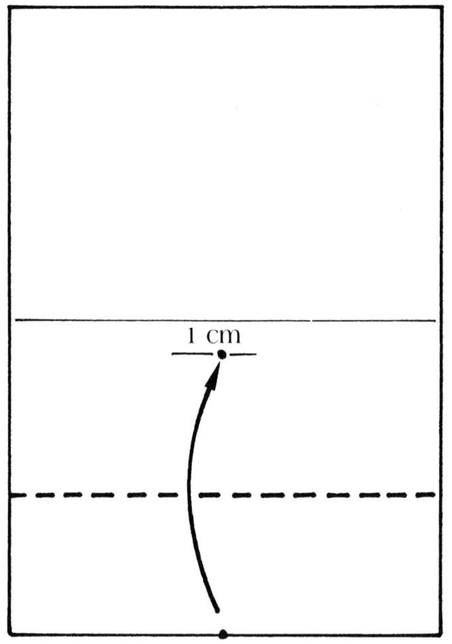

2 Rabattre en laissant 1 cm environ.

3 Puis retourner.

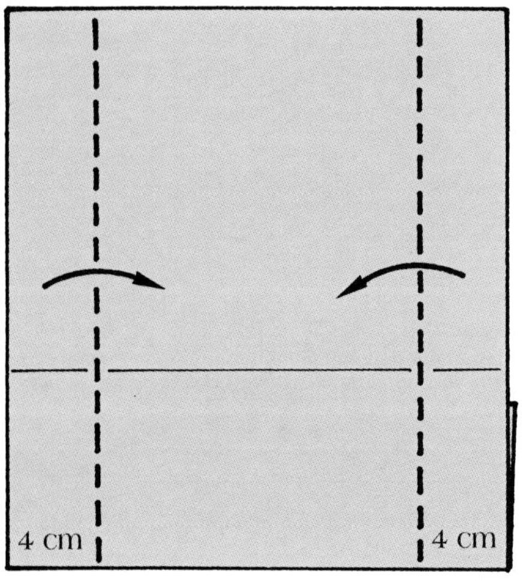

4 Plier une bande de chaque côté d'environ 4 cm.

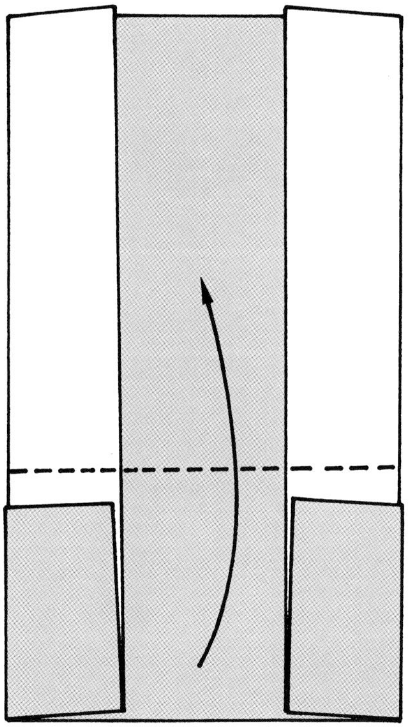

5 Remonter l'ensemble selon le pli central.

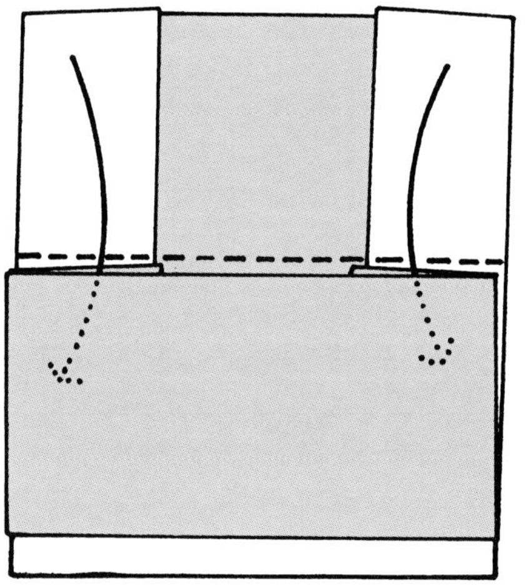

6 Rabattre le haut en glissant l'ensemble à l'intérieur puis le tourner à 180°.

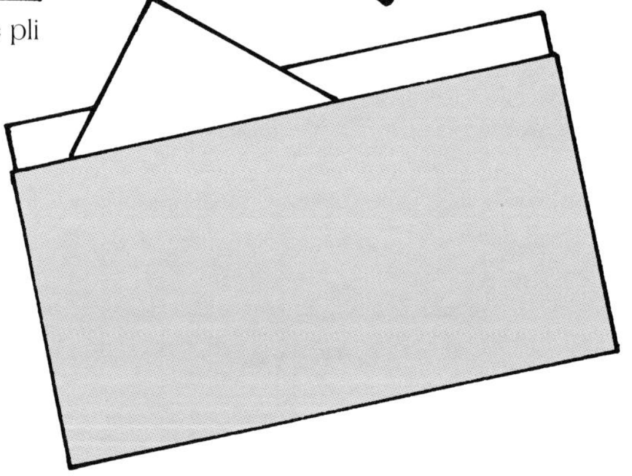

Pochette

VOS PAPIERS. La pochette s'avérera indispensable pour ranger vos petits papiers, un carnet de timbres, des tickets de transport ou des photos.

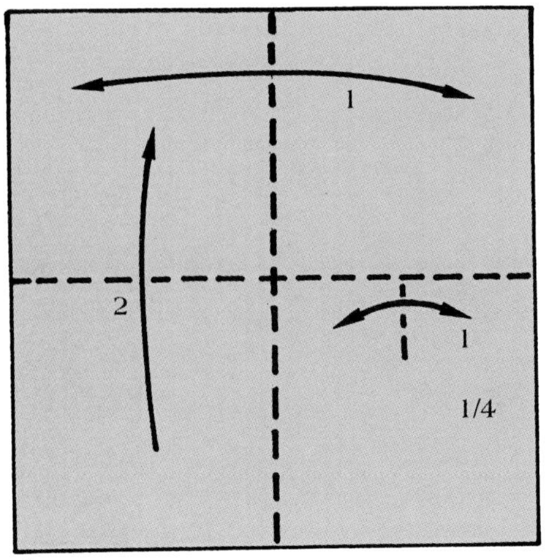

1 Format initial 21 cm x 21 cm – marquer les plis verticaux puis plier en deux vers le haut.

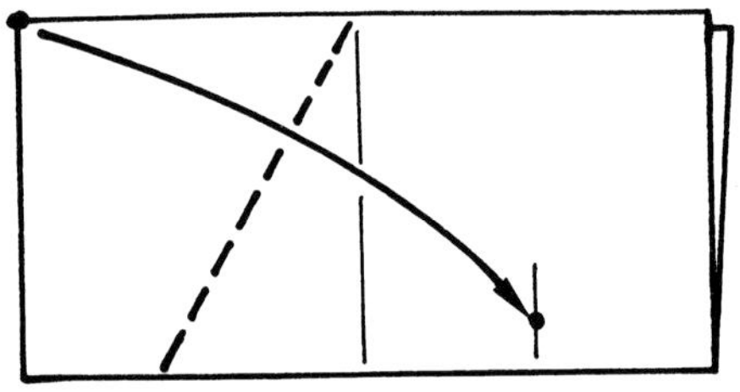

2 En partant du milieu du côté supérieur, joindre les points marqués.

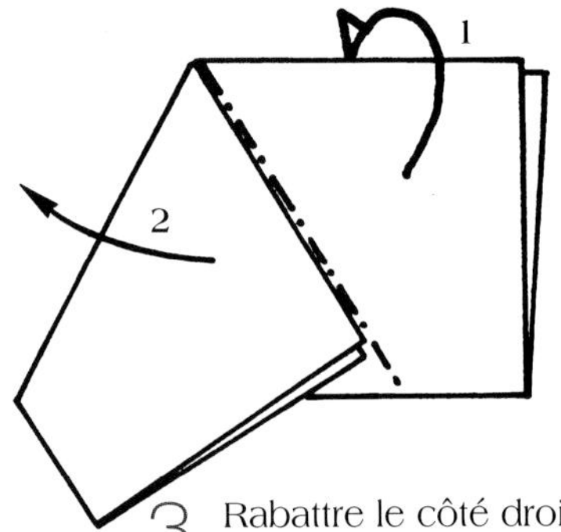

3 Rabattre le côté droit derrière puis ouvrir le côté gauche.

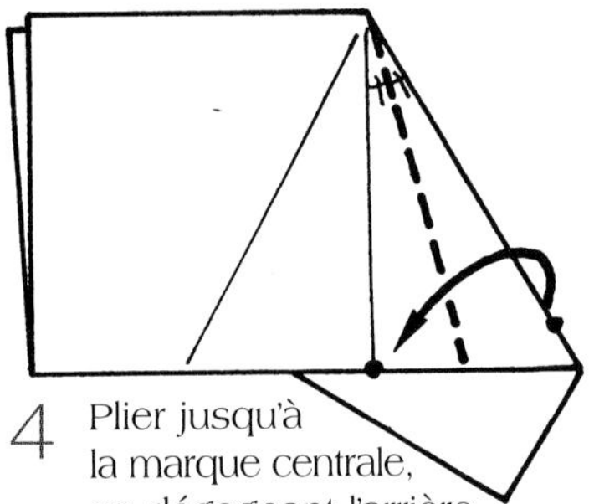

4 Plier jusqu'à la marque centrale, en dégageant l'arrière sans le plier.

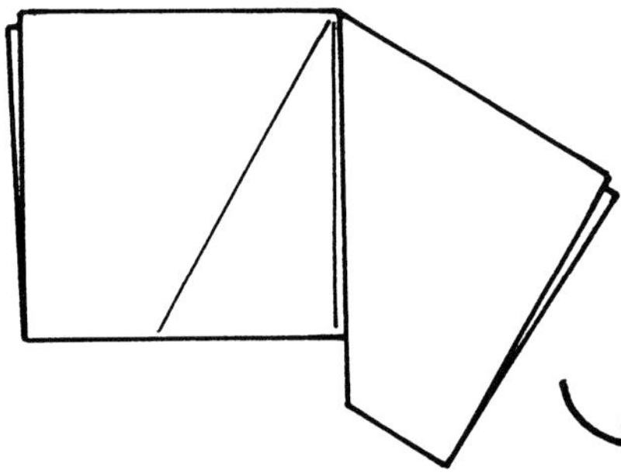

5 Comme ceci puis retourner.

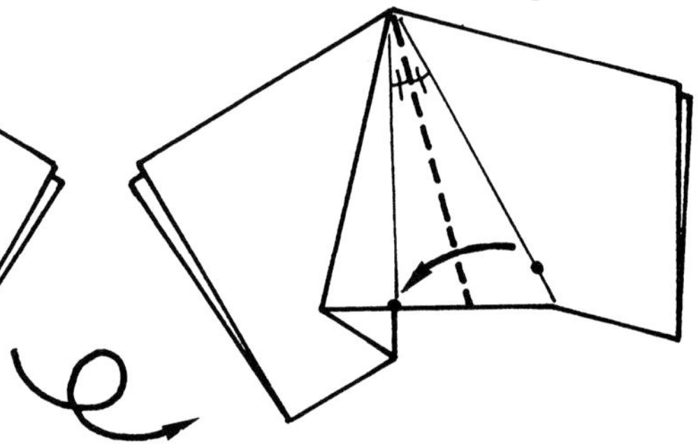

6 Plier en partageant l'angle en deux comme à l'étape 4.

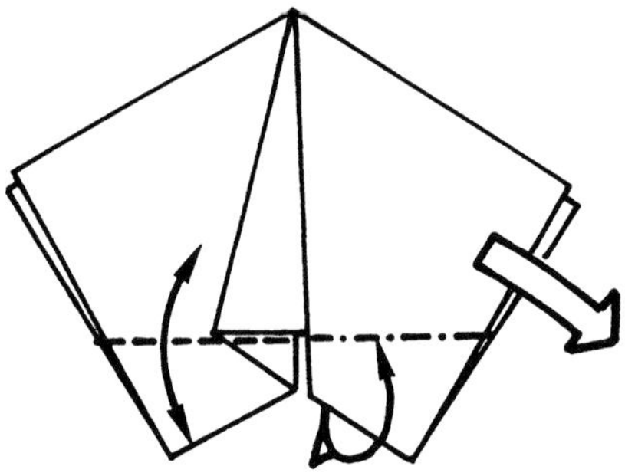

7 Marquer les plis puis déplier complètement.

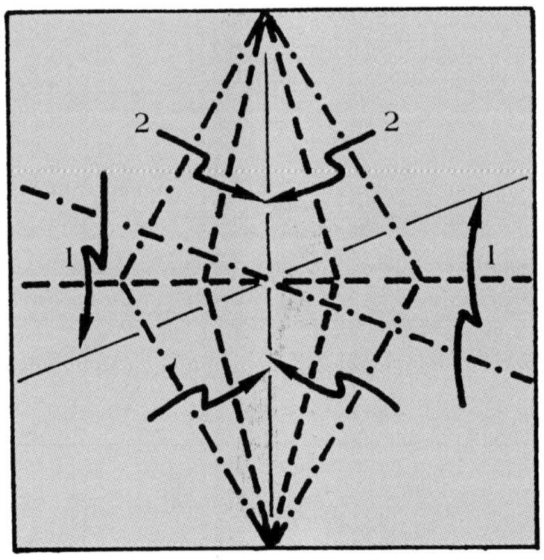

8 Effectuer des replis d'abord sur les côtés puis vers le centre où se trouvent les losanges.

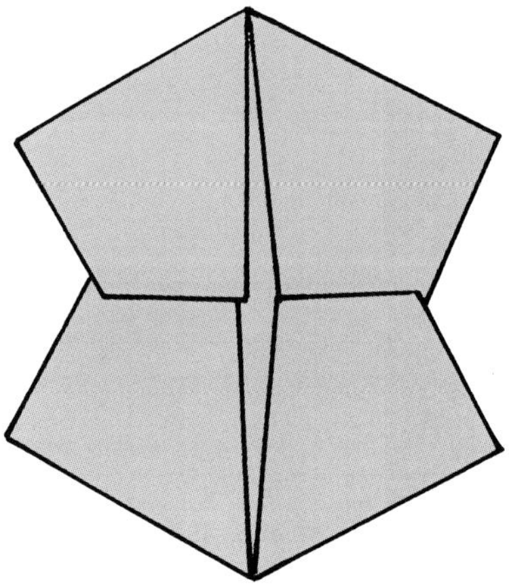

9 Comme ceci puis retourner.

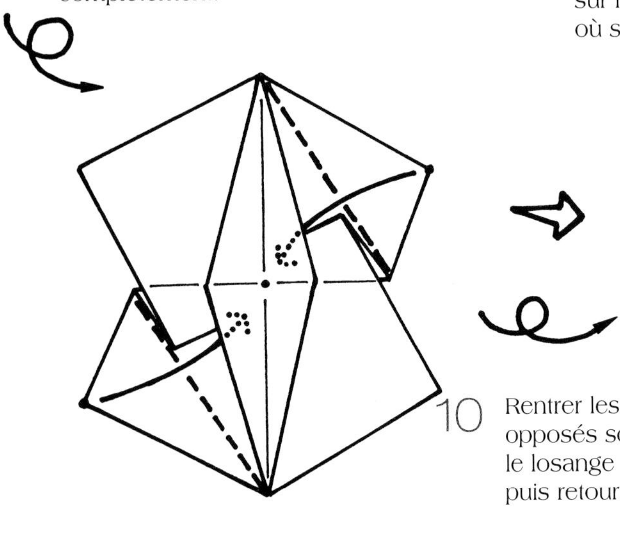

10 Rentrer les côtés opposés sous le losange central puis retourner.

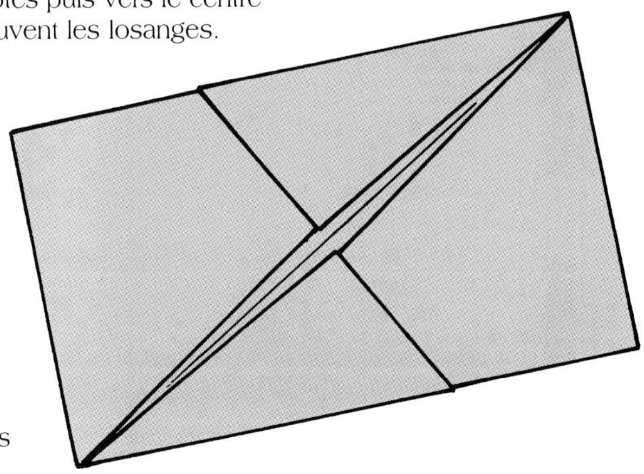

11 En ouvrant complètement la poche, le pliage se replie à plat en formant une autre figure.

Carte à ouverture

UNE PENSÉE. Une carte qui possède une poche centrale permet non seulement d'écrire un mot mais aussi de glisser une fleur, un trèfle à quatre feuilles ou une petite surprise.

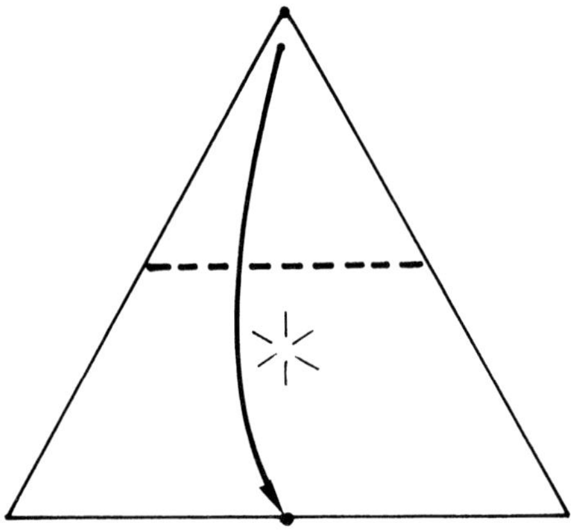

1 Rabattre la pointe du haut sur le milieu du côté opposé d'un triangle équilatéral (voir p. 5).

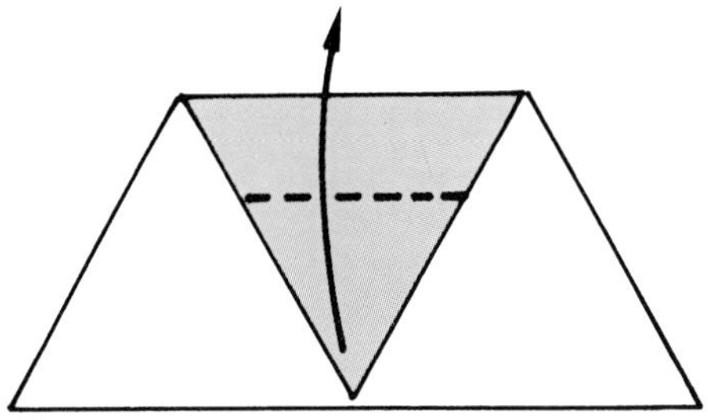

2 Remonter le triangle au niveau du point central en restant parallèle aux bords.

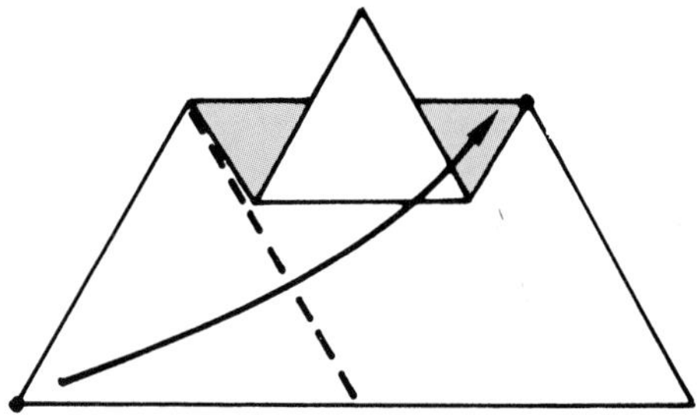

3 Replier la pointe de gauche en joignant les points.

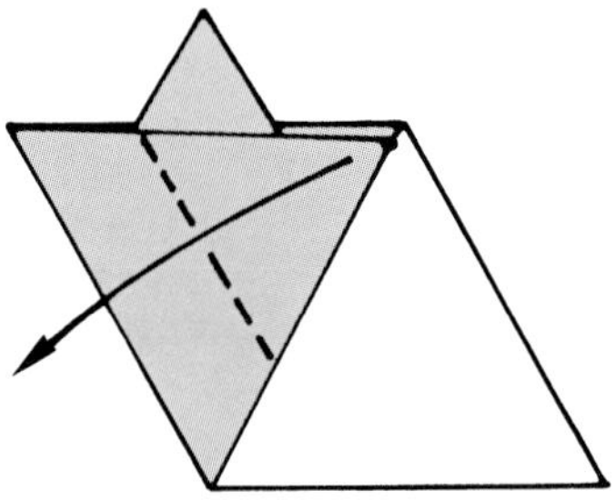

4 Rabattre le triangle vers l'extérieur comme à l'étape 2.

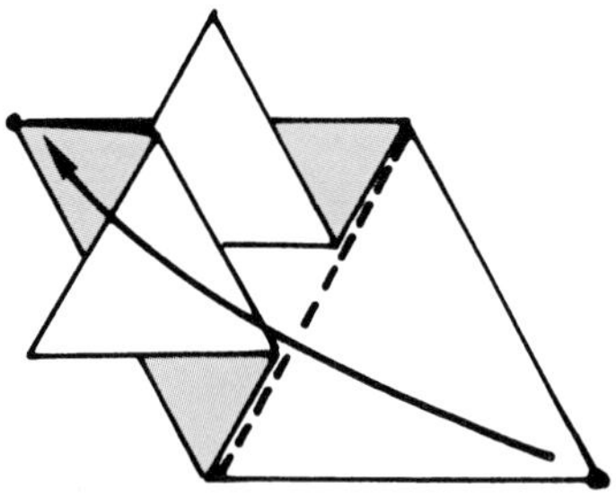

5 Replier la dernière pointe.

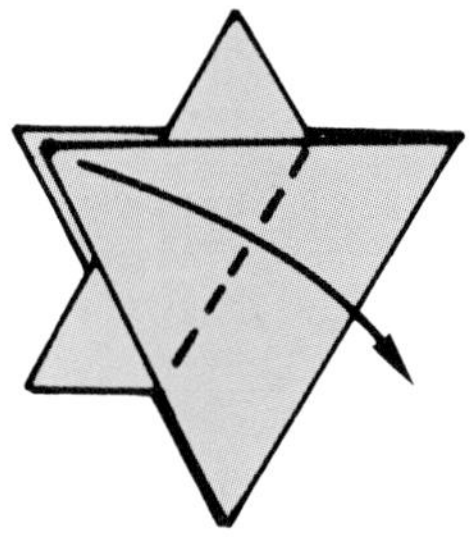

6 Rabattre vers l'extérieur comme à l'étape 2.

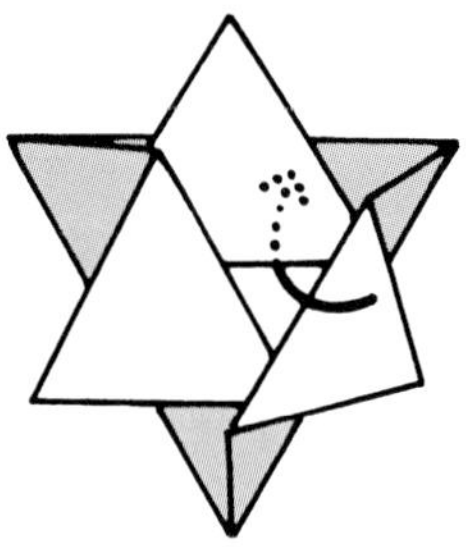

7 Croiser les triangles dessus-dessous.

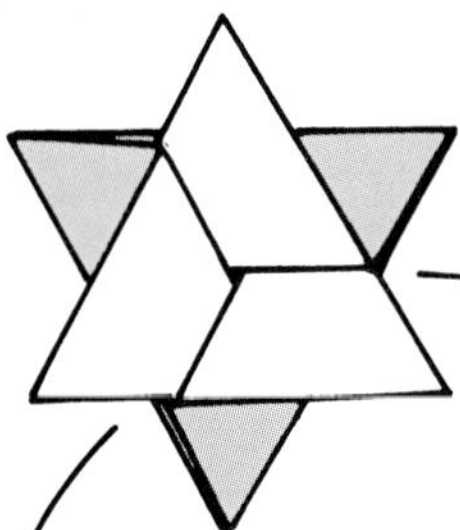

8 Comme ceci en étoile.

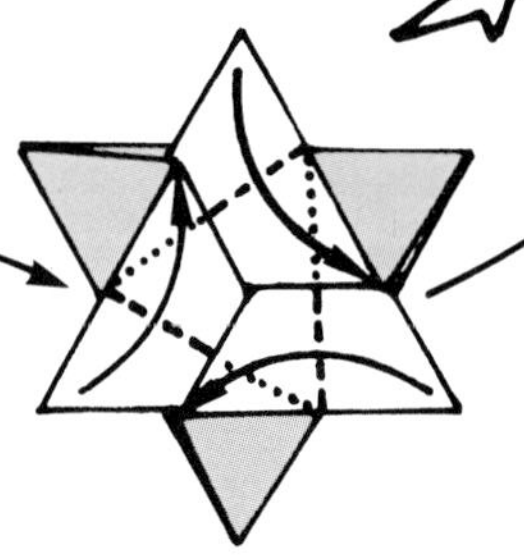

9^A Plier les triangles du centre en deux.

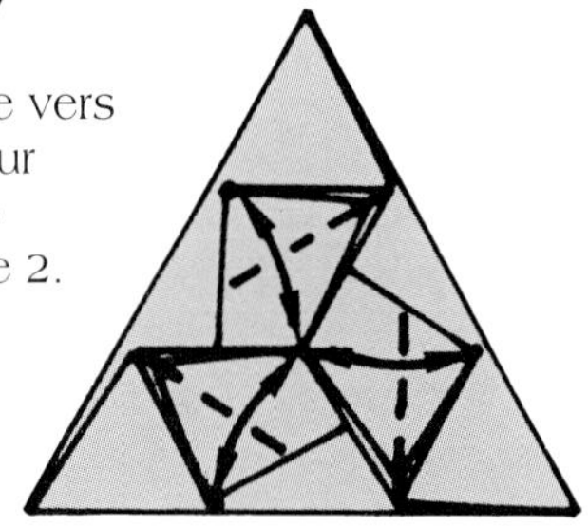

10^A Marquer les plis.

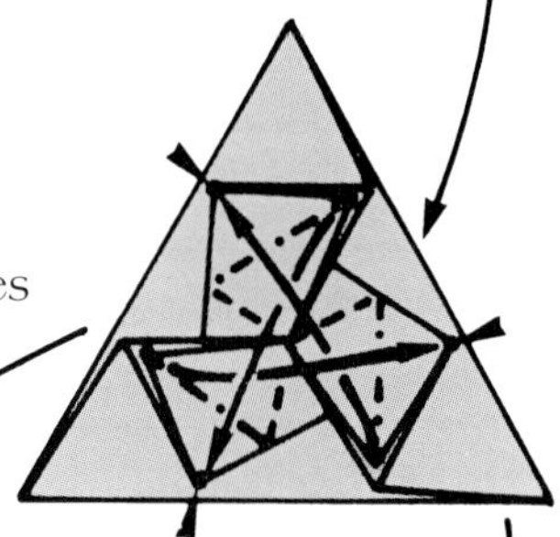

11^A Ouvrir chaque pointe.

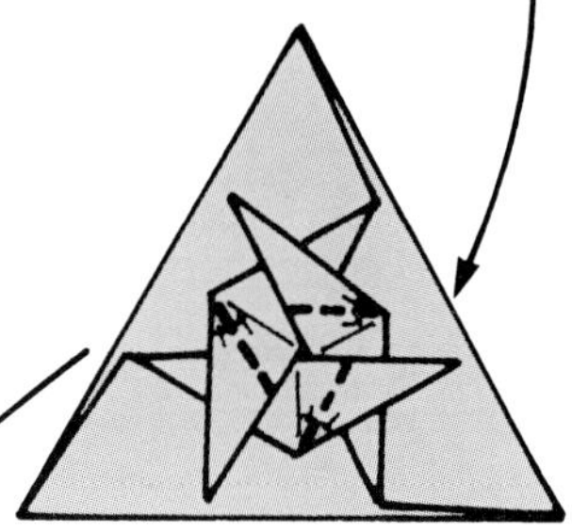

12^A Croiser les pointes au centre le long des plis marqués.

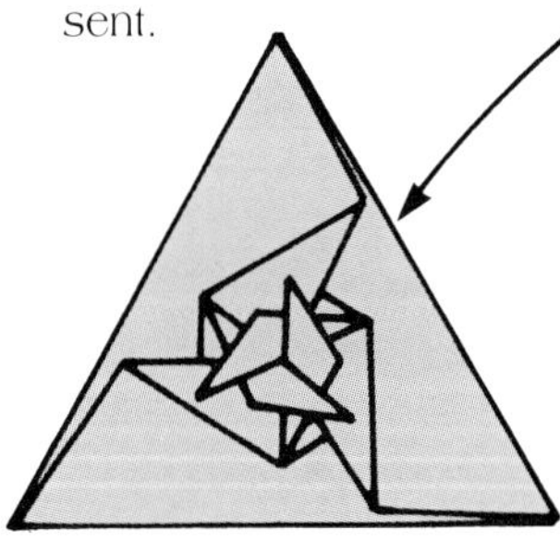

13^A On peut continuer le même pliage.

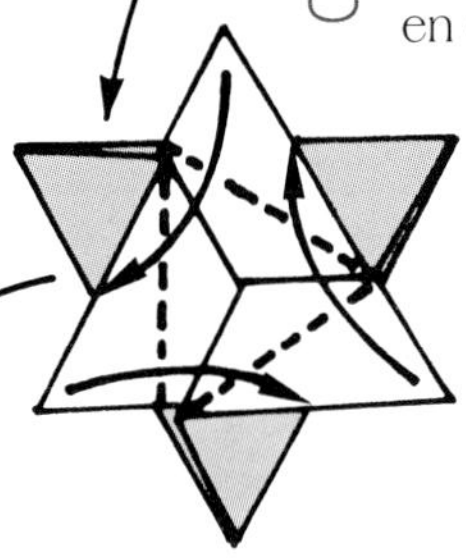

9^B Plier en deux chaque triangle.

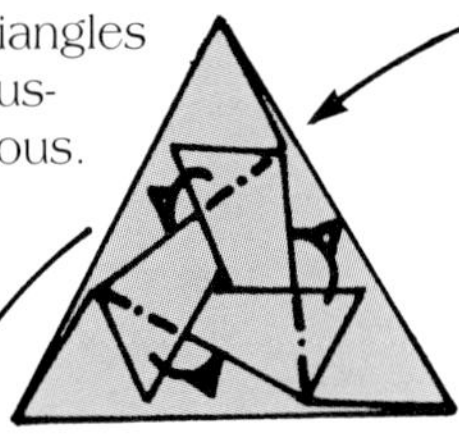

10^B Rabattre derrière les pointes qui dépassent.

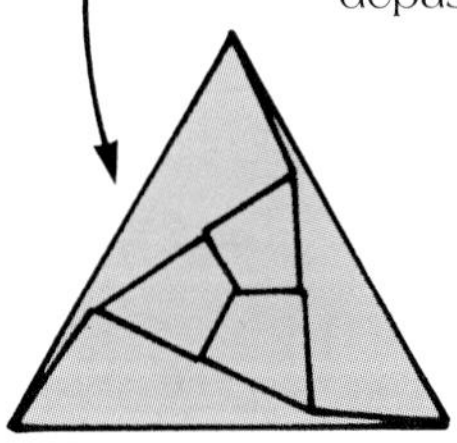

11^B Comme ceci en triangle.

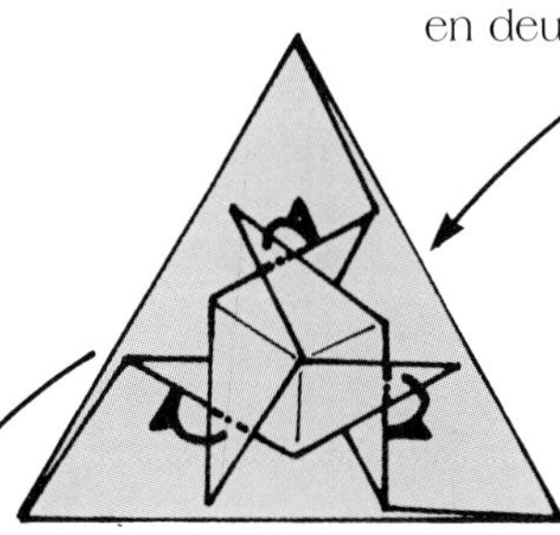

12^C Rabattre derrière les pointes qui dépassent.

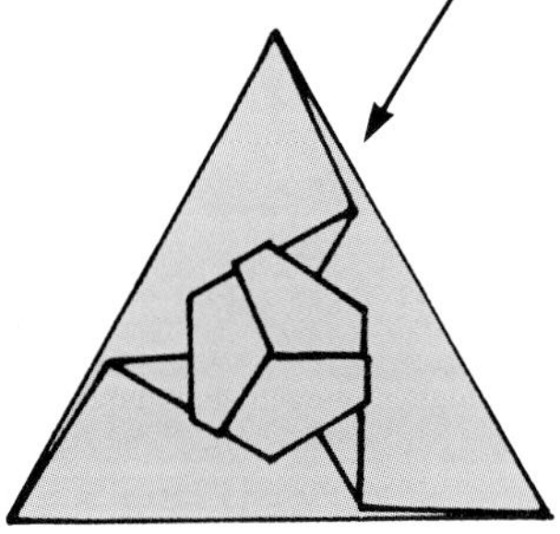

13^C Comme ceci en hexagone.

Messages en triangle

DES IMPRESSIONS. Le triangle est une forme qui engendre des configurations géométriques étonnantes : certaines se replient à l'identique sur elles-mêmes. Quelques mots sont écrits avant le pliage pour être ensuite envoyés dans un courrier.

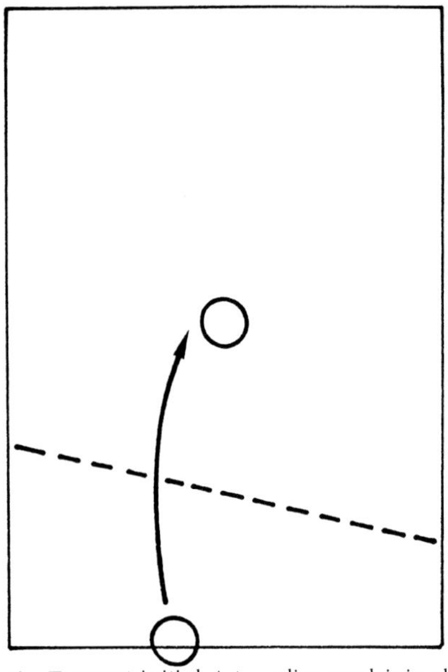

1 Format initial A4 – plier en biais de façon à arriver à peu près au centre de la feuille.

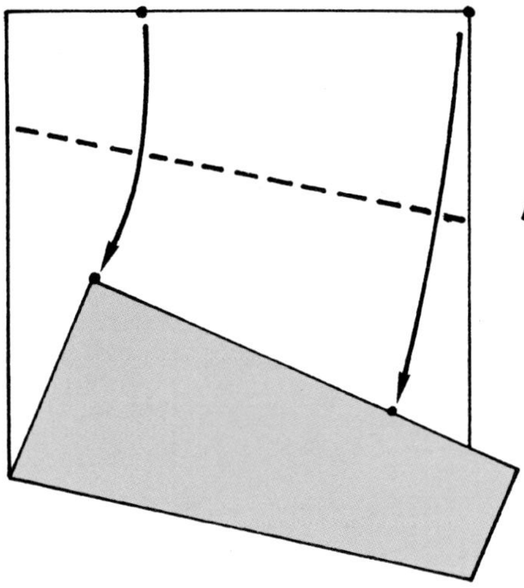

2 Rabattre le haut le long du bord central en joignant les points.

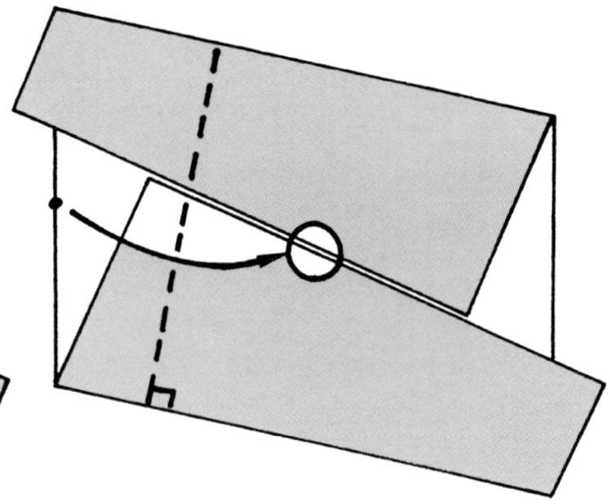

3 Rabattre un côté vers le centre.

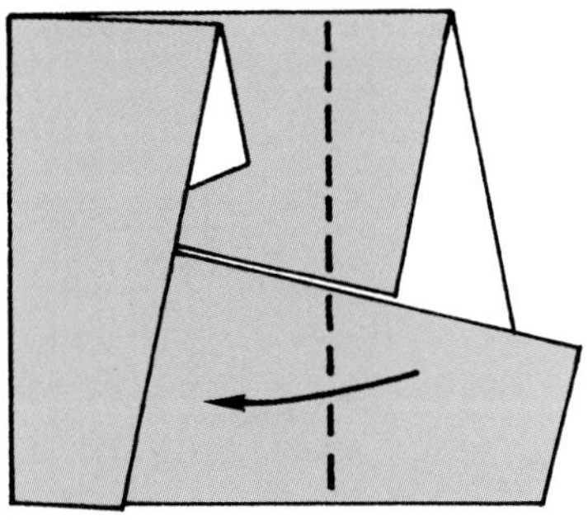

4 Puis l'autre côté le long du précédent.

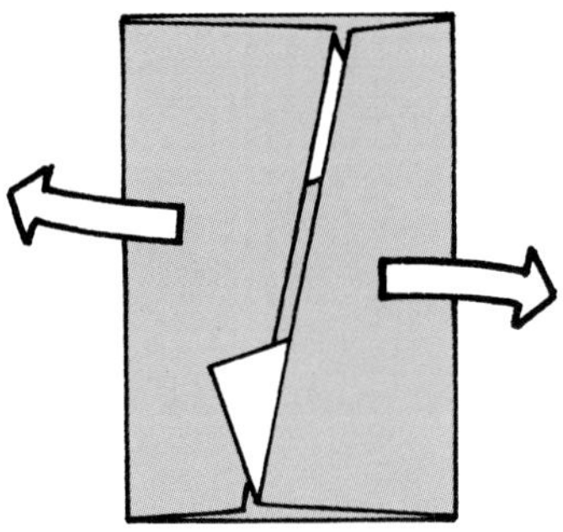

5 Déplier les deux battants.

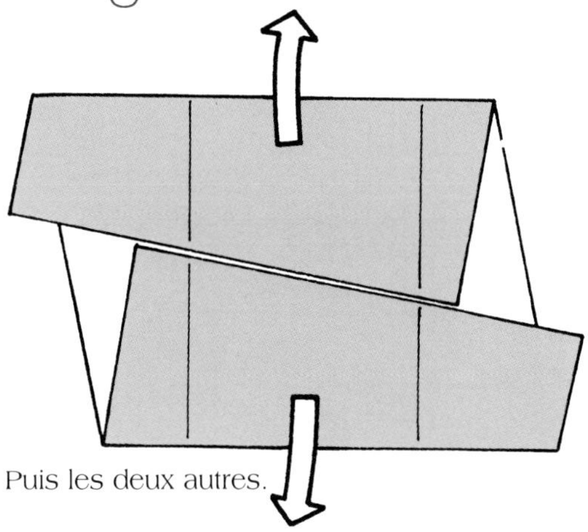

6 Puis les deux autres.

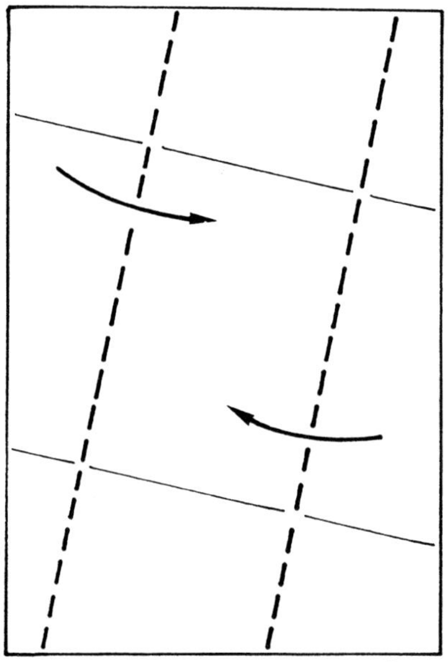

7 Replier les côtés selon les plis marqués.

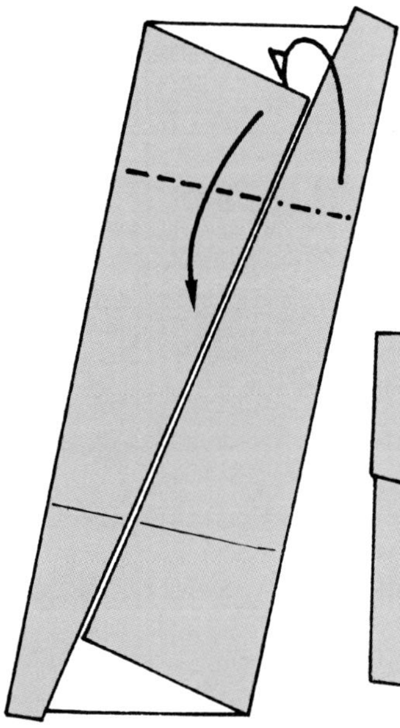

8 Plier le haut en ouvrant puis en rabattant le pan droit à l'intérieur.

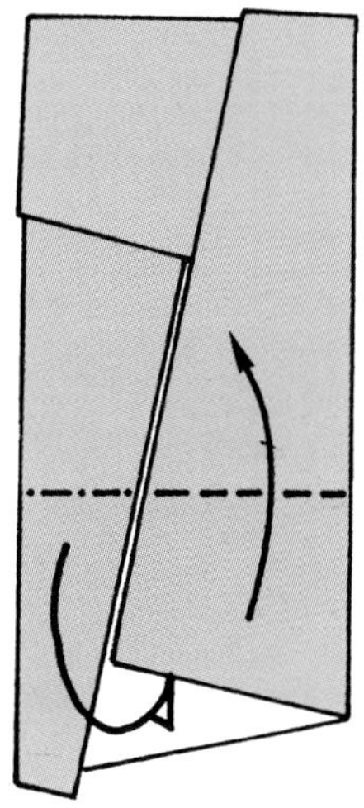

9 Plier de la même façon le bas.

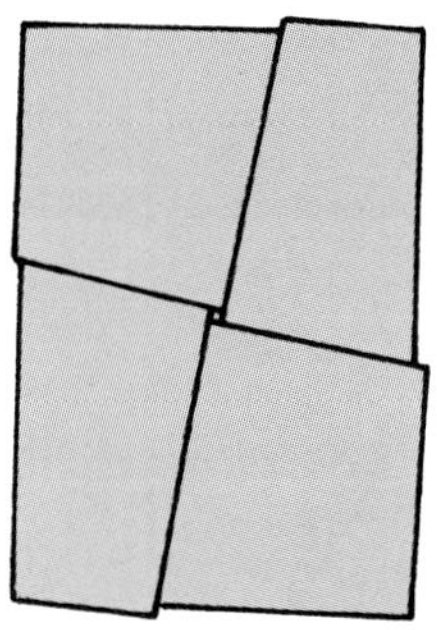

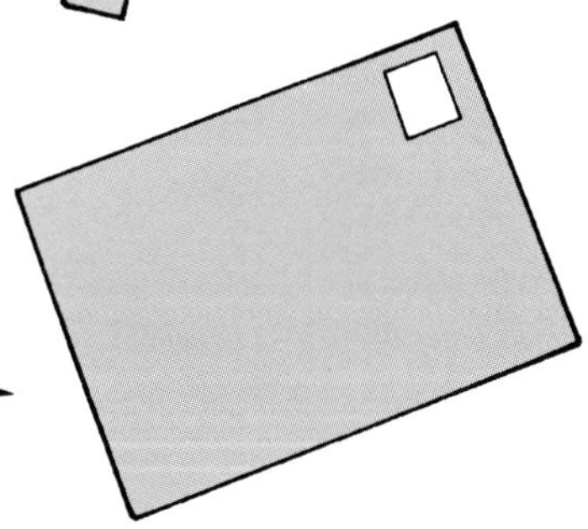

10 Puis retourner.

Lettre-enveloppe

LA CORRESPONDANCE. Les amoureux des beaux papiers auront plaisir à écrire puis à fermer leur courrier en quelques plis. Un cachet à la cire personnalisé, placé au verso, donnera la touche finale.

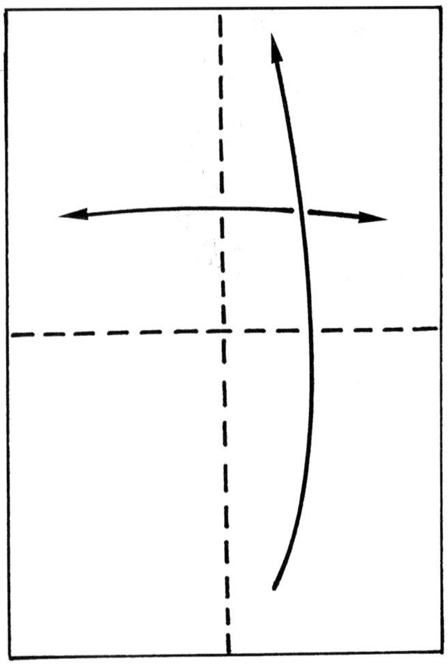

1 Format initial A4 – marquer la verticale puis plier en deux vers le haut.

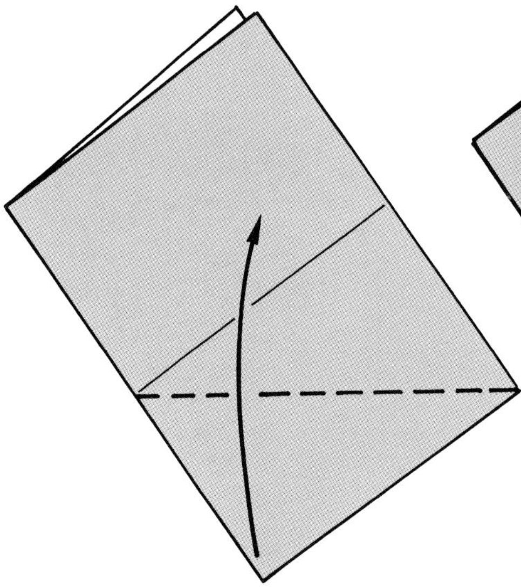

2 Rabattre la double épaisseur selon la diagonale du rectangle du bas.

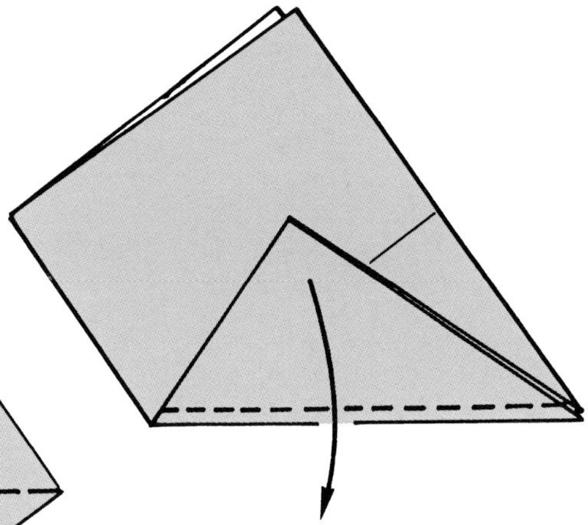

3 Plier vers le bas en laissant une largeur d'environ 6 mm.

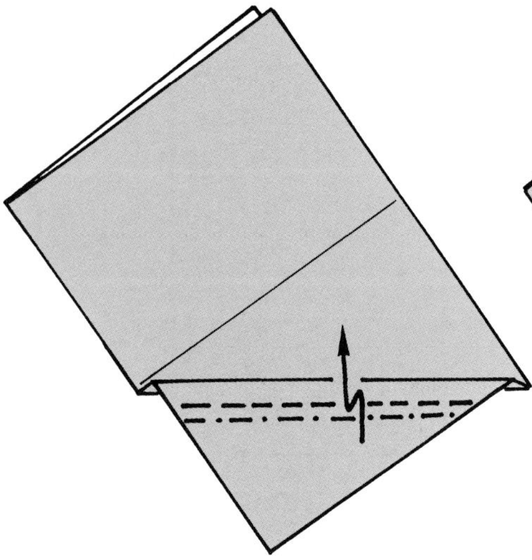

4 Effectuer un repli de 12 mm et 6 mm environ.

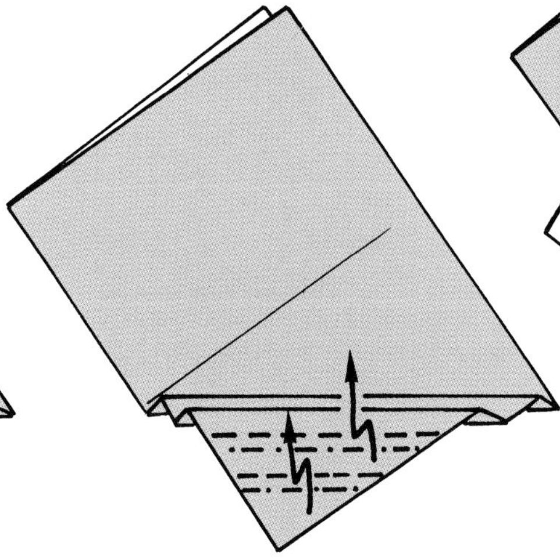

5 Puis deux replis de mêmes dimensions que précédemment.

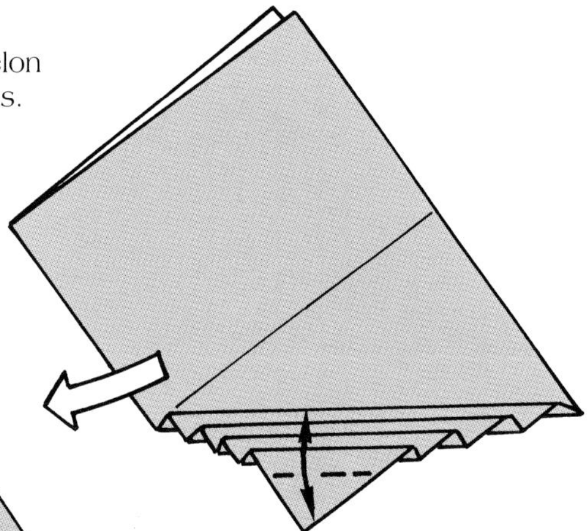

6 Marquer le dernier pli de 12 mm puis déplier.

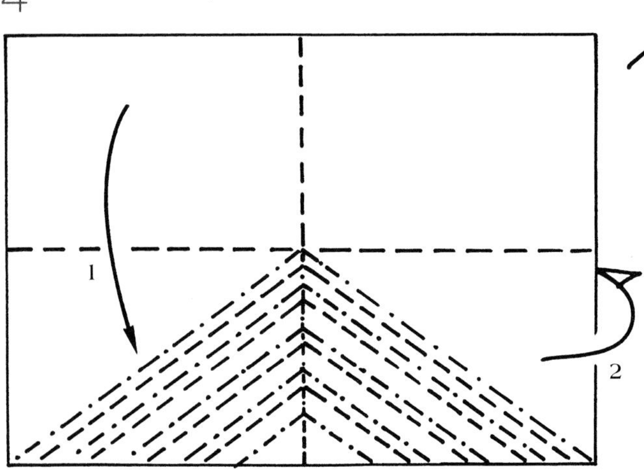

7 Marquer les plis dans le bon sens puis rabattre le pli horizontal central et retourner l'ensemble.

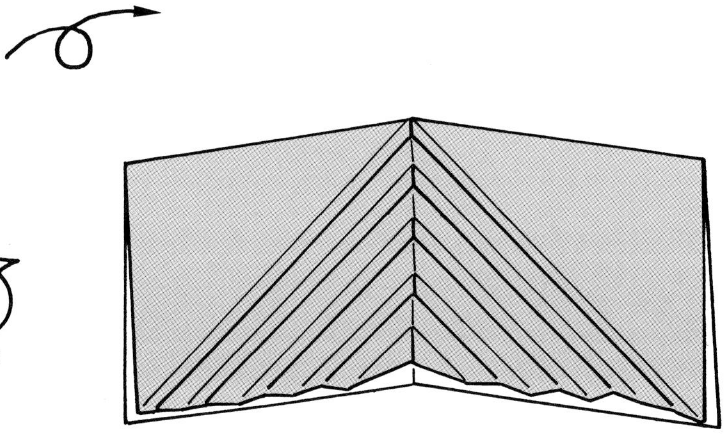

Carte de Noël

LA LUMIÈRE. Cette carte, travaillée en un plissé très dense, accroche la lumière en imprimant des zones d'ombre toujours changeantes. Prenez votre plume pour y inscrire ce que vous inspire le moment présent.

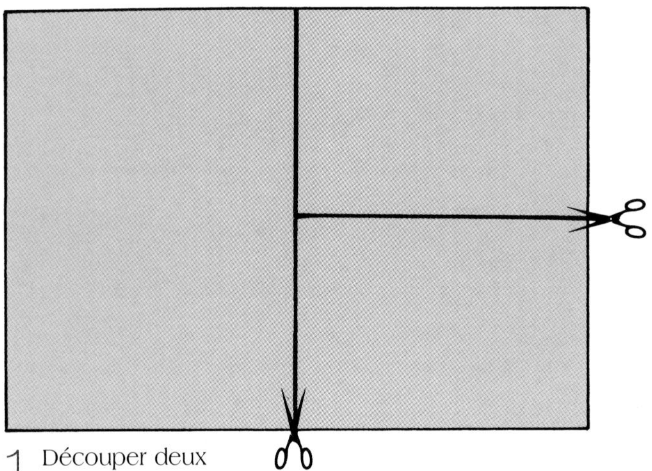

1 Découper deux quarts d'une feuille A4.

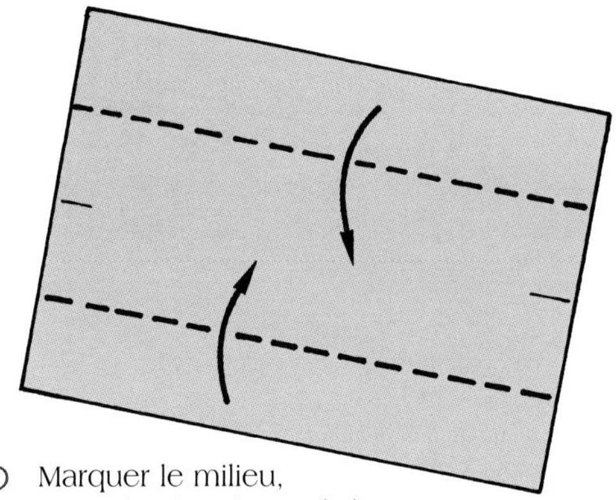

2 Marquer le milieu, puis plier les deux côtés jusqu'au centre.

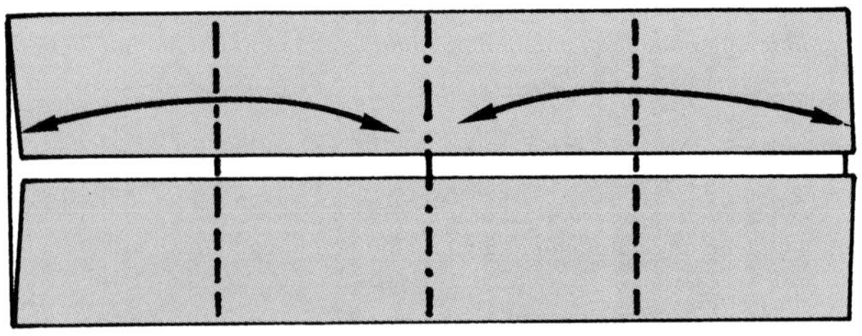

3 Marquer le centre en pli « montagne » puis marquer les côtés en les joignant au centre.

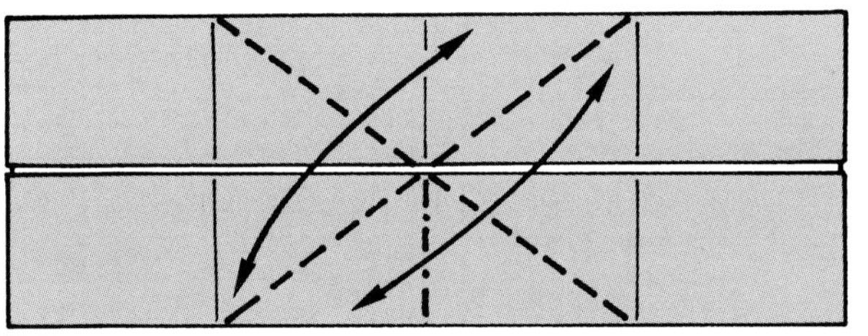

4 Marquer les diagonales du rectangle central.

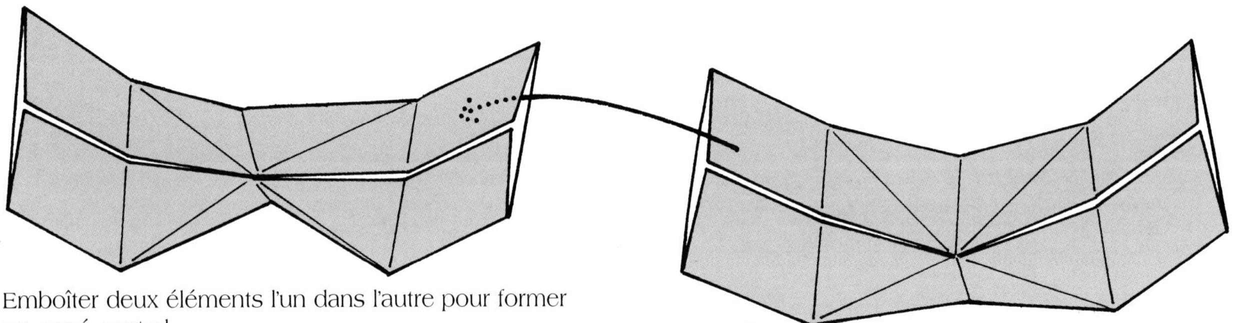

5 Emboîter deux éléments l'un dans l'autre pour former un carré central.

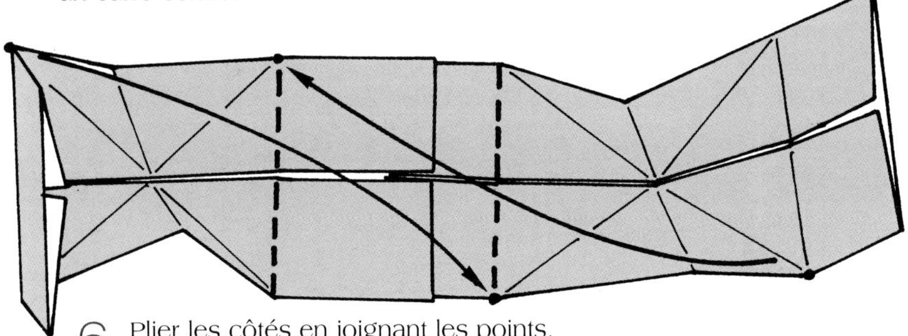

6 Plier les côtés en joignant les points.

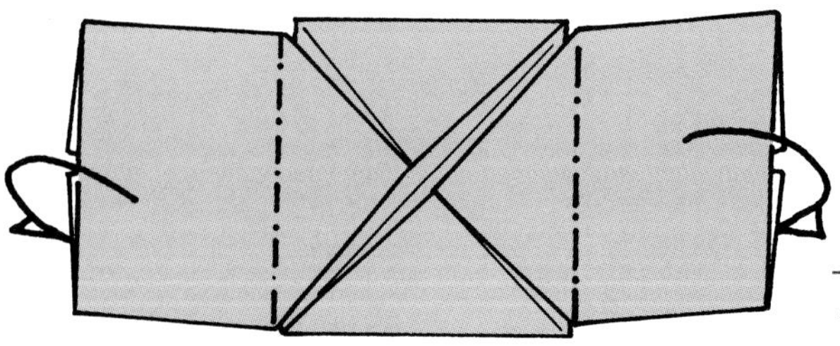

7 Emboîter les deux côtés derrière.

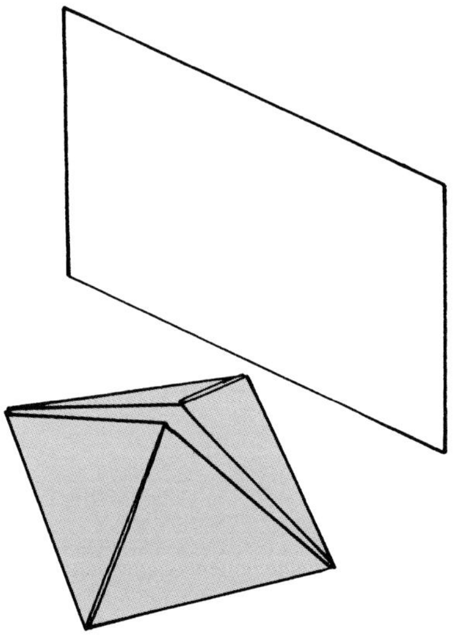

8 Placer quelques cartes de visite au centre.

Support de cartes de visite

LES BONNES ADRESSES. Précieux aide-mémoire, les cartes de visite circulent de main en main. Hélas, on passe son temps à les chercher partout... Un petit support pour conserver les bonnes adresses serait parfois bien pratique...

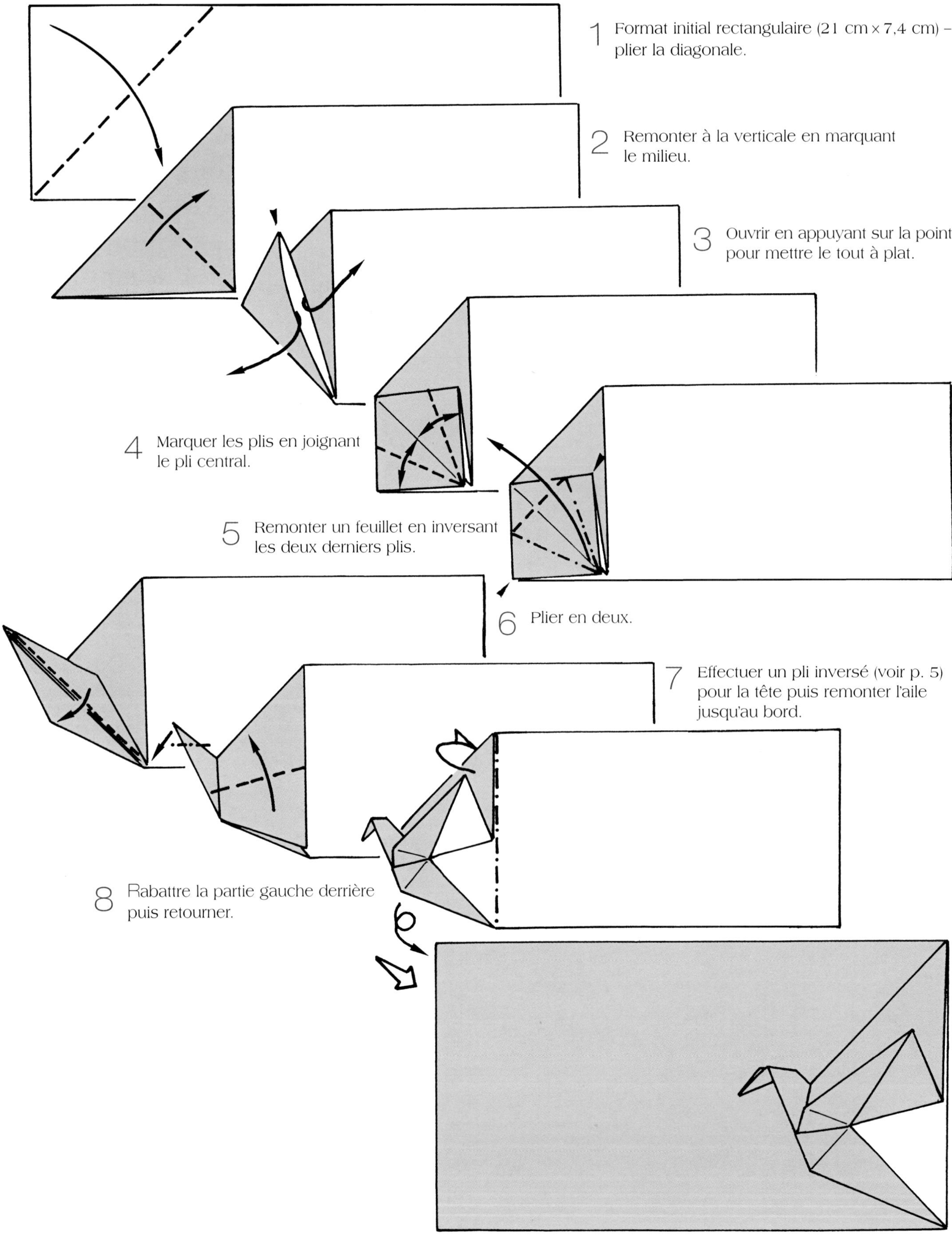

1 Format initial rectangulaire (21 cm × 7,4 cm) – plier la diagonale.

2 Remonter à la verticale en marquant le milieu.

3 Ouvrir en appuyant sur la pointe pour mettre le tout à plat.

4 Marquer les plis en joignant le pli central.

5 Remonter un feuillet en inversant les deux derniers plis.

6 Plier en deux.

7 Effectuer un pli inversé (voir p. 5) pour la tête puis remonter l'aile jusqu'au bord.

8 Rabattre la partie gauche derrière puis retourner.

Carte de vœux

LA CALLIGRAPHIE. Au jour de l'An, au Japon, on joue encore à ce jeu de cartes qui date de l'an mille appelé « chansons de cent poètes ». On envoie aussi des cartes de vœux. Celle-ci représente une grue porte-bonheur, aujourd'hui symbole de paix.

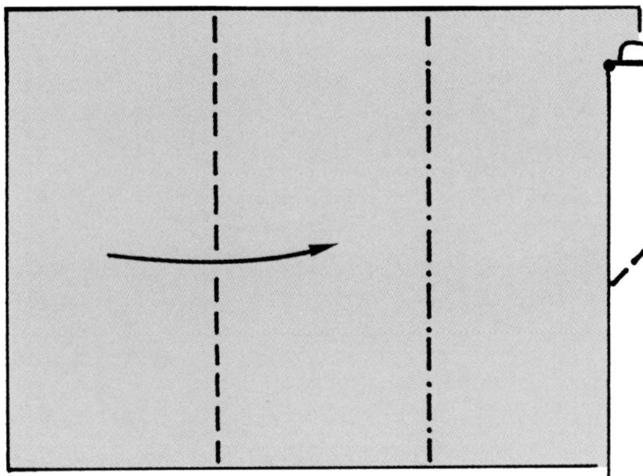

1 Format initial A4 – marquer les plis au tiers puis rabattre le côté gauche.

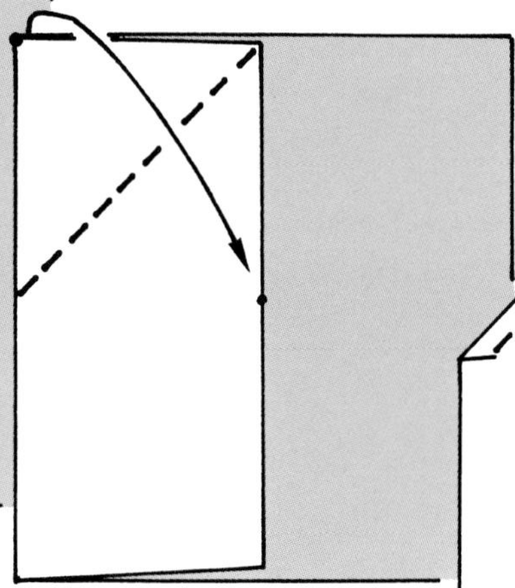

2 Plier les deux épaisseurs en joignant les points.

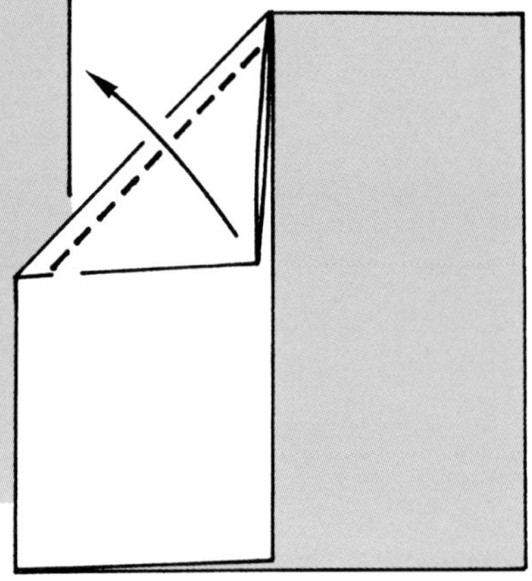

3 Remonter le triangle en laissant une bande de 8 mm environ.

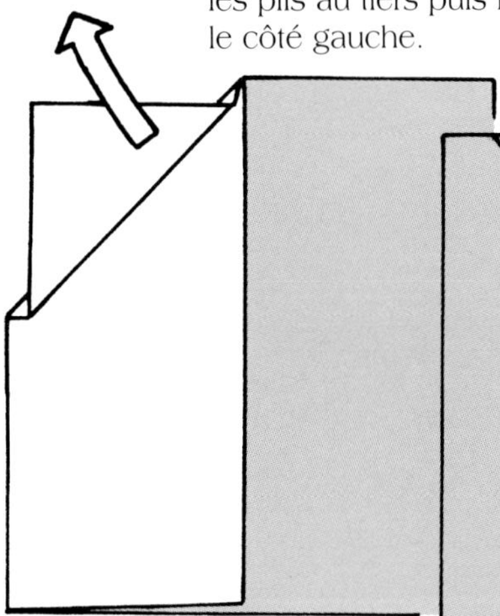

4 Déplier le tout.

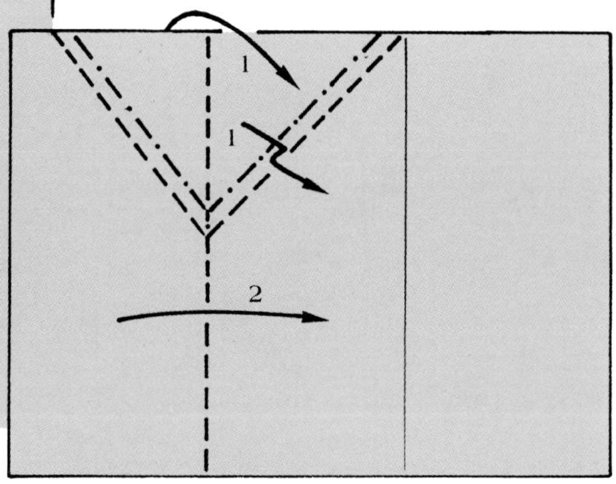

5 Placer les plis dans le bon sens puis rabattre le côté gauche.

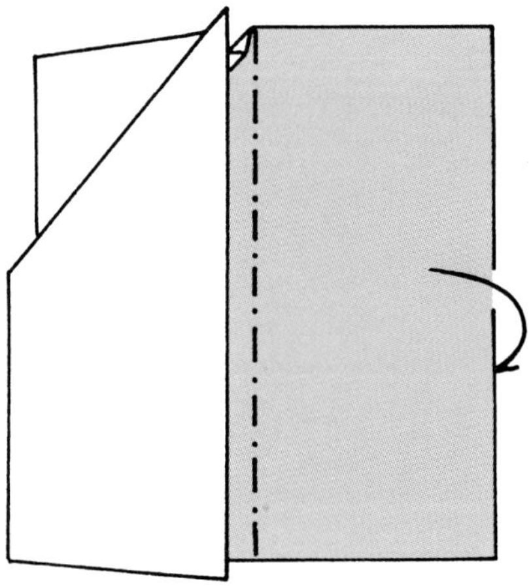

6 Plier derrière le côté droit puis retourner.

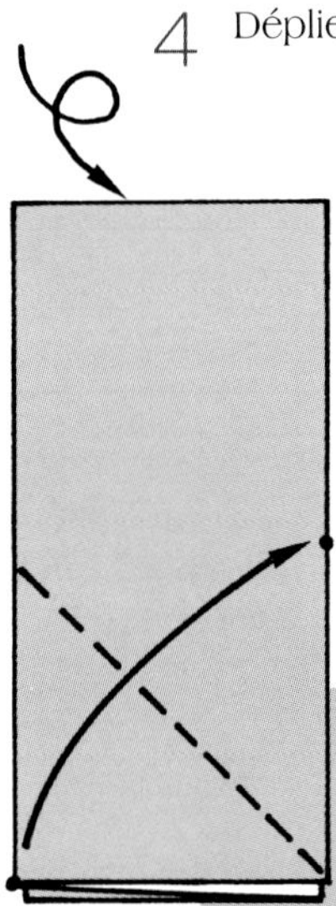

7 Rabattre vers le haut deux épaisseurs.

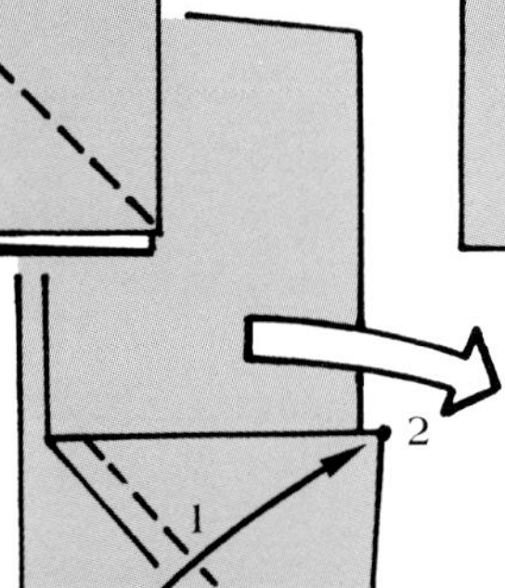

8 Comme en 3, marquer le pli de 8 mm environ puis déplier.

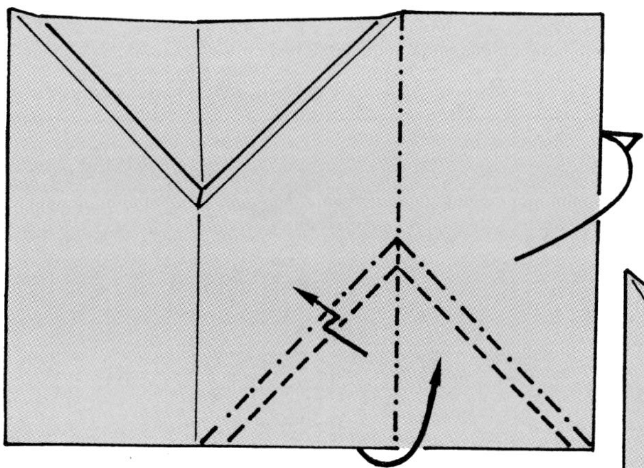

9 Placer les plis du bas dans le bon sens puis rabattre le côté droit derrière en ouvrant.

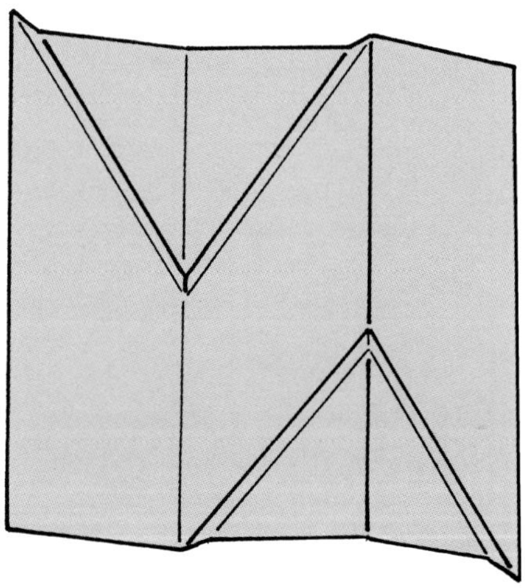

Carte d'invitation

LE YIN ET LE YANG. Cette carte joue, comme le yin et le yang, des principes antagonistes et complémentaires : positif-négatif, vide-plein, haut-bas, dessus-dessous. Vous pourrez y inscrire vos réflexions et personnaliser vos invitations.

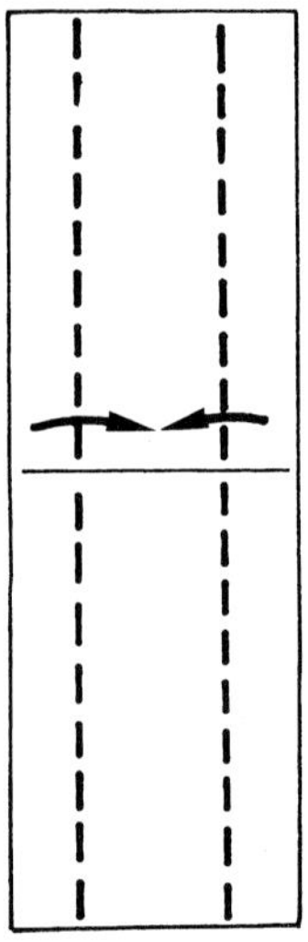

1 Format initial demi-A4. marquer le milieu et plier les côtés.

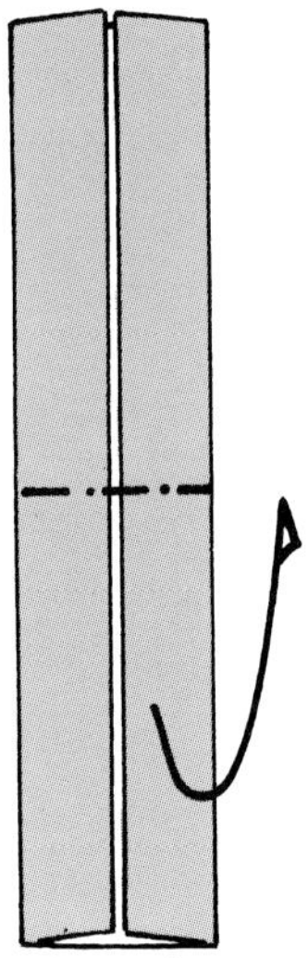

2 Rabattre derrière.

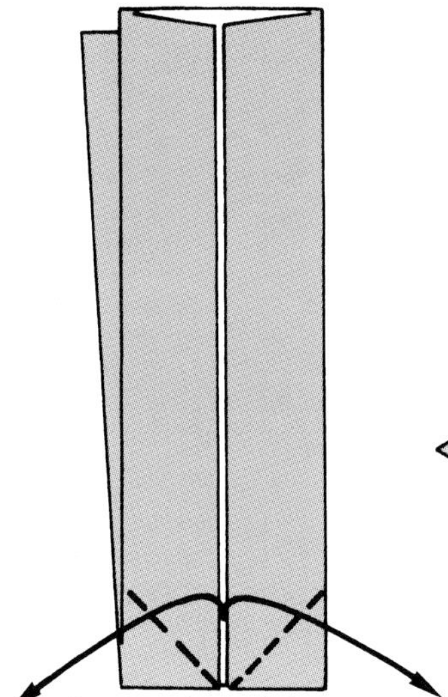

3 Ouvrir en faisant coïncider les côtés.

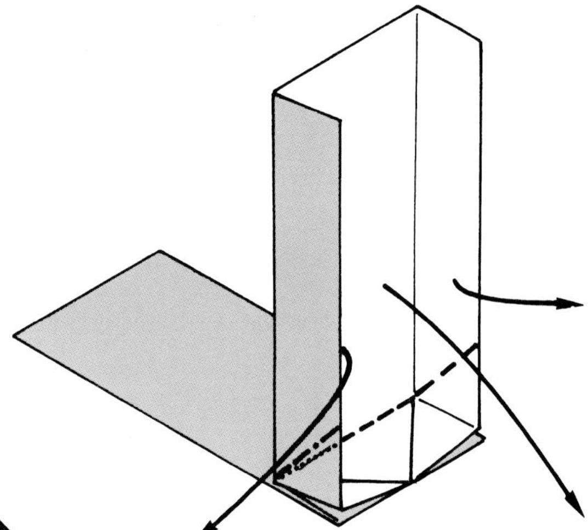

4 Ouvrir les côtés en mettant à plat.

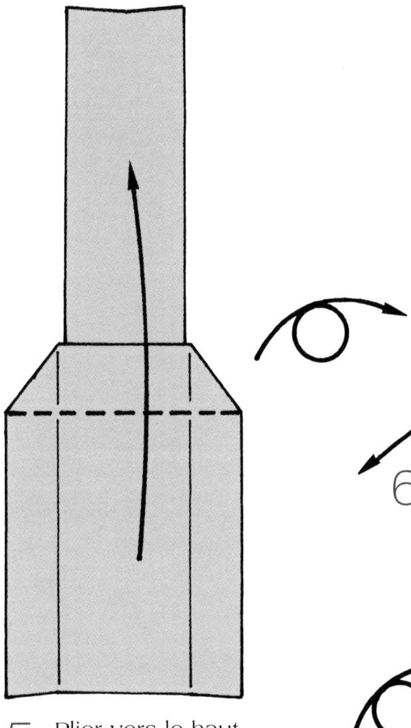

5 Plier vers le haut puis retourner.

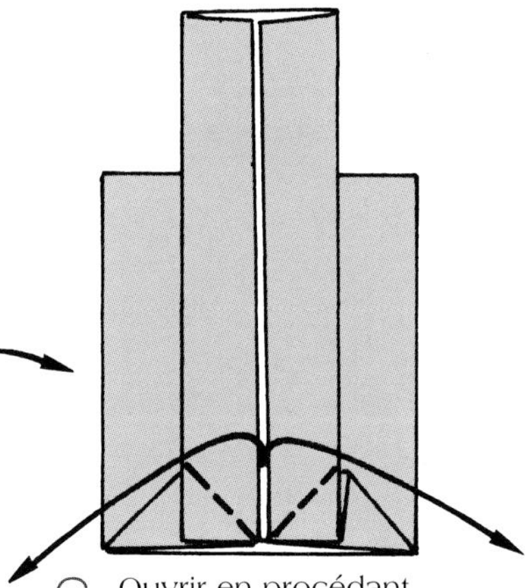

6 Ouvrir en procédant de la même façon qu'en 3.

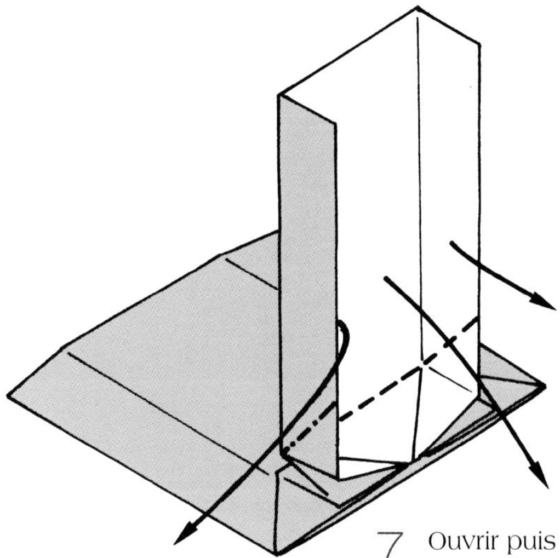

7 Ouvrir puis mettre à plat.

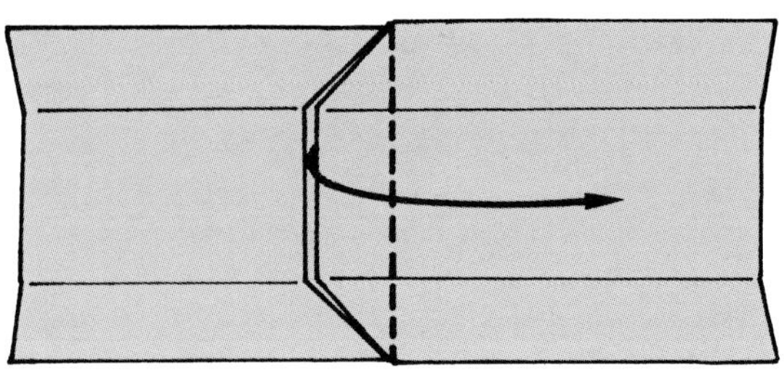

8 Rabattre un battant à droite puis retourner.

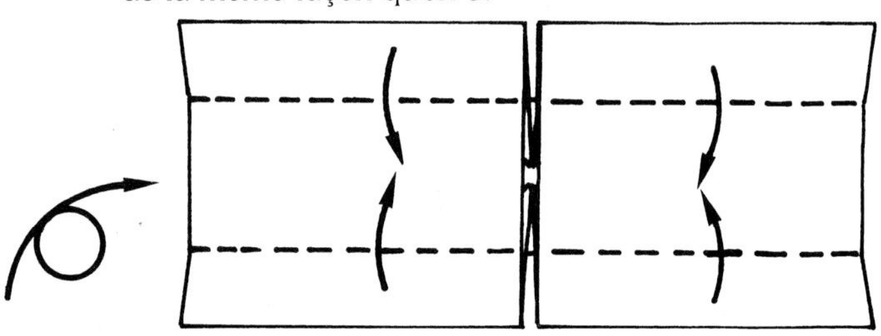

9 Plier les côtés.

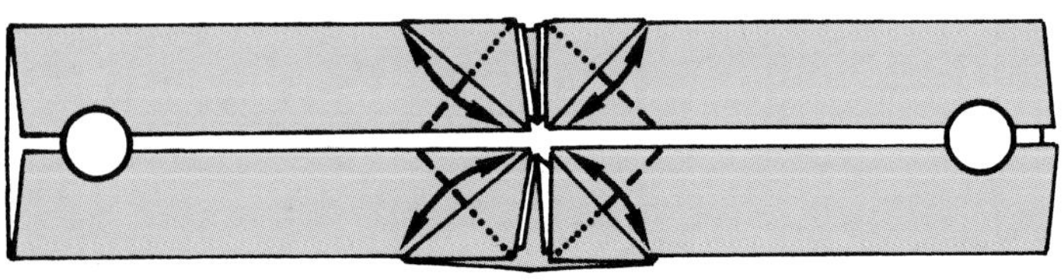

10 Marquer les diagonales comme indiqué. Tenir aux points marqués puis tirer vers l'extérieur pour faire apparaître la boîte.

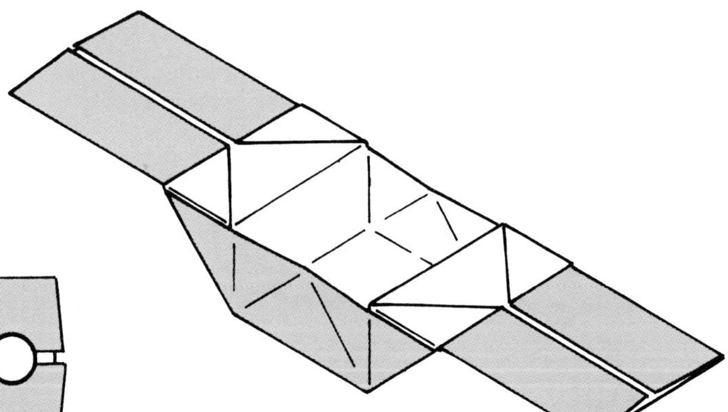

11 On pourra coller les côtés jusqu'aux plis marqués pour faciliter la manipulation.

Carte-boîte

Cette première carte, plate en apparence, cache une boîte qui apparaîtra en tirant les extrémités. Vous y placerez un message ou une carte de visite.

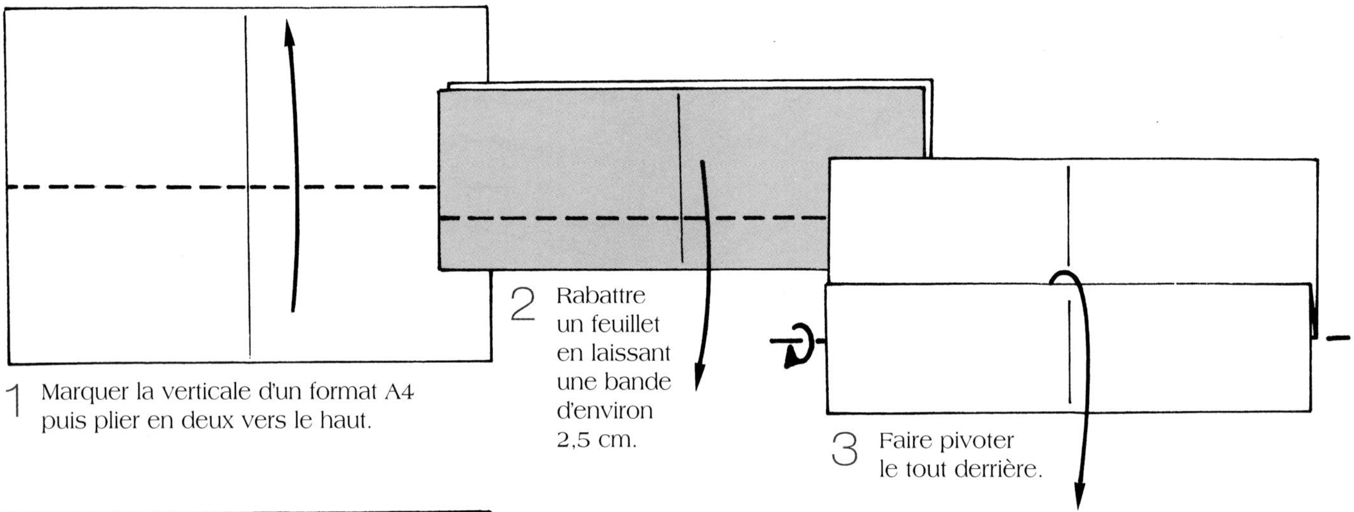

1 Marquer la verticale d'un format A4
puis plier en deux vers le haut.

2 Rabattre
un feuillet
en laissant
une bande
d'environ
2,5 cm.

3 Faire pivoter
le tout derrière.

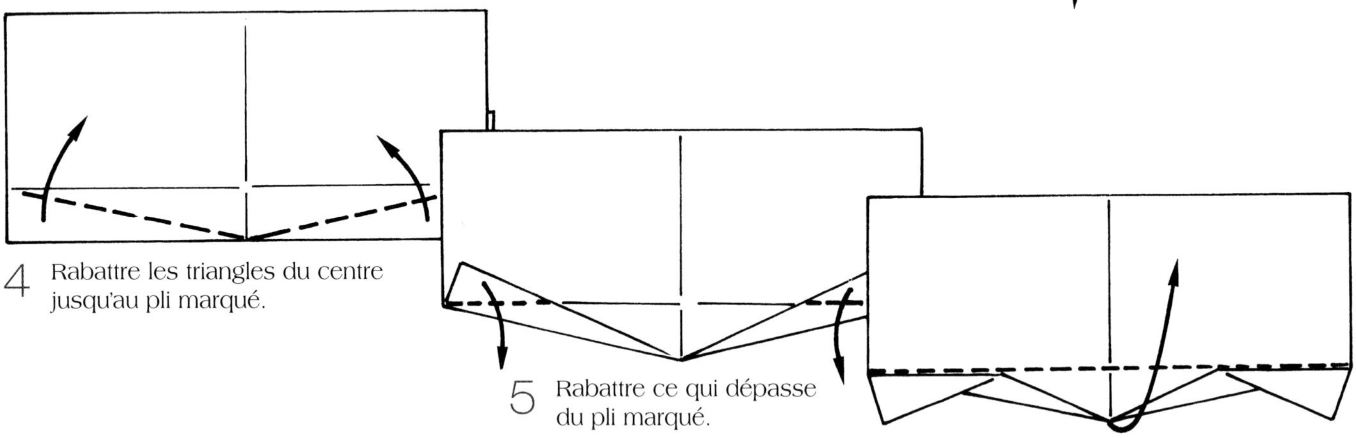

4 Rabattre les triangles du centre
jusqu'au pli marqué.

5 Rabattre ce qui dépasse
du pli marqué.

6 Faire pivoter autour du pli « vallée » horizontal.

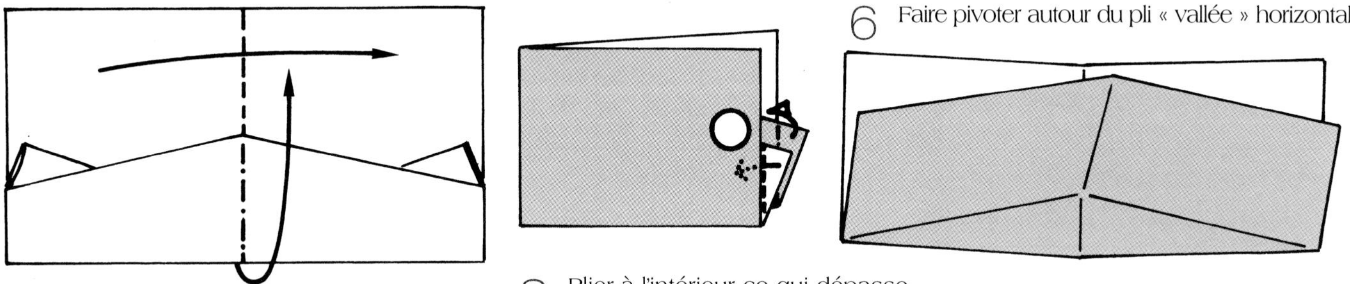

7 Remonter la partie basse en pliant
en deux.

8 Plier à l'intérieur ce qui dépasse
puis ouvrir un feuillet qui se mettra à la verticale.

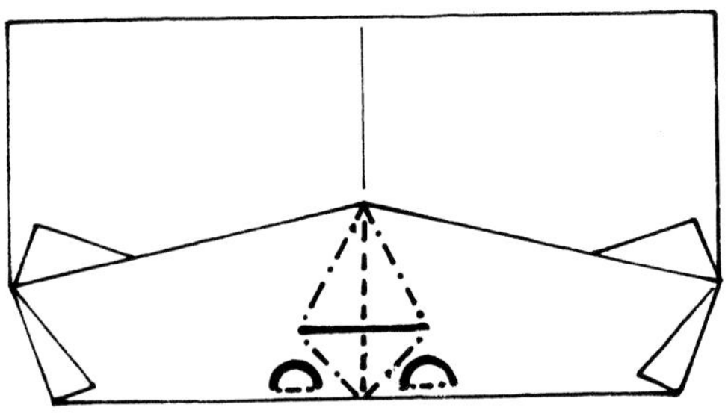

9 Pour faire apparaître le petit lutin, couper
les traits forts et plier le losange au centre
puis replier en deux.

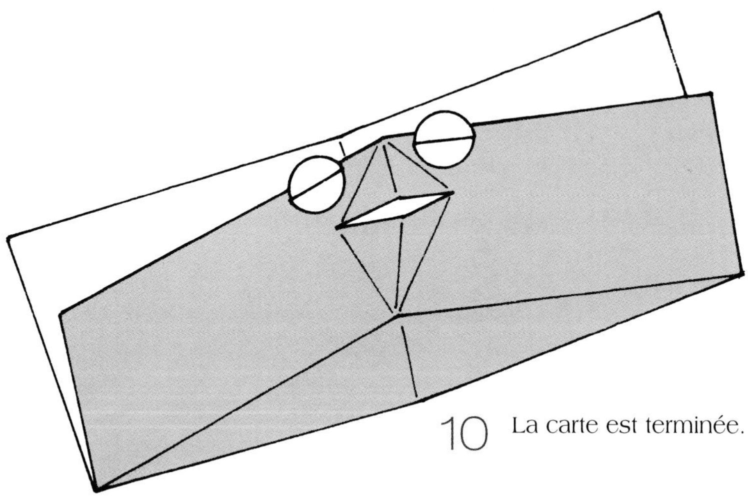

10 La carte est terminée.

Carte animée

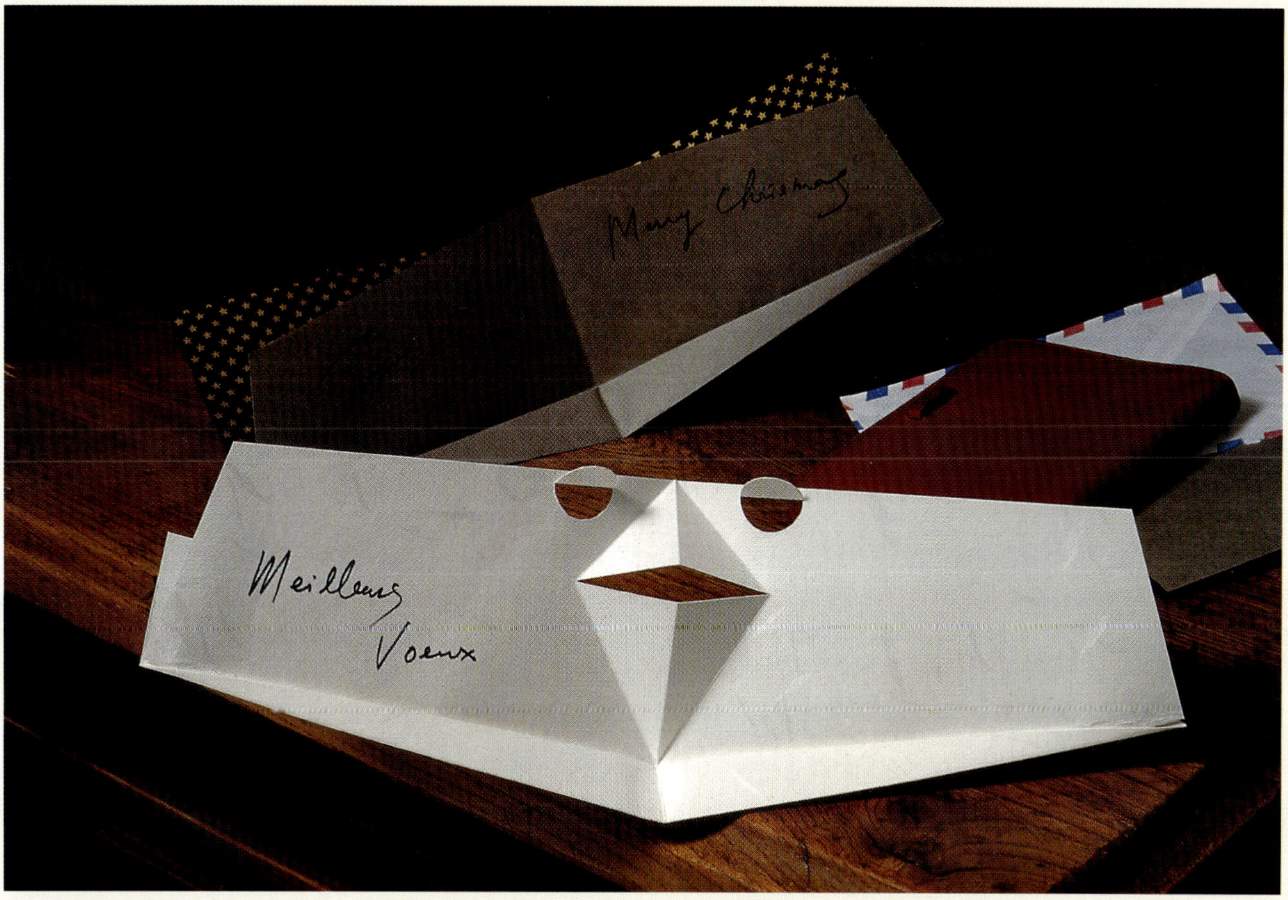

Cette carte est réalisée sur le principe du « pop-up » que l'on trouve dans les livres pour enfants. En effet, en s'ouvrant, elle fait apparaître un feuillet qui se dresse à la verticale. Avec des incisions supplémentaires, vous donnerez vie à un animal qui remue les lèvres lorsqu'on ouvre la carte.

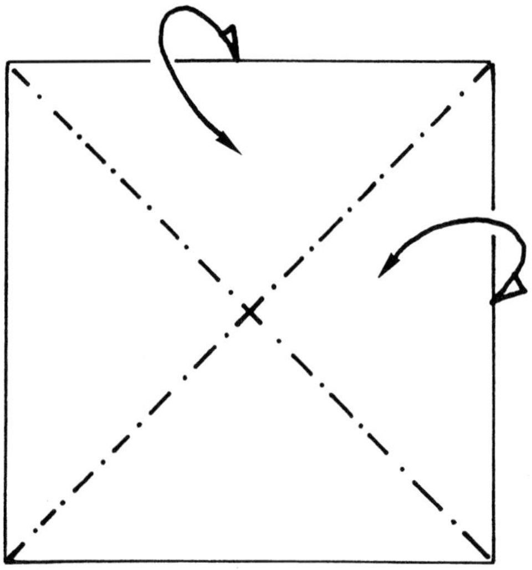

1 Marquer les diagonales d'un petit carré (10 à 12 cm de côté) en pli « montagne ».

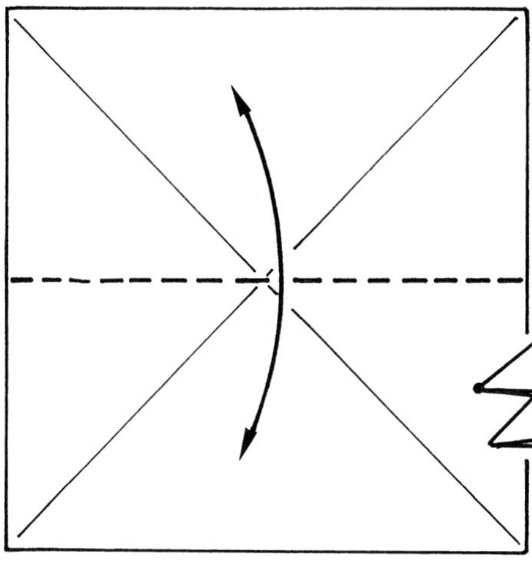

2 Marquer le milieu en pli « vallée » puis mettre en volume base de la bombe à eau (voir p. 5).

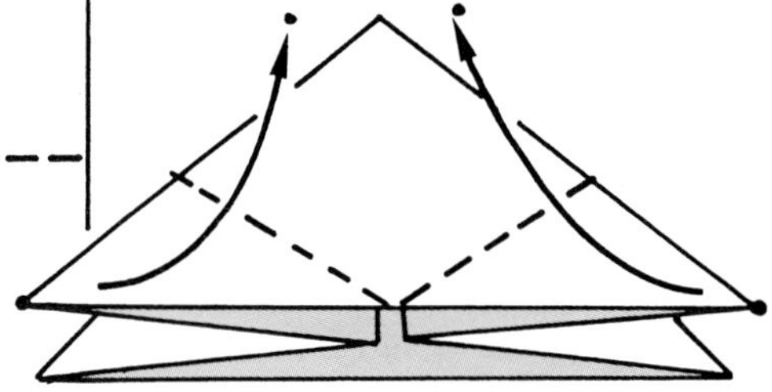

3 Remonter les pointes aux points marqués.

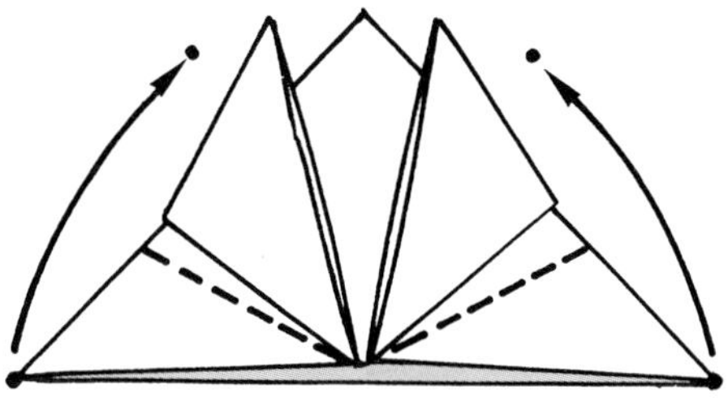

4 Puis les deux autres pointes en les décalant.

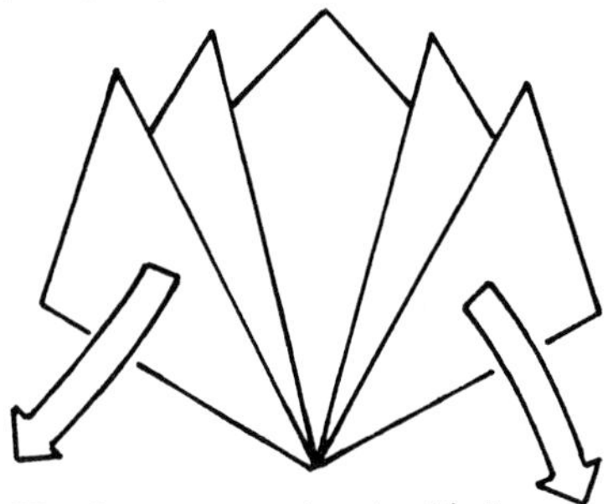

5 Comme ceci puis déplier complètement.

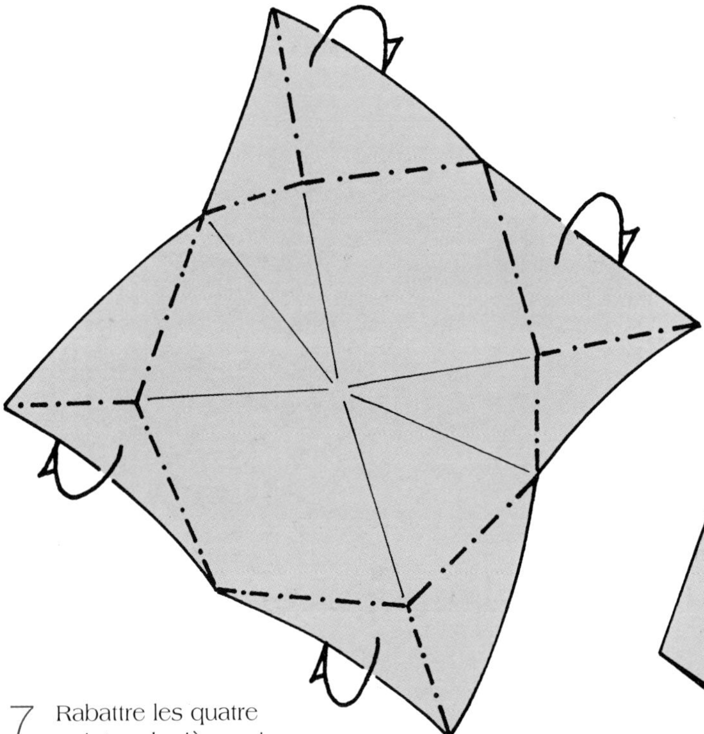

7 Rabattre les quatre pointes derrière puis remettre dans ses plis.

6 Placer les triangles du dessus à l'intérieur de ceux de dessous.

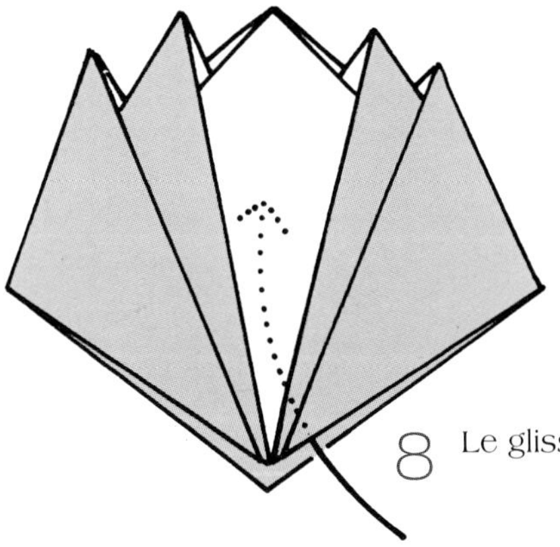

8 Le glisser dans l'angle d'un livre.

Marque-page

DE PAGE EN PAGE. Cette petite fleur de lotus accompagne tous vos bons moments de lecture. Elle se glisse dans l'angle d'une page d'un livre et permet de retrouver rapidement l'endroit où vous vous êtes arrêté.

Avions et hélices

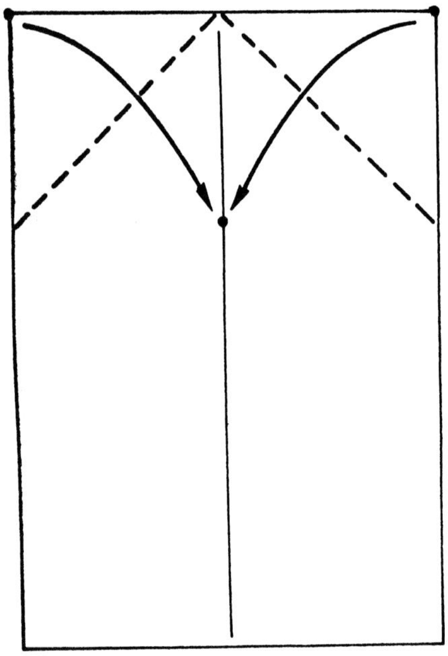

1 Marquer le milieu d'une feuille (ou d'une demi-feuille) A4 puis plier les angles.

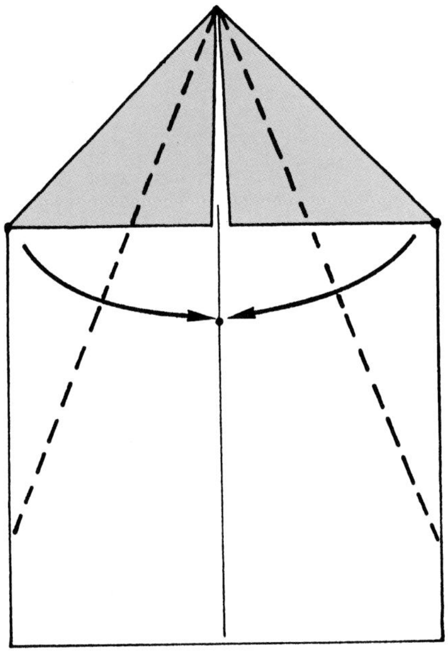

2 Replier jusqu'au milieu.

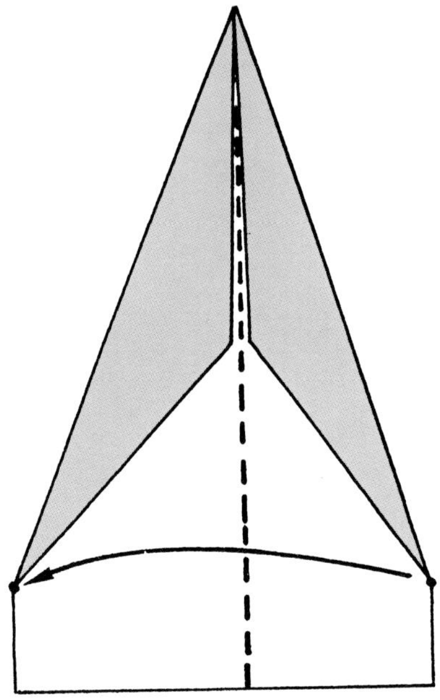

3 Plier en deux.

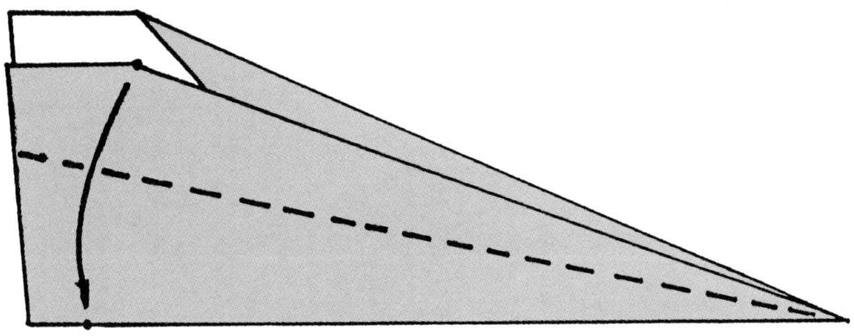

4 Rabattre un côté.

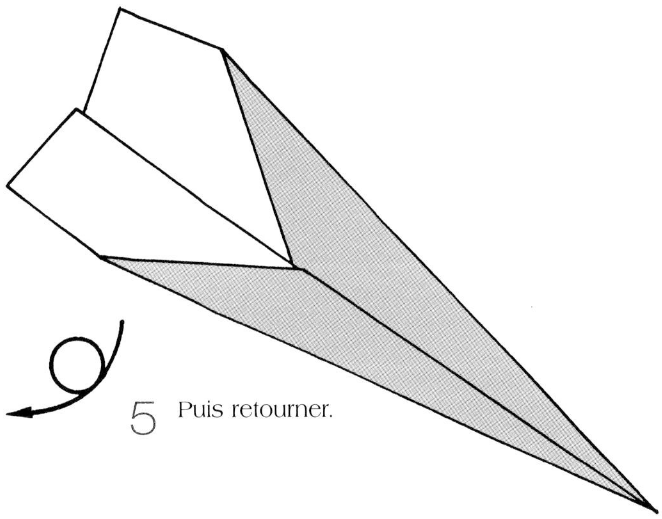

5 Puis retourner.

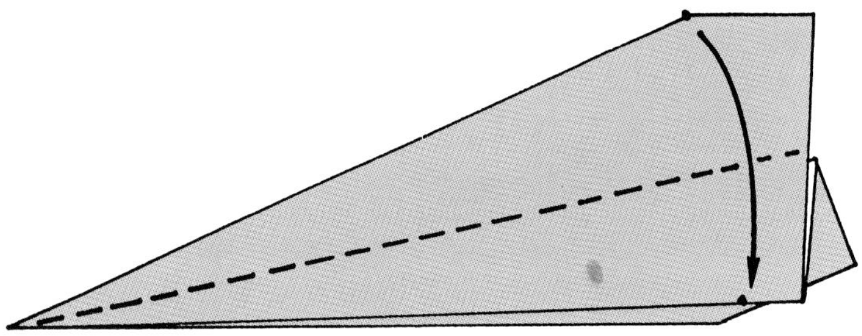

6 Rabattre l'autre côté.

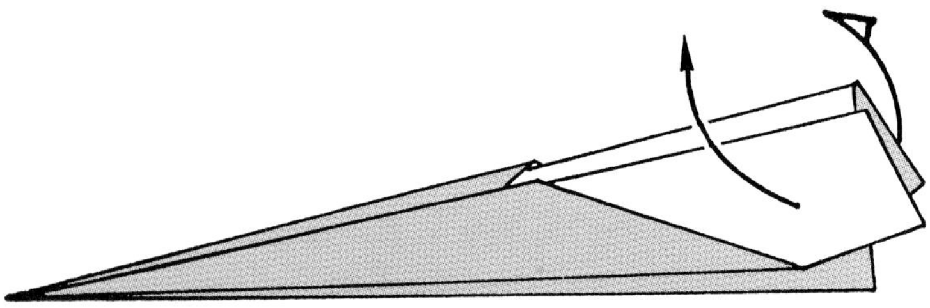

7 Remonter les côtés de façon à ce qu'ils soient horizontaux lorsque la fléchette est en vol.

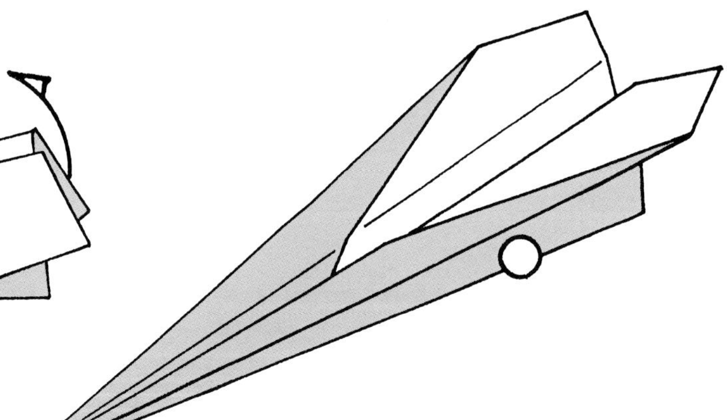

8 Tenir l'avion au point indiqué.

Fléchette

Ce chapitre réunit les principaux avions traditionnels connus de tous. Parmi ces pliages, la fléchette est le modèle le plus courant du fait de sa simplicité et de ses bonnes performances en vol. Elle est devenue célèbre dans toutes les cours européennes... de récréation.

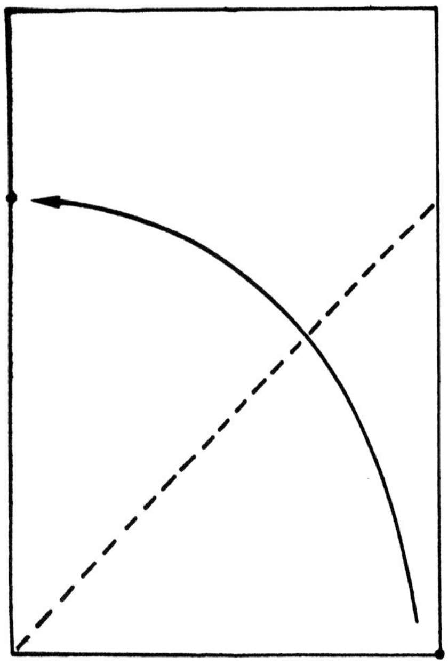

1 Rabattre la largeur sur la longueur d'un format A4.

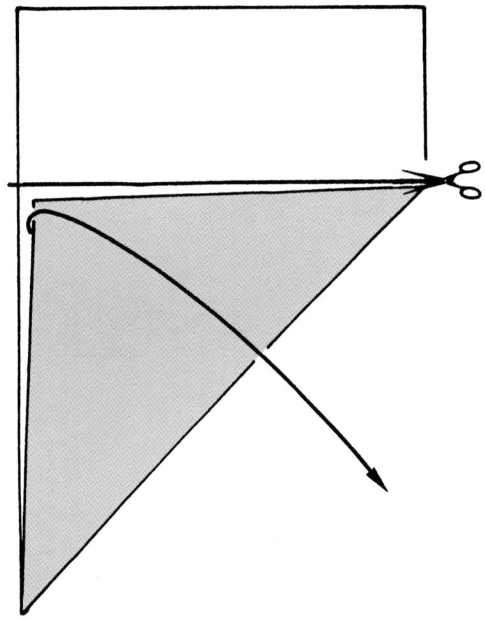

2 Découper la bande puis déplier.

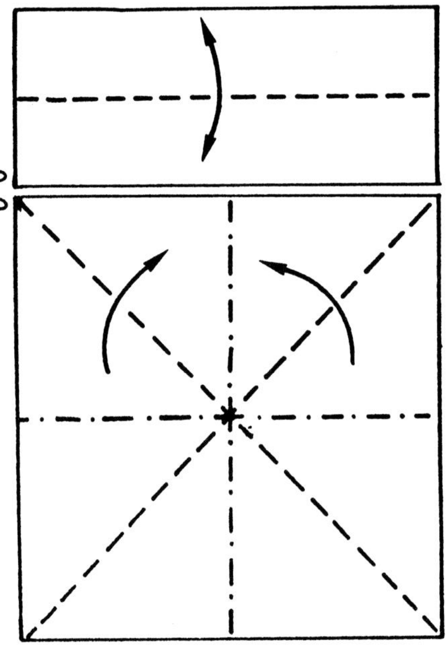

3 Marquer la bande en deux et plier le carré comme indiqué (voir p. 5).

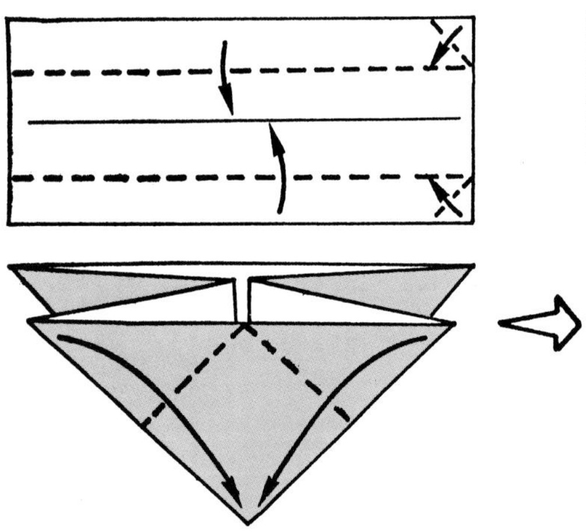

4 Plier le quart de la bande en rentrant les angles sur un côté.
Rabattre les deux pointes du triangle vers le bas.

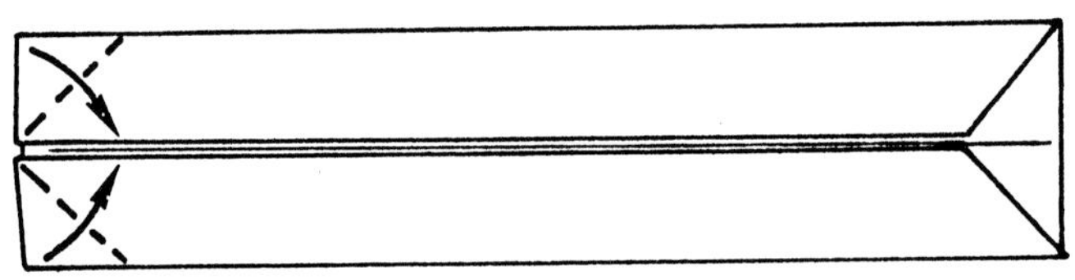

5 Plier les deux autres coins de la bande.

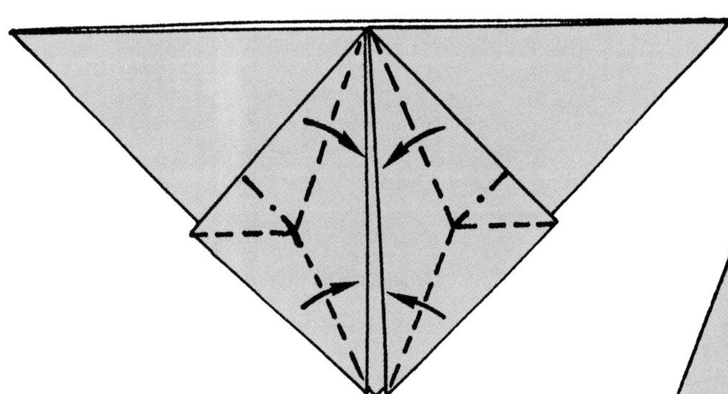

6 Diviser les angles en deux, une fois par le haut, une fois par le bas, puis pincer le tout à deux mains.

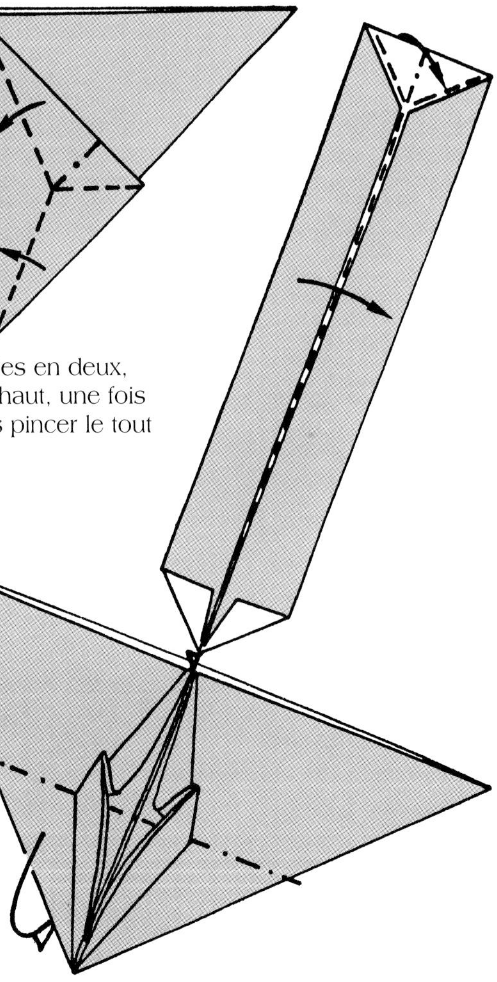

7 Rentrer la bande jusqu'à la pointe et plier en deux la pointe derrière.

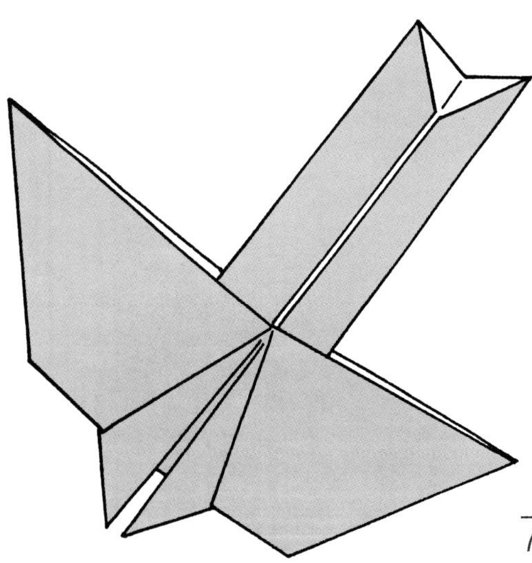

8 Pour le lancer, plier le modèle en deux.

Écolier

La technique de cet avion est beaucoup plus sophistiquée mais elle ne pose en général aucun problème de pliage. L'épaisseur de son nez lui permet de très bien voler à l'extérieur.

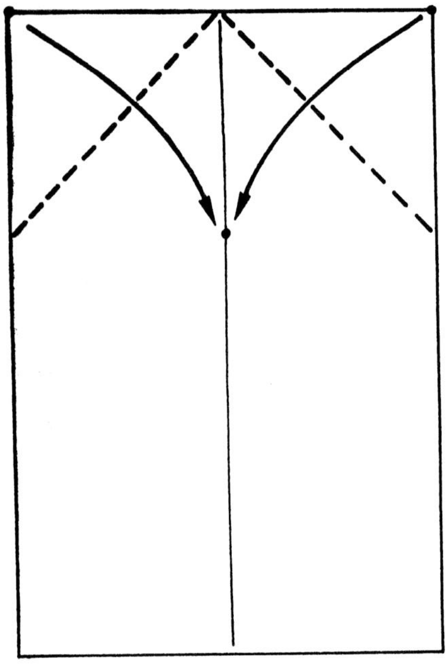

1 Marquer l'axe central d'une feuille (ou d'une demi-feuille) A4. Rabattre les pointes au centre.

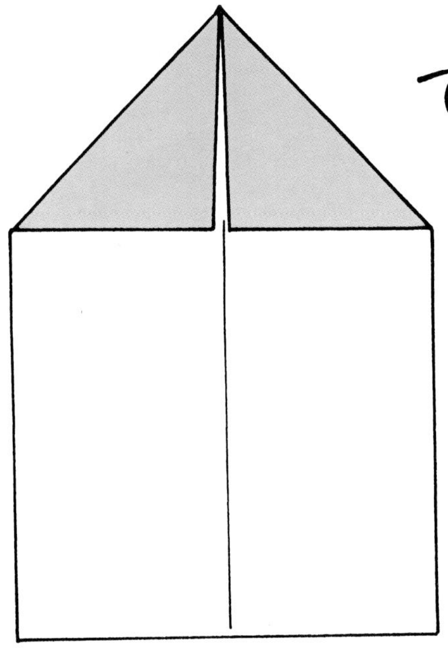

2 Comme ceci puis retourner.

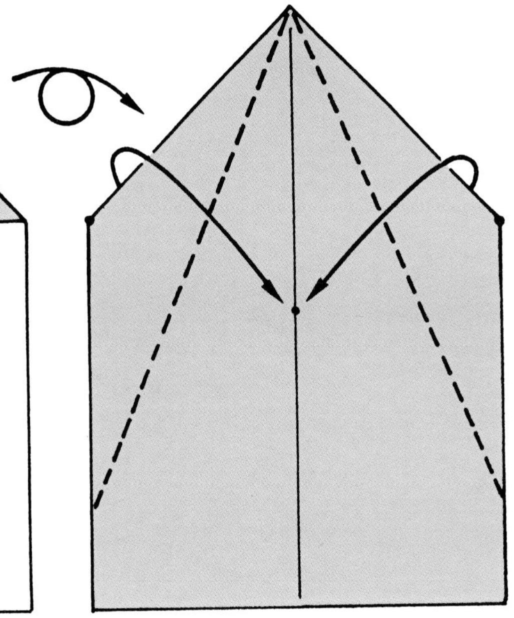

3 Plier les côtés sur le pli central en libérant l'arrière.

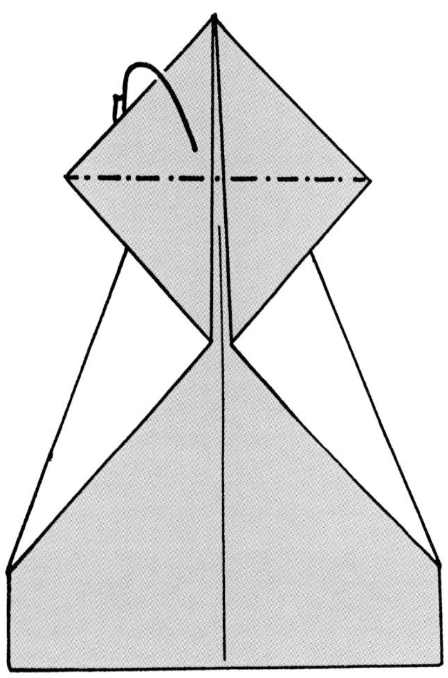

4 Rabattre le triangle derrière.

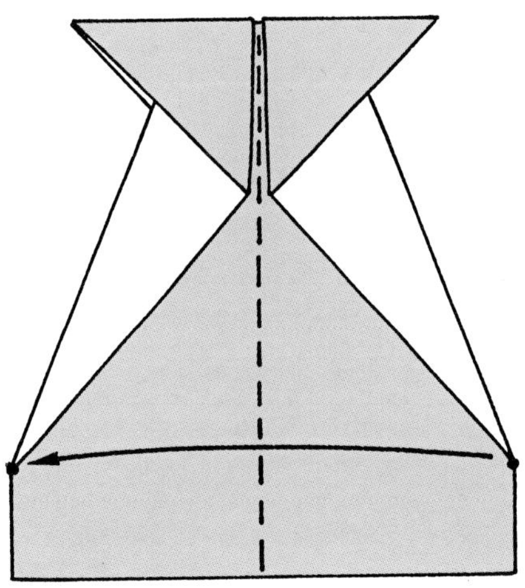

5 Plier en deux.

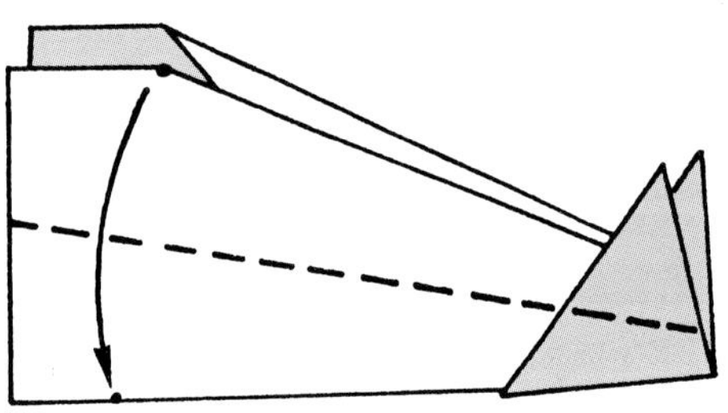

6 Plier en deux un côté jusqu'au bord.

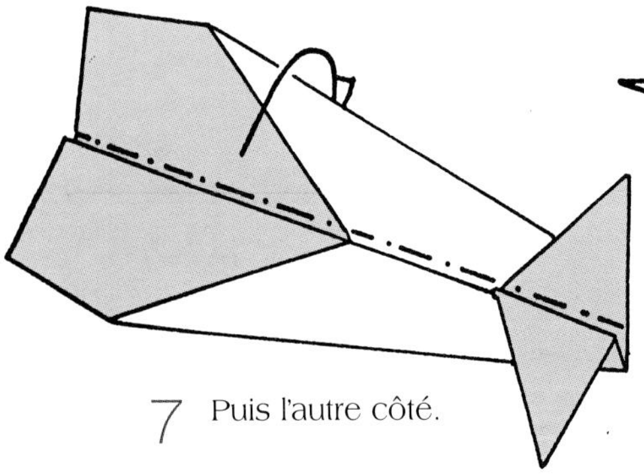

7 Puis l'autre côté.

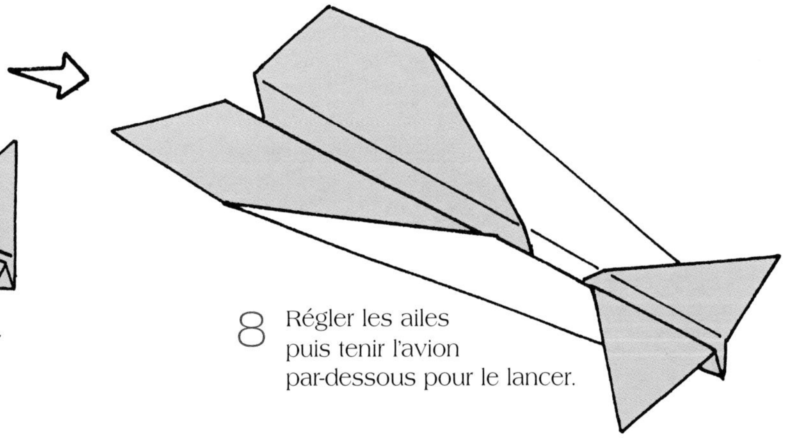

8 Régler les ailes puis tenir l'avion par-dessous pour le lancer.

Avion « canard »

L'origine de son nom nous ramène aux débuts de l'aviation. Le « canard » était un avion muni d'un gouvernail à l'avant ; il s'éleva dans les airs en 1907. Louis Blériot était à ses commandes. Ce pliage a de bonnes aptitudes au vol.

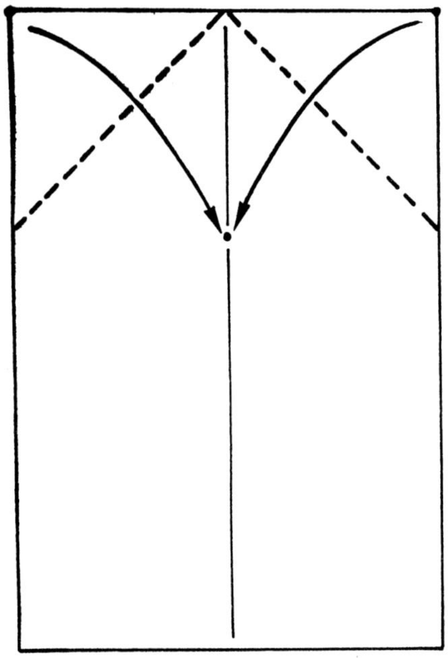

1 Marquer l'axe central d'une feuille A4 puis plier les coins.

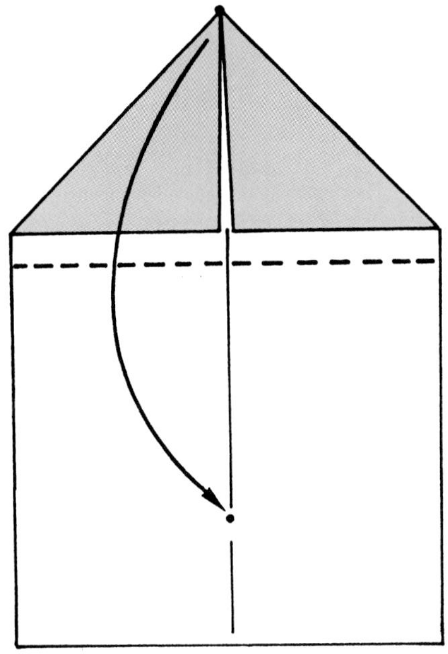

2 Rabattre la pointe sur l'axe central.

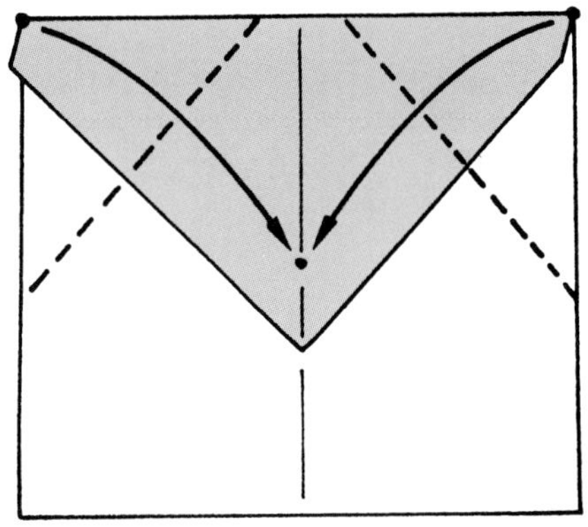

3 Puis les points jusqu'au centre.

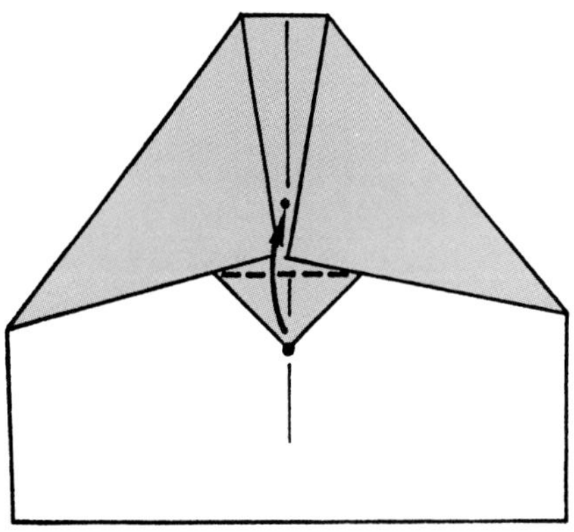

4 Rabattre le triangle vers le haut.

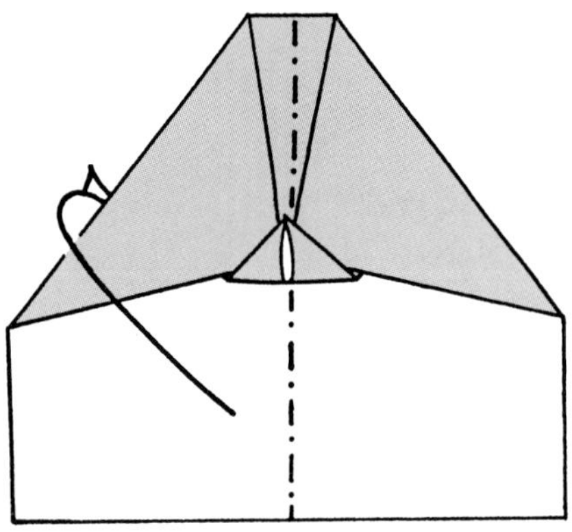

5 Plier en deux derrière.

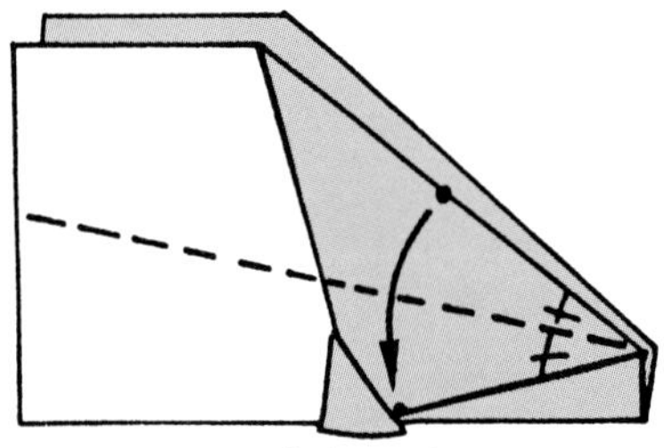

6 Plier un côté en divisant en deux l'angle indiqué.

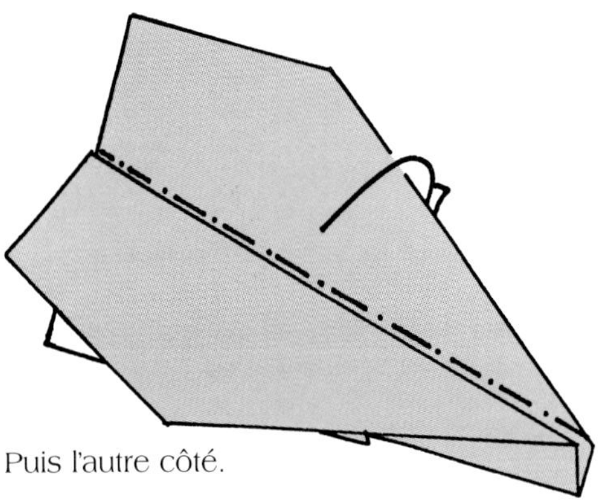

7 Puis l'autre côté.

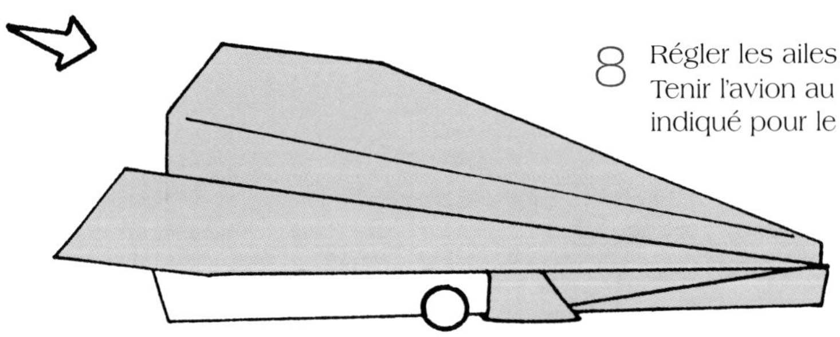

8 Régler les ailes.
Tenir l'avion au point indiqué pour le lancer.

Planeur

Cet avion vient de très loin. Originaire de Chine, il passe d'un continent à l'autre avec quelques variations pour arriver en Europe où son succès est toujours égal. Il a une course parfaite en vol, sans aucun décrochement à l'atterrissage : il se pose en douceur.

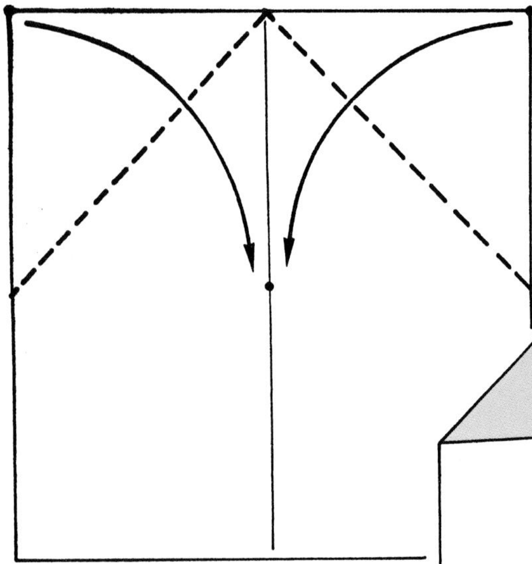

1 Rabattre les pointes au centre préalablement plié.

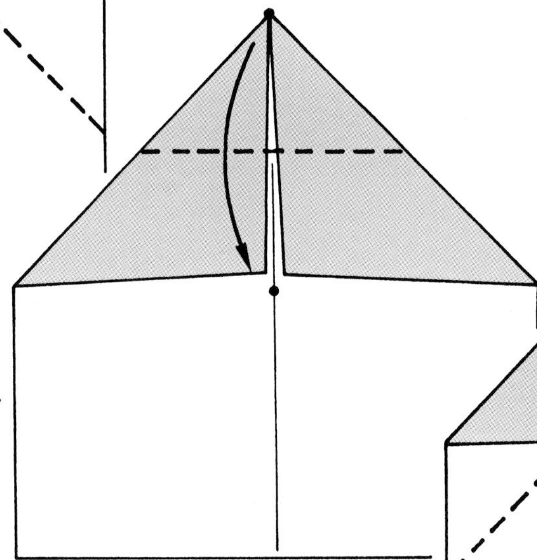

2 Joindre les points marqués.

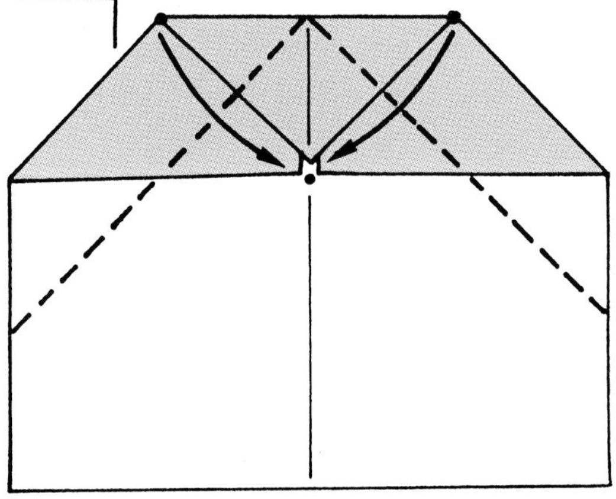

3 Rabattre à nouveau les côtés.

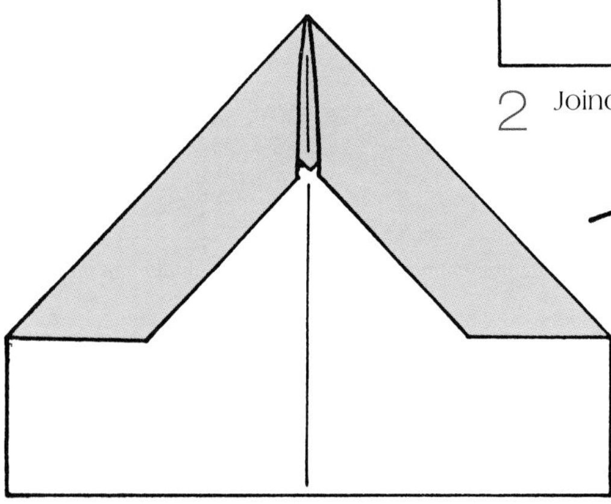

4 Puis retourner.

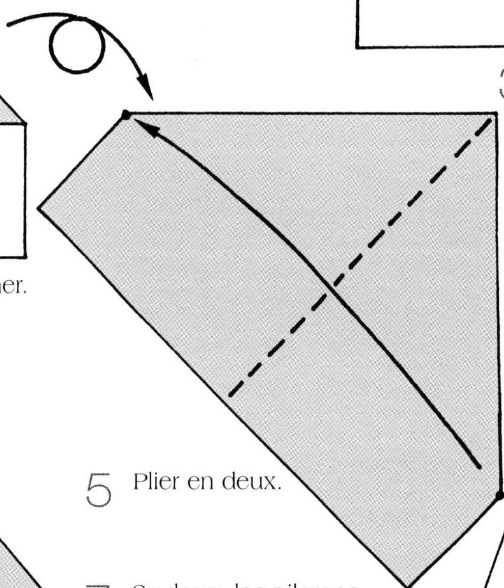

5 Plier en deux.

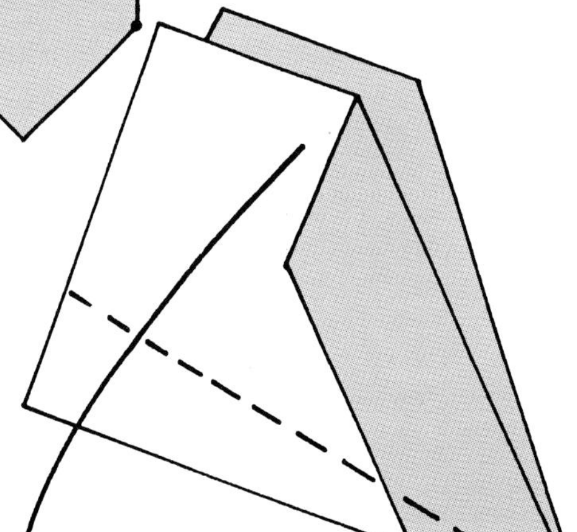

6 Rabattre un côté vers l'extérieur.

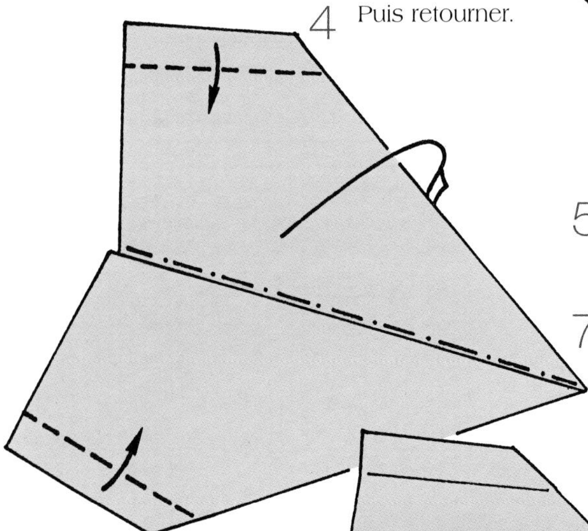

7 Soulever les ailerons et plier derrière l'autre côté.

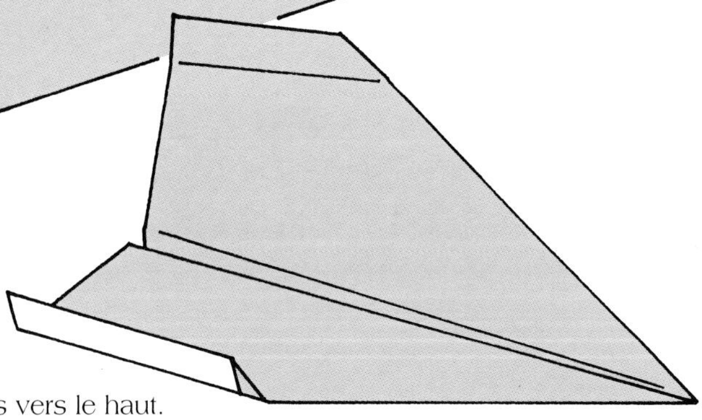

8 Placer les ailes vers le haut.
Tenir l'avion par-dessous pour le lancer.

Survol

Ce modèle traditionnel est japonais. Il survolera des territoires encore inexplorés, grâce à ses ailerons qui lui donnent une bonne stabilité de vol.

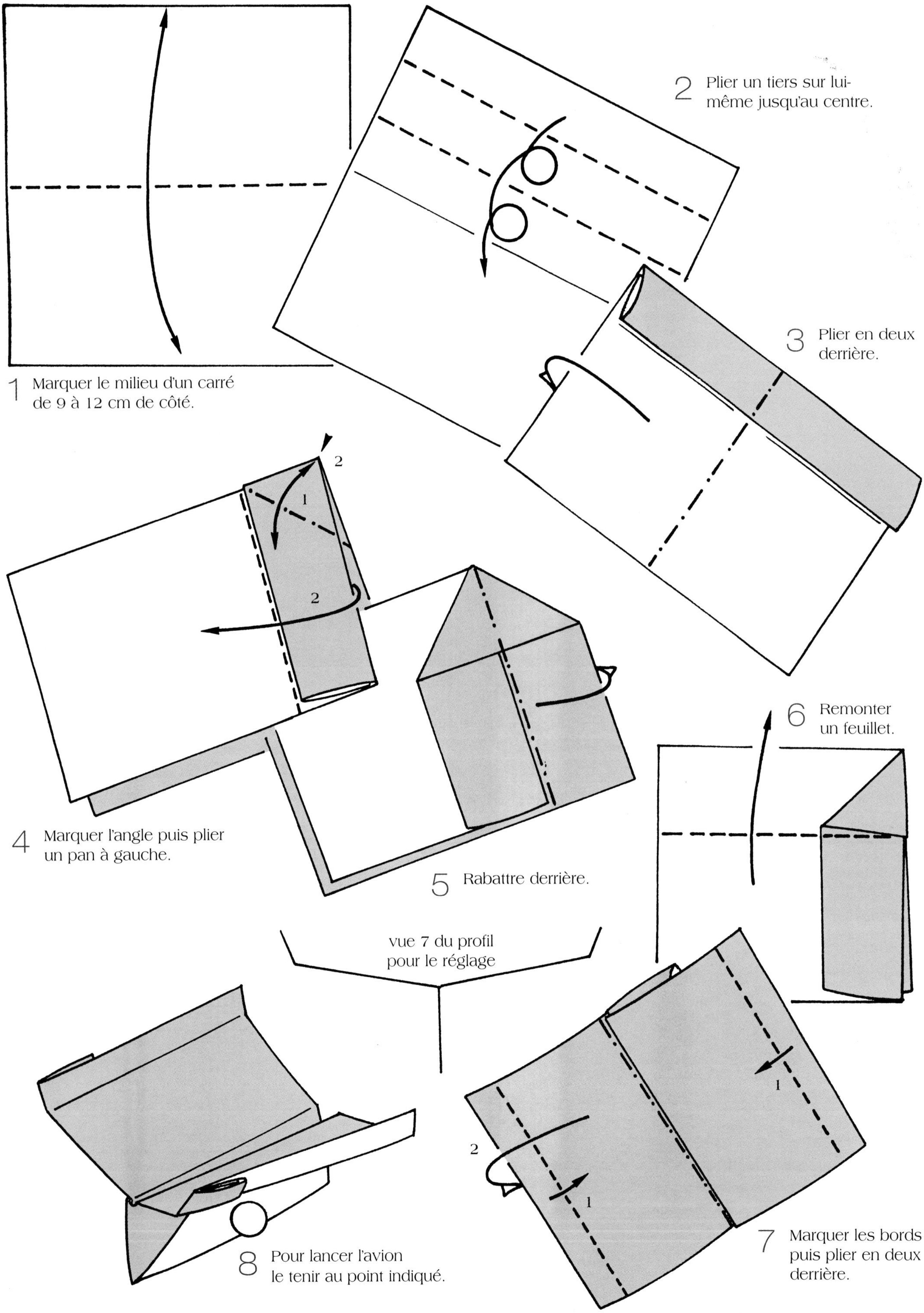

1 Marquer le milieu d'un carré de 9 à 12 cm de côté.

2 Plier un tiers sur lui-même jusqu'au centre.

3 Plier en deux derrière.

4 Marquer l'angle puis plier un pan à gauche.

5 Rabattre derrière.

6 Remonter un feuillet.

7 Marquer les bords puis plier en deux derrière.

8 Pour lancer l'avion le tenir au point indiqué.

Looping

Ce chapitre vous propose des avions de création contemporaine issus des quatre coins du monde. Ce premier modèle est à réaliser dans un petit carré de papier. Si vous lancez l'avion en détendant le bras, il effectuera une série d'acrobaties aériennes avant d'atterrir quelques mètres plus loin.

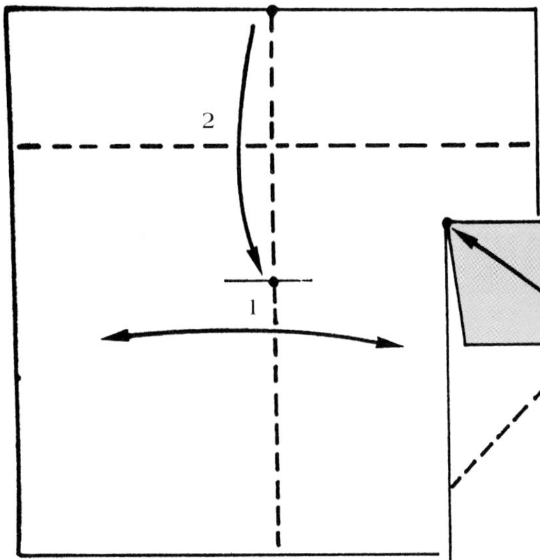

1 Marquer le pli central vertical
puis plier le quart jusqu'au milieu.

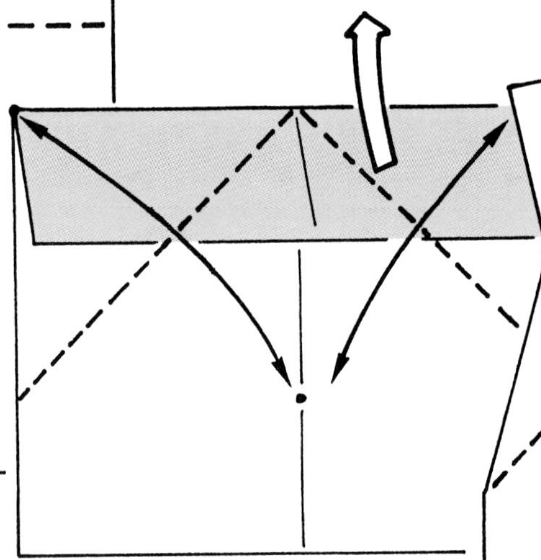

2 Marquer les plis en rabattant
les coins au centre puis déplier.

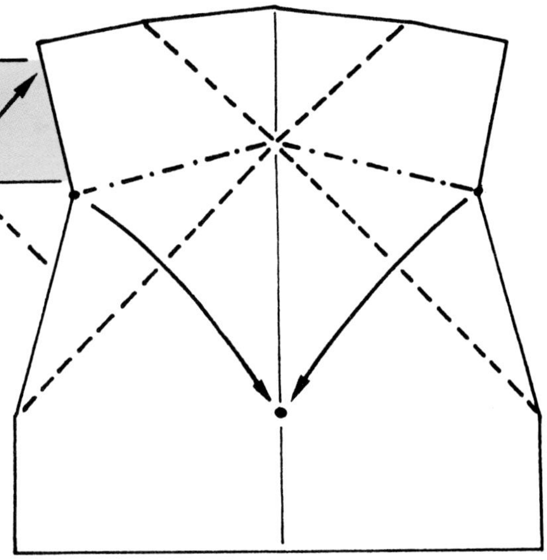

3 Mettre les plis dans le bon sens
puis remettre à plat.

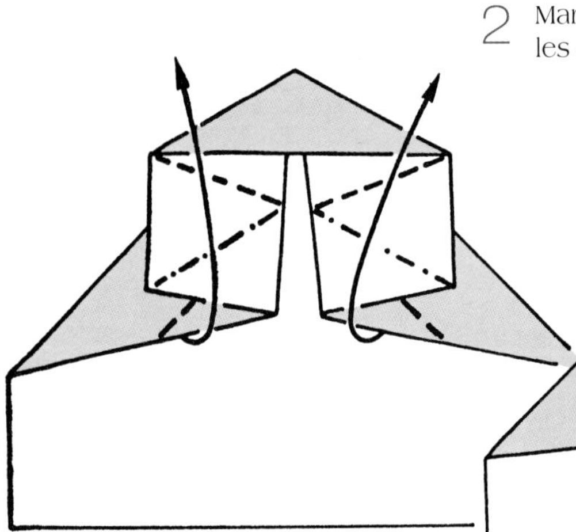

4 Remonter chaque côté.

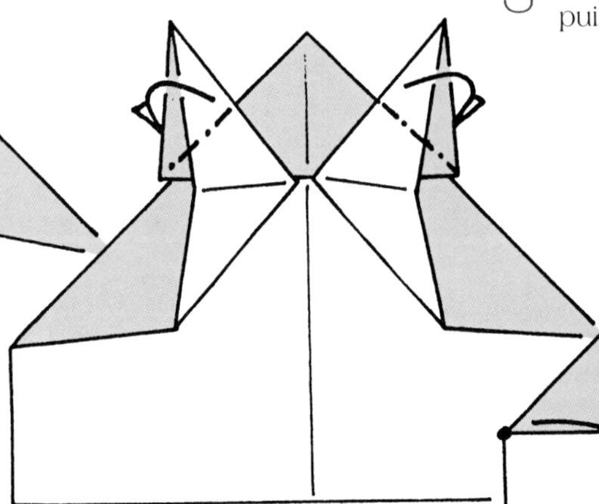

5 Glisser les pointes
sous la première épaisseur.

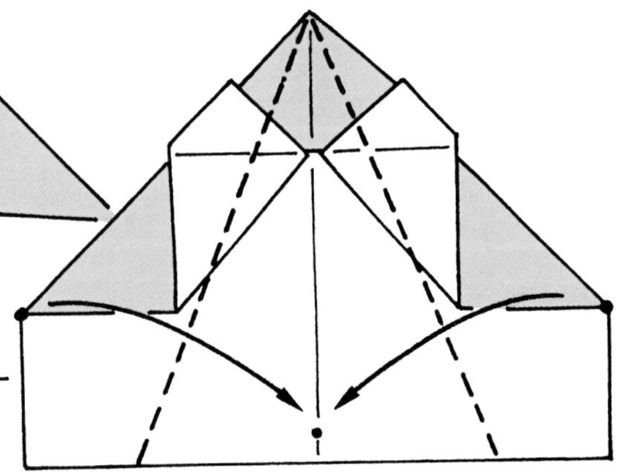

6 Plier les côtés jusqu'au centre.

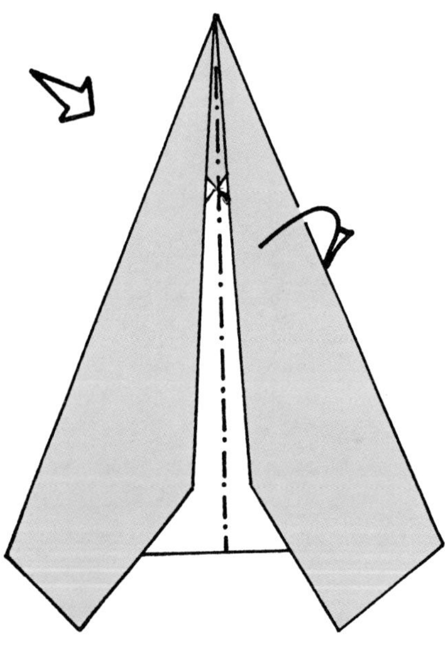

7 Plier en deux derrière.

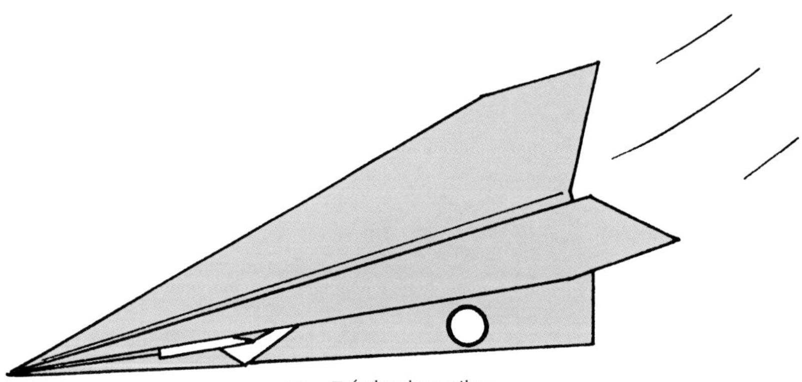

8 Régler les ailes.
Pour lancer l'avion, le tenir
au point indiqué.

Atterrissage

Cet avion vole en douceur sans décrochement. Bien que ressemblant à une fléchette, il possède un nez renforcé par plusieurs épaisseurs de papier, ce qui lui permet de voler très loin.

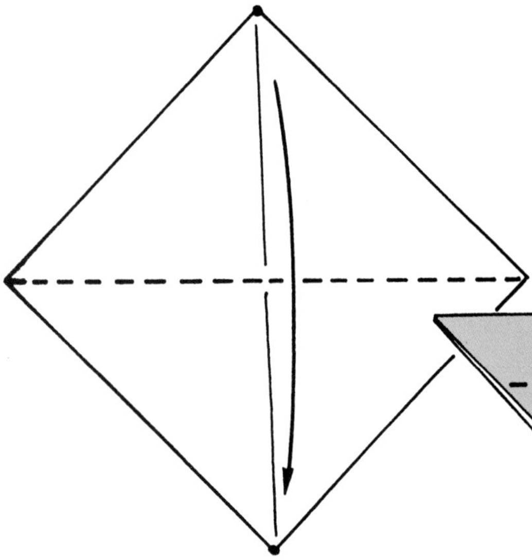

1 Marquer la verticale puis plier en deux en joignant les pointes.

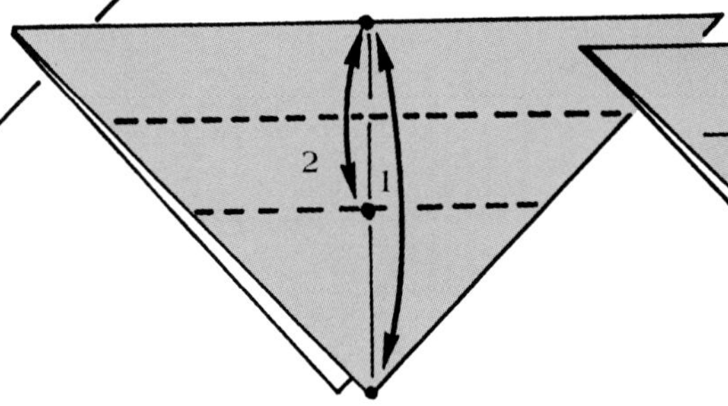

2 Marquer la moitié et le quart.

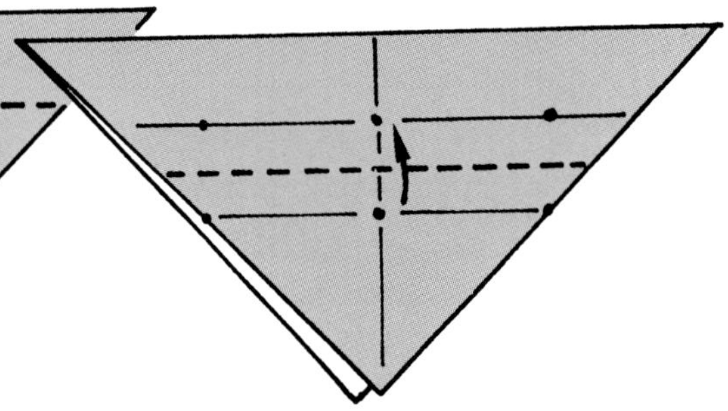

3 Plier en divisant en deux : joindre les points marqués sur les deux épaisseurs.

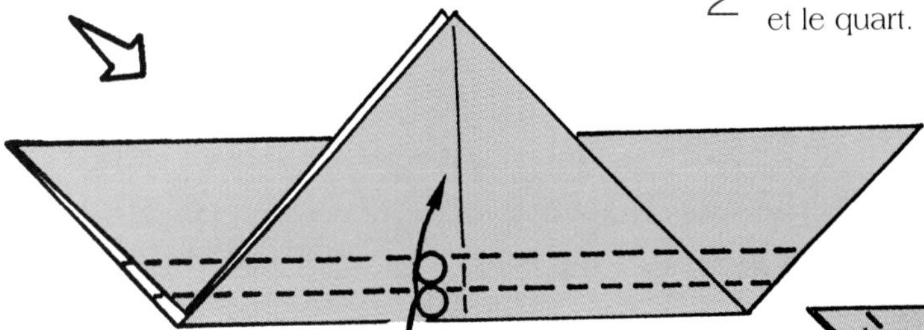

4 Replier deux fois vers le haut.

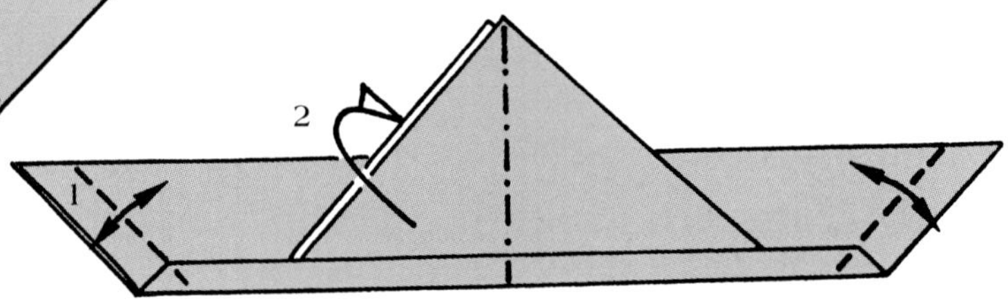

5 Marquer les ailettes puis plier en deux derrière.

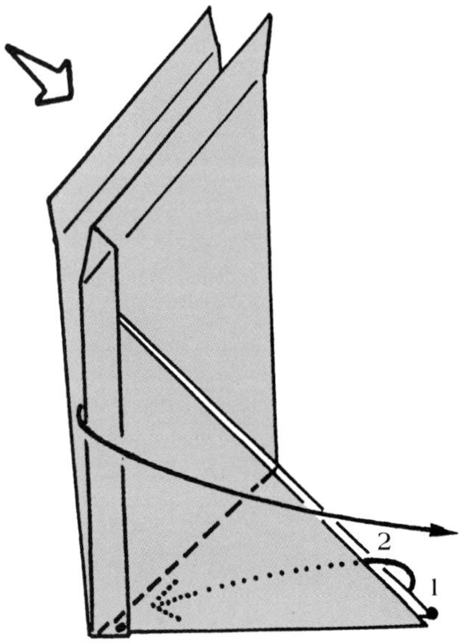

6 Plier le triangle interne en deux puis rabattre une aile.

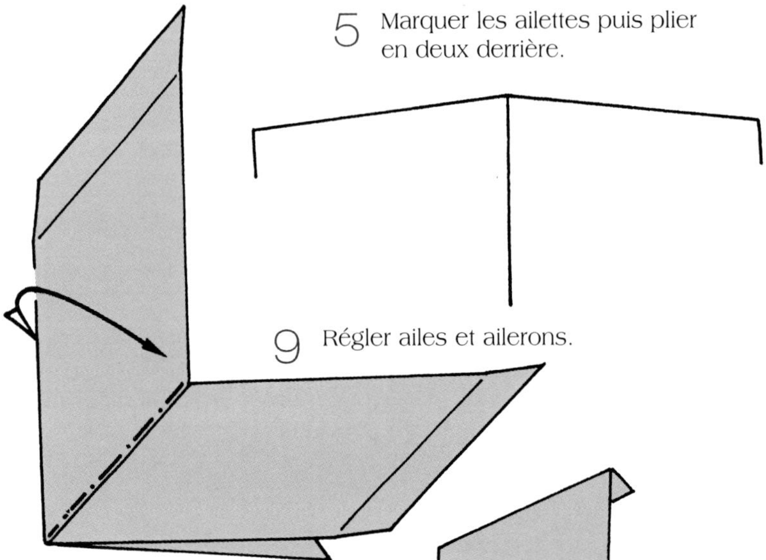

7 Puis l'autre.

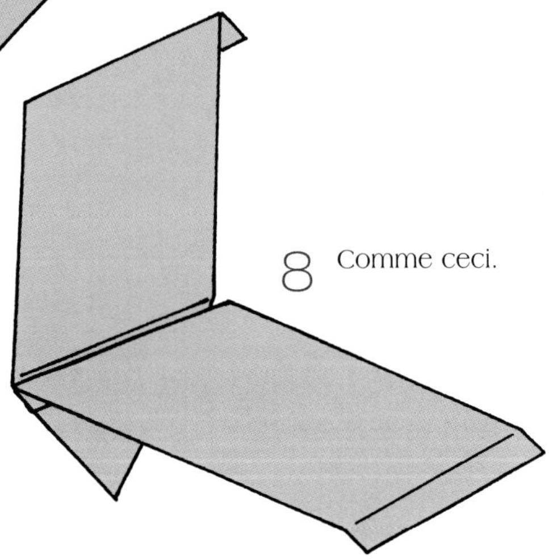

8 Comme ceci.

9 Régler ailes et ailerons.

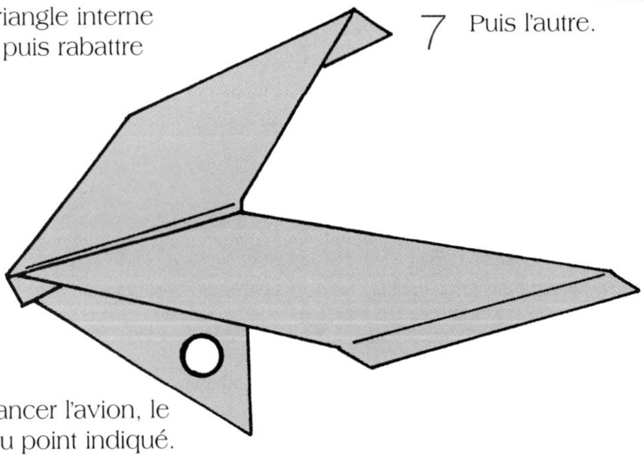

10 Pour lancer l'avion, le tenir au point indiqué.

Globe-trotter

Ce modèle qui ressemble à un deltaplane vole régulièrement grâce à son stabilisateur bas. Il faudra, à chaque lancer, refaire un réglage minutieux des ailes et du stabilisateur.

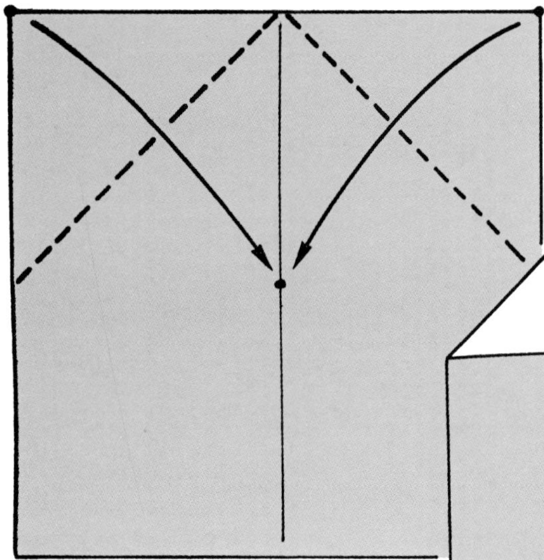

1 Marquer l'axe vertical
puis rabattre les angles.

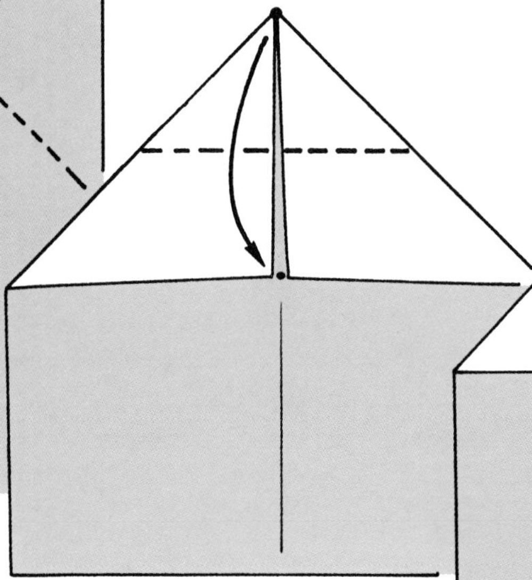

2 Plier la pointe jusqu'au point.

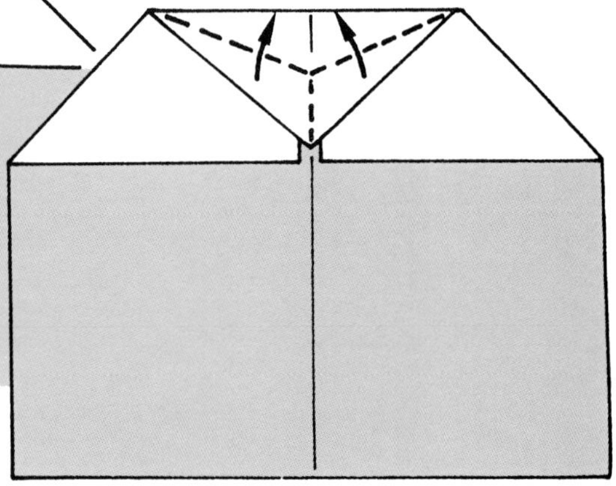

3 Plier en deux les angles
puis pincer la pointe.

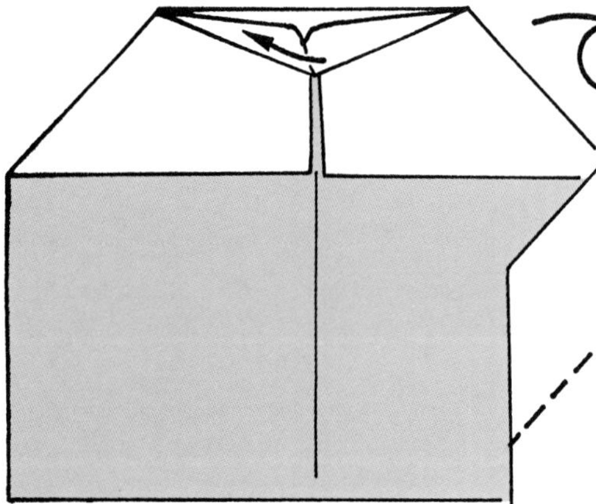

4 Rabattre la pointe à gauche
puis retourner.

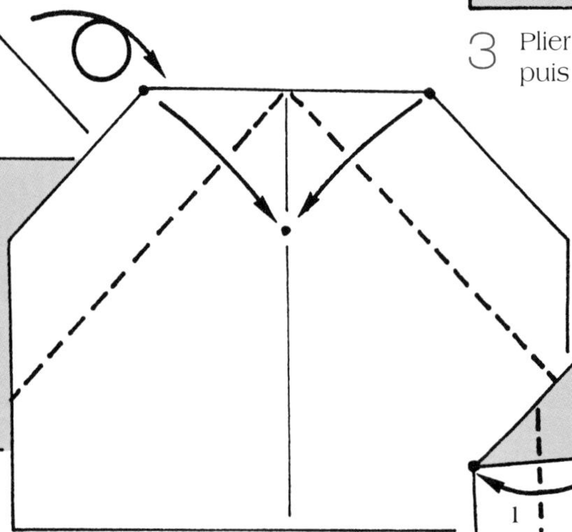

5 Joindre le centre.

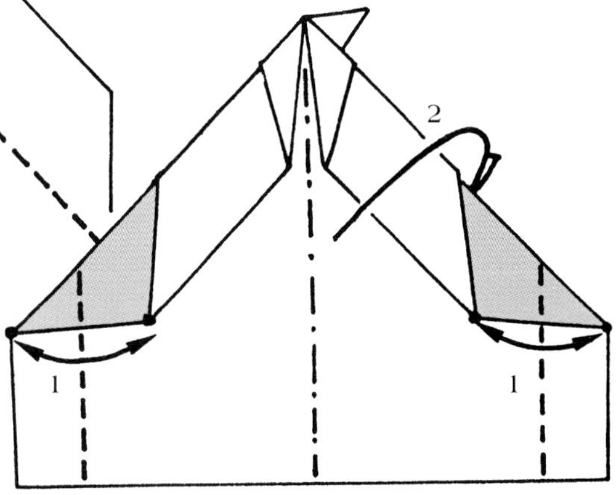

6 Pour former les ailerons,
marquer les côtés en joignant les points,
puis plier en deux derrière.

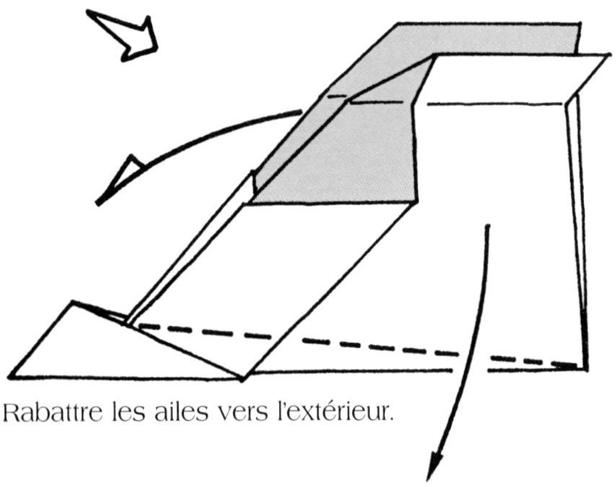

7 Rabattre les ailes vers l'extérieur.

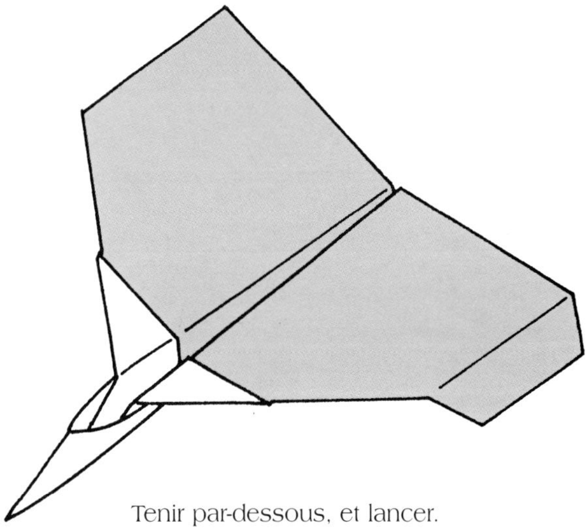

Tenir par-dessous, et lancer.

Décollage immédiat

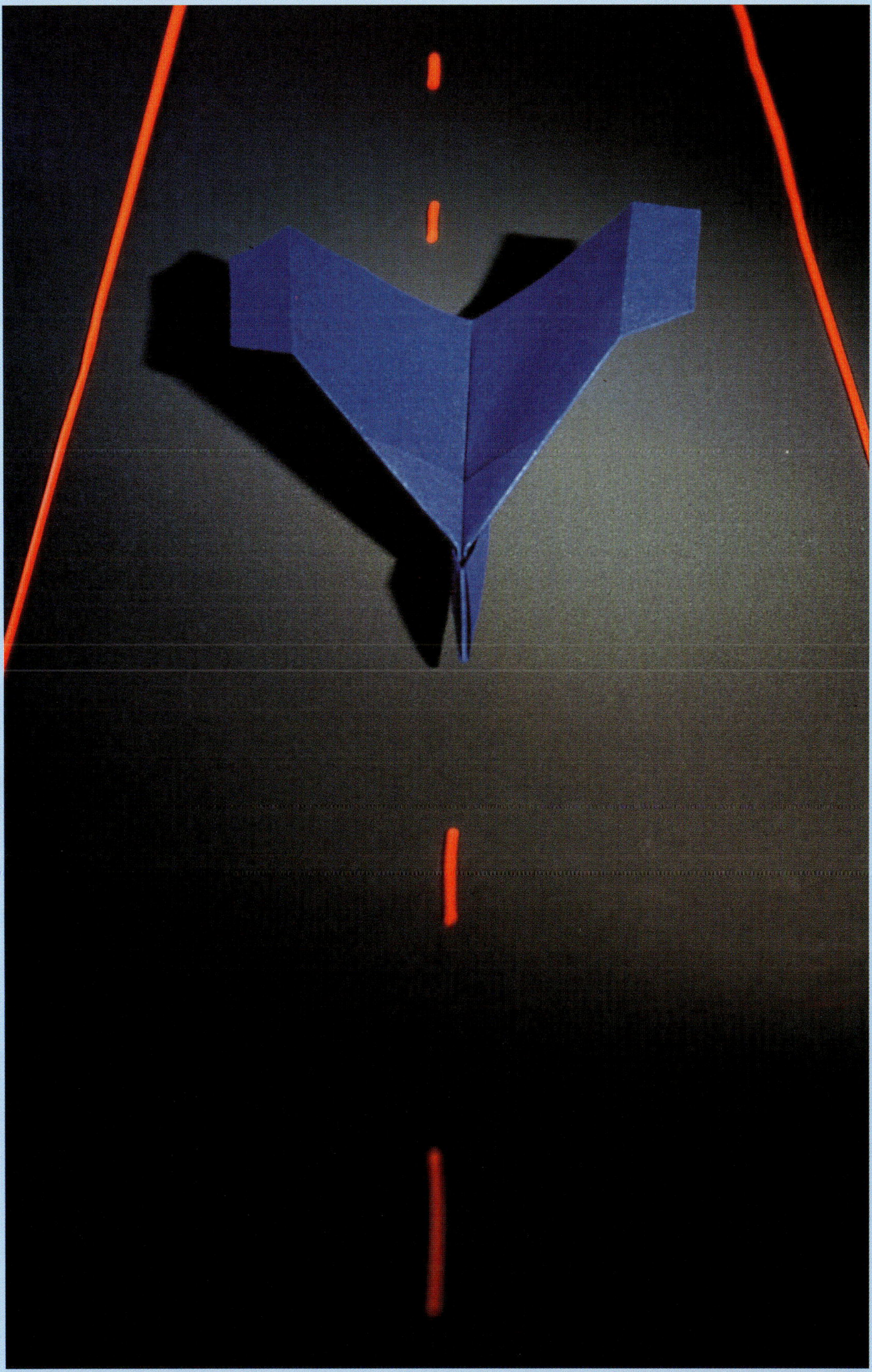

Grâce à ses larges ailes, ce modèle vole d'une façon stable et très lente. Il est remarquable de simplicité dans son pliage.

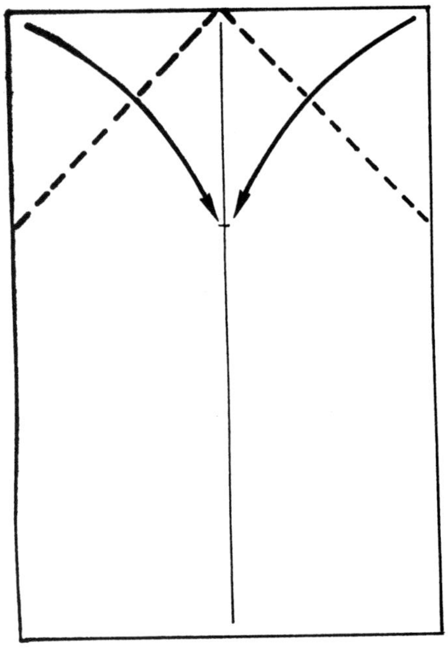

1 Marquer le milieu d'une feuille (ou d'une demi-feuille) A4 puis rabattre les angles au centre.

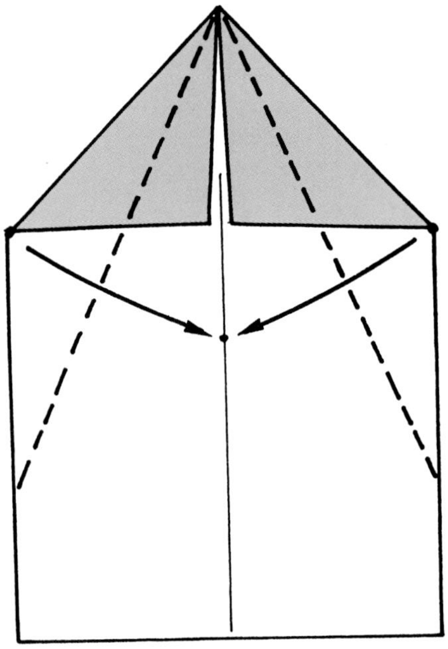

2 Plier au centre de nouveau.

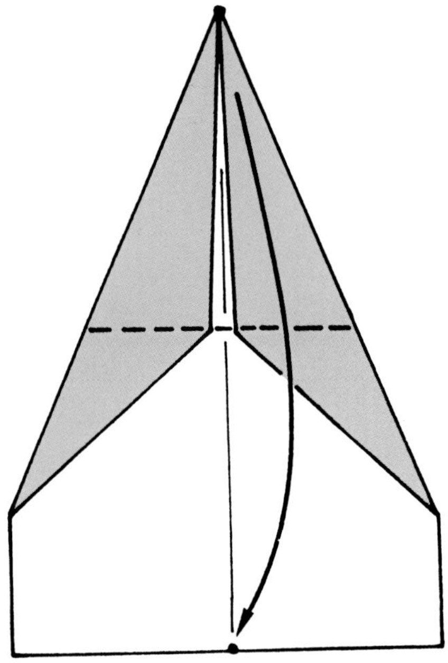

3 Plier en deux vers le bas puis retourner.

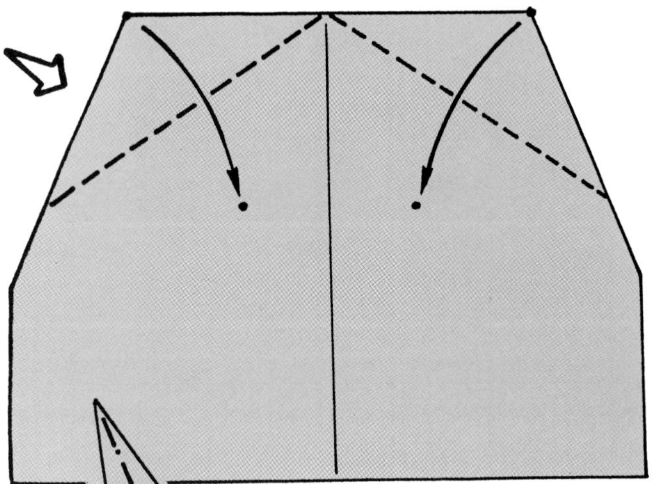

4 Plier aux points marqués.

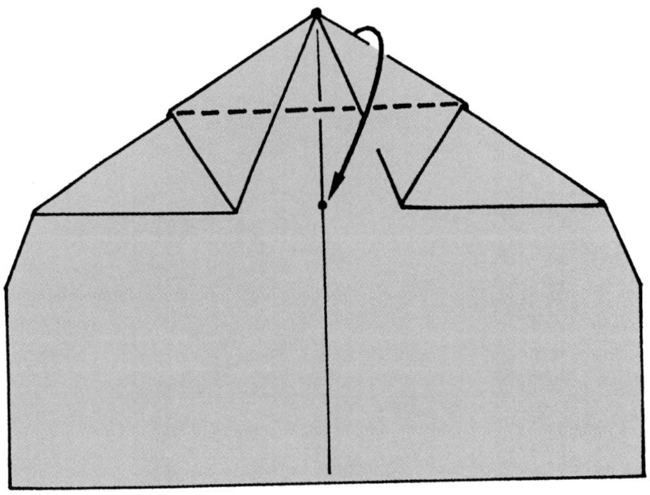

5 En pliant libérer la pointe derrière.

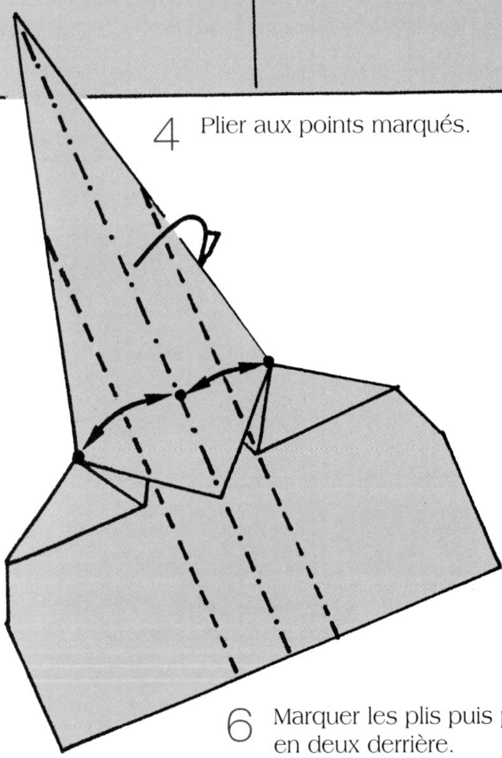

6 Marquer les plis puis plier en deux derrière.

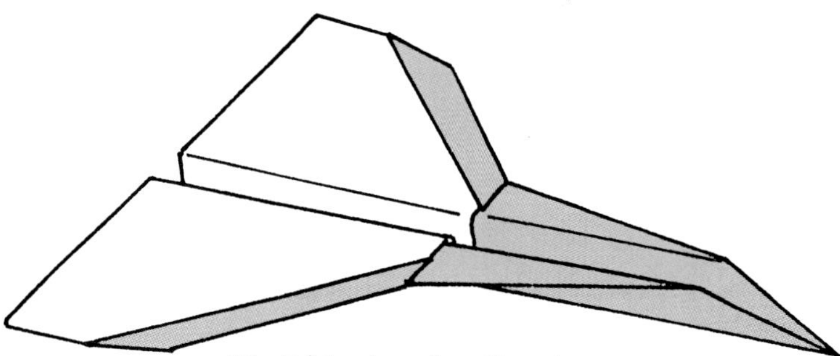

7 Régler les ailes. Pour lancer, tenir par-dessous.

Arc Ouranos II

Cet avion a gagné un concours lors d'un salon au musée de l'Air et de l'Espace à l'aéroport du Bourget. Nicolas Beaudiez, créateur de ce modèle, a misé sur l'aérodynamisme de l'avant et des ailes pour lui donner la meilleure performance possible. Avion à lancer à partir d'un point de vue élevé.

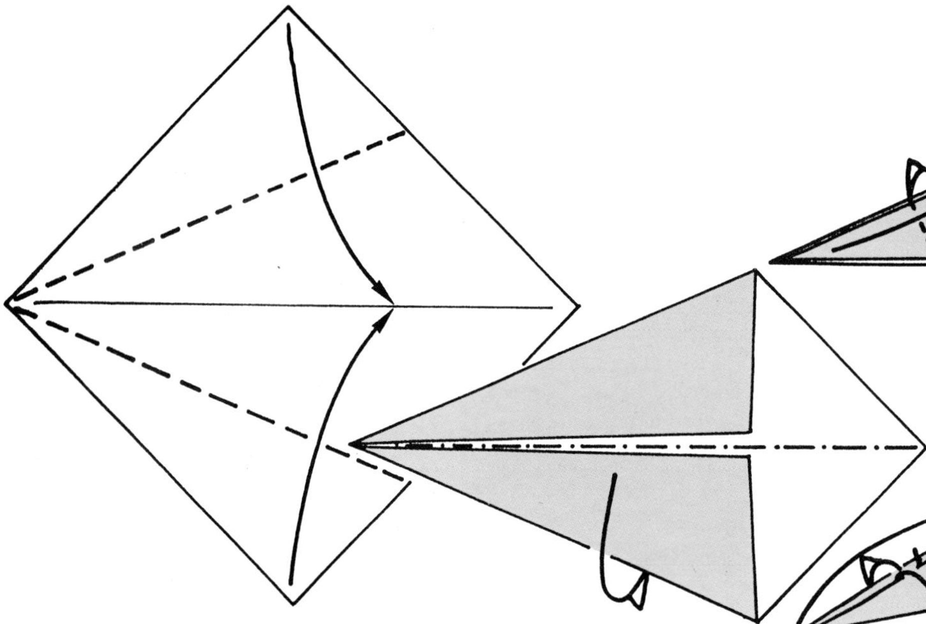

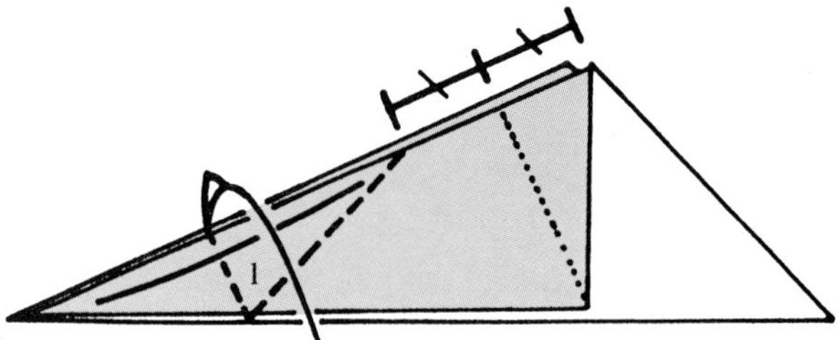

3 Marquer le pli en respectant les proportions.

1 Marquer le pli horizontal puis rabattre les côtés sur ce pli.

2 Plier en deux derrière.

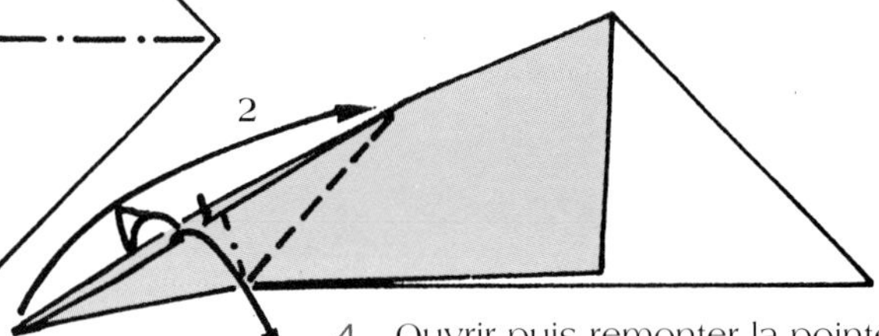

4 Ouvrir puis remonter la pointe.

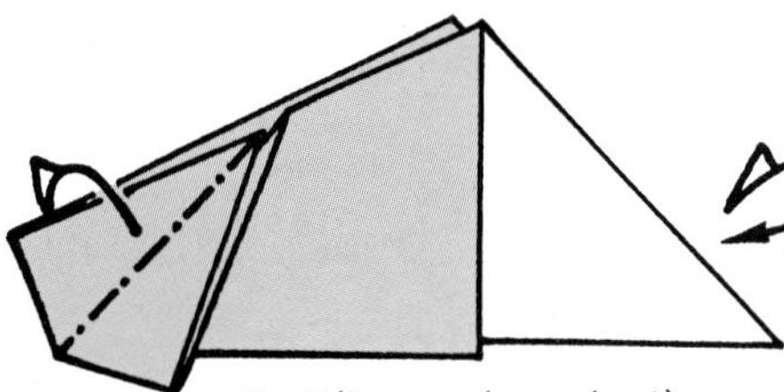

5 Plier en deux derrière.

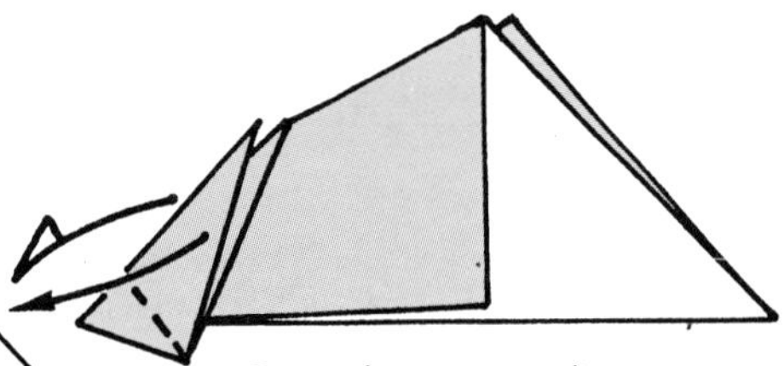

6 Rabattre vers l'avant en faisant un pli inversé extérieur (voir p. 5).

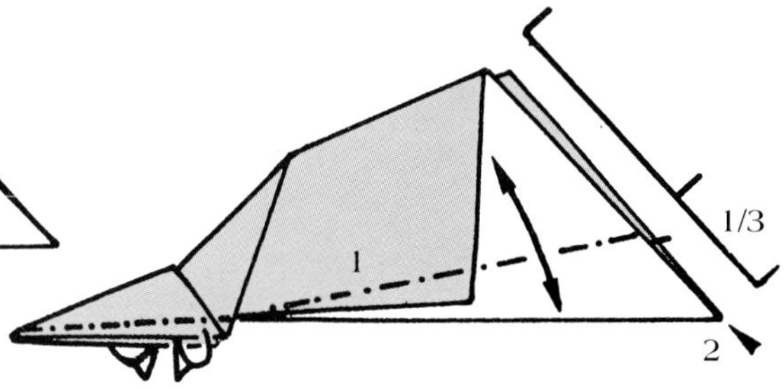

7 À l'avant replier les bords à l'intérieur, à l'arrière effectuer un pli inversé intérieur (voir p. 5).

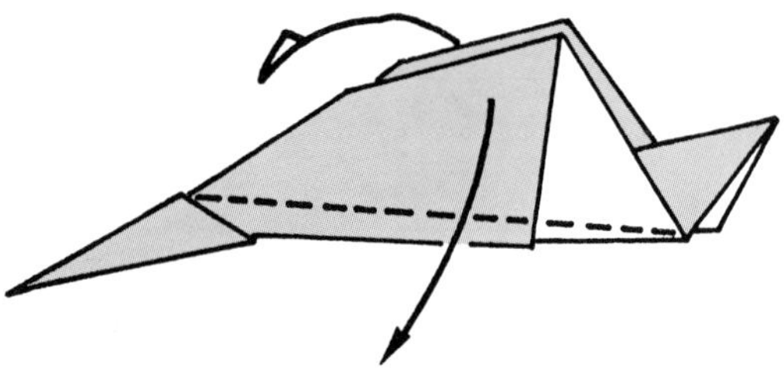

8 Rabattre les ailes de chaque côté à l'horizontale.

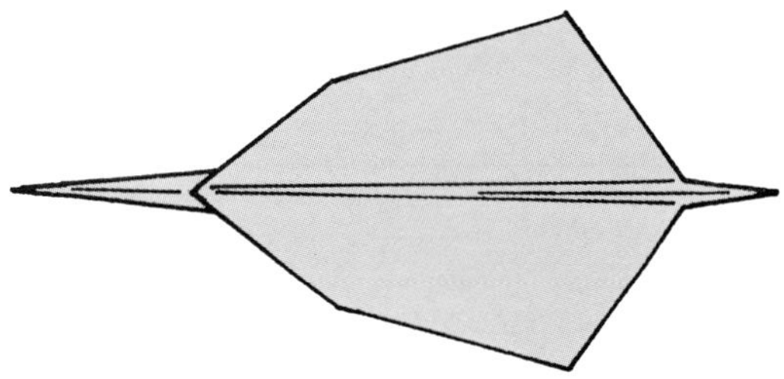

vue de dessus

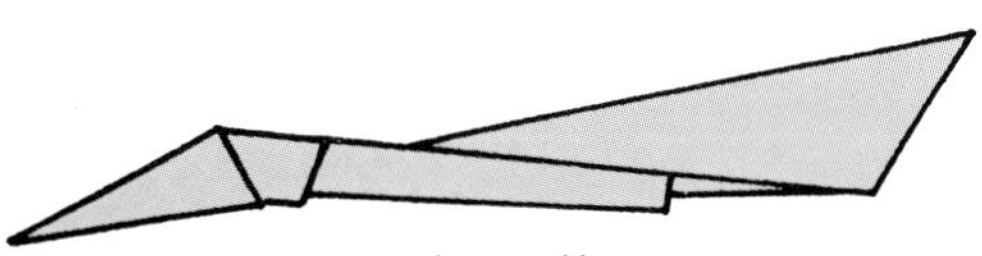

vue de profil

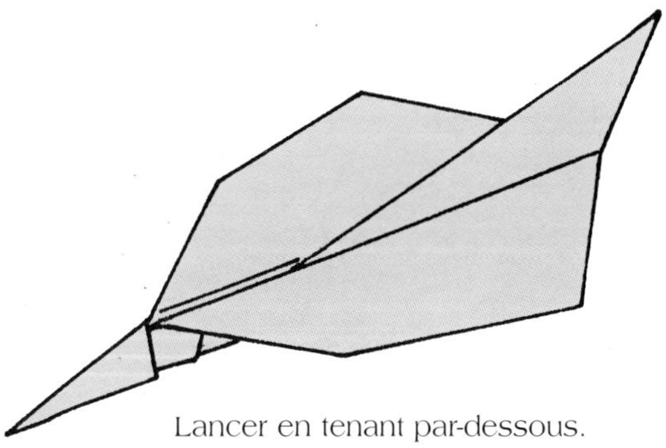

Lancer en tenant par-dessous.

Concours aérien

Cet avion de chasse nous vient en droite ligne du Japon. Eiki Momotani, son créateur, a remporté le prix d'un concours international en Espagne.

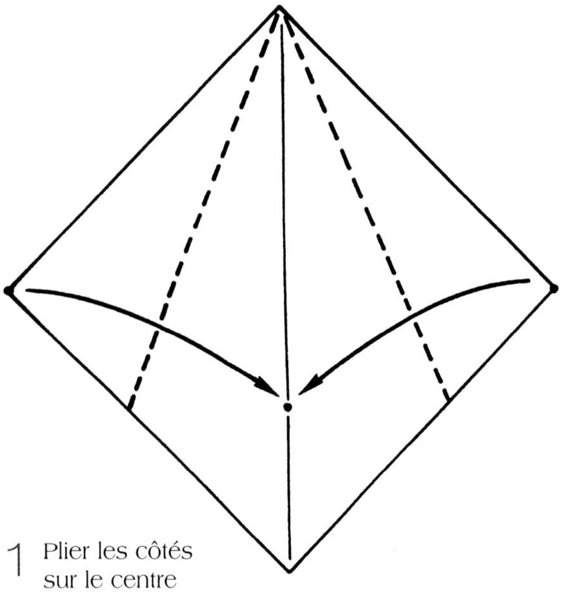

1 Plier les côtés sur le centre préalablement marqué.

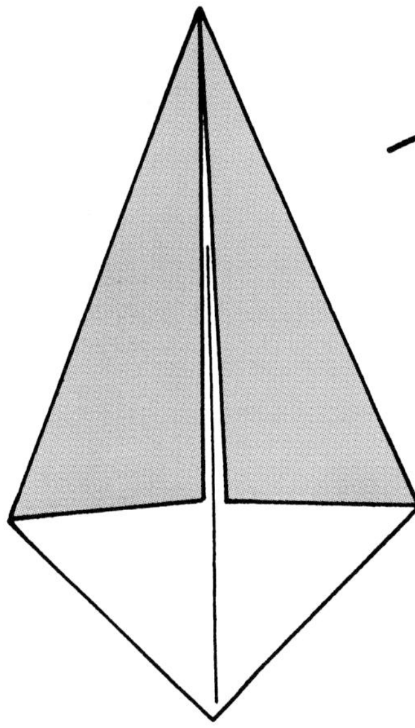

2 Puis retourner.

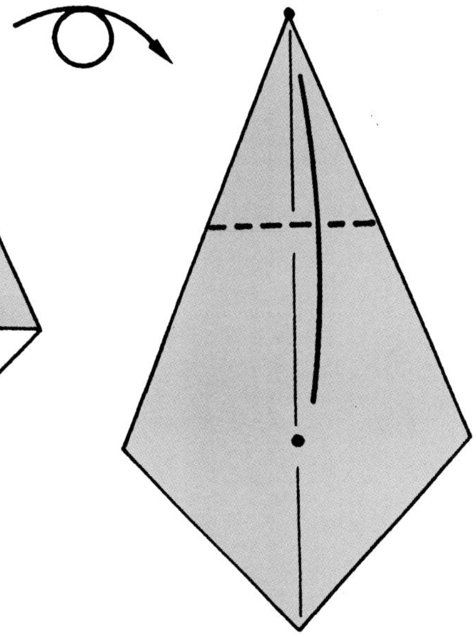

3 Joindre les points repérables par transparence.

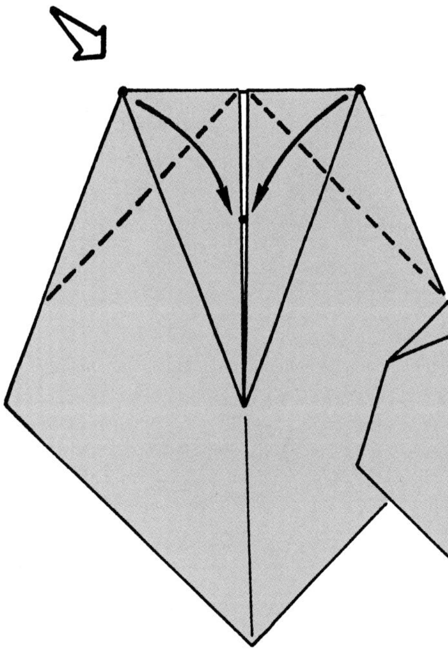

4 Rabattre les côtés.

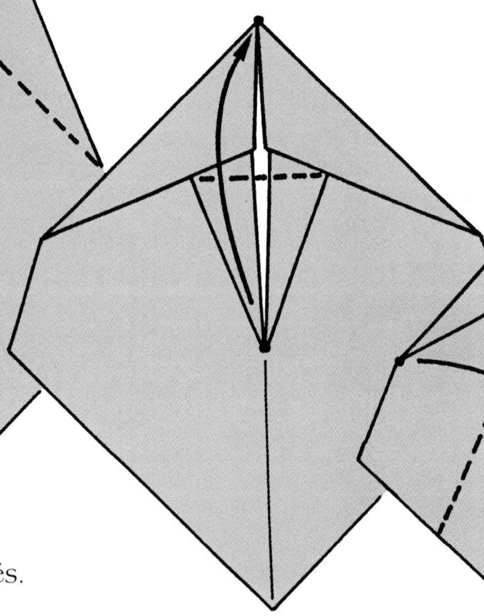

5 Remonter la pointe.

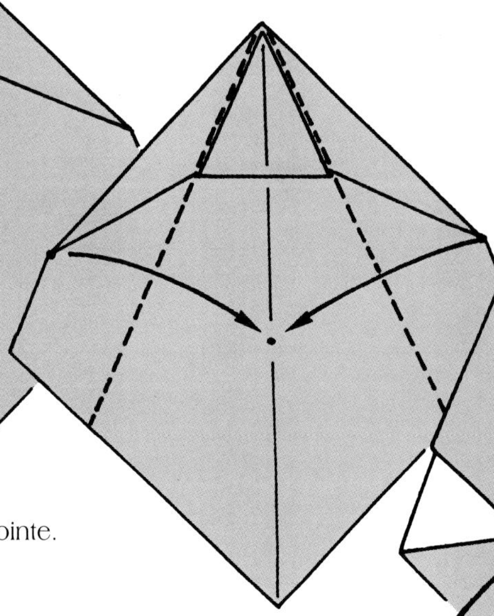

6 Joindre les côtés au centre.

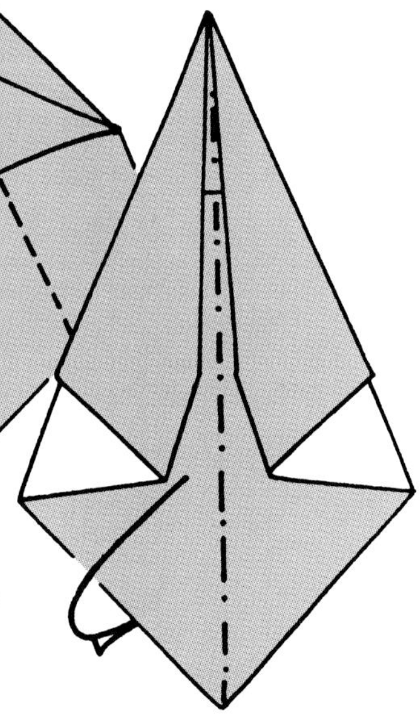

7 Plier en deux derrière.

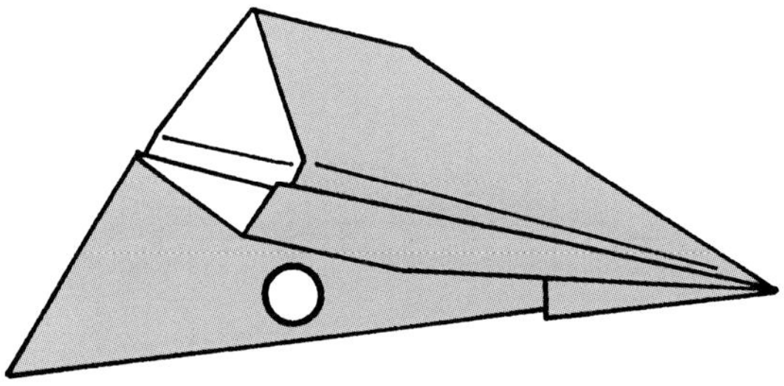

8 Placer les ailes à la verticale. Tenir au point indiqué pour lancer, bras tendu.

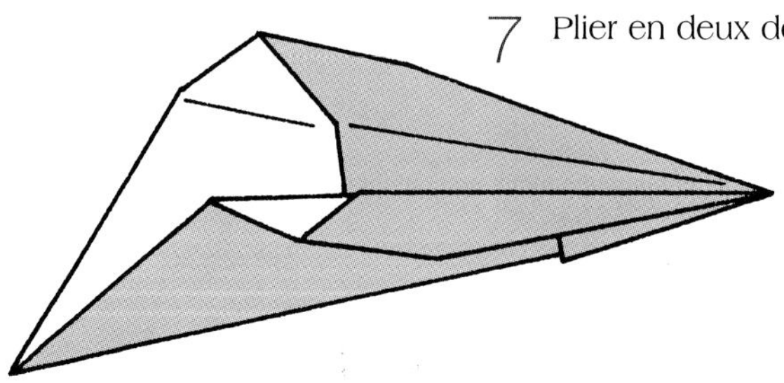

Sans escales

Ce modèle créé par Takeshi Inoué est japonais. C'est un avion-boomerang qui, une fois lancé, revient à son point de départ en faisant une grande boucle. Le jeu consiste à le rattraper dans le creux de la main sans qu'il touche le sol.

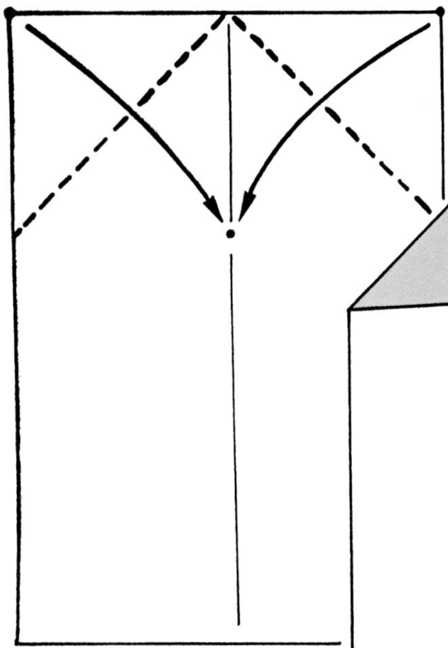

1 Marquer le pli central puis rabattre les angles d'une feuille (ou demi-feuille) A4.

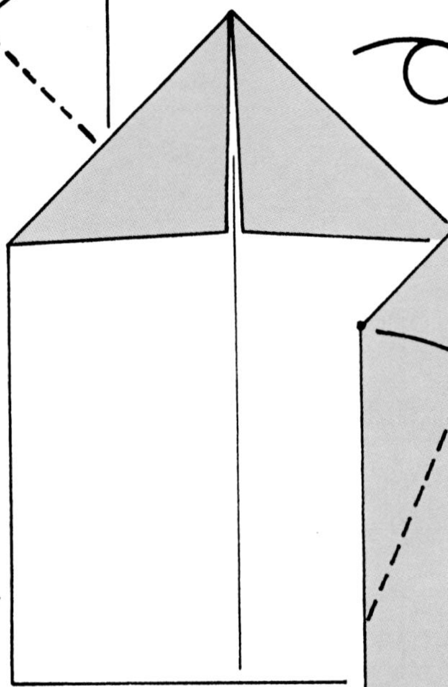

2 Puis retourner.

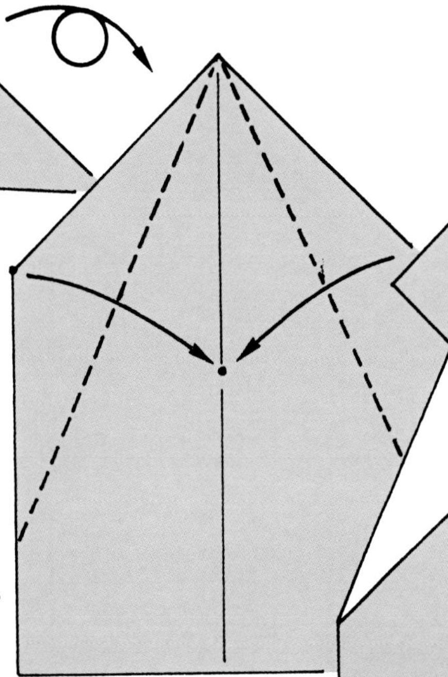

3 Rabattre les côtés vers le centre en dégageant l'arrière.

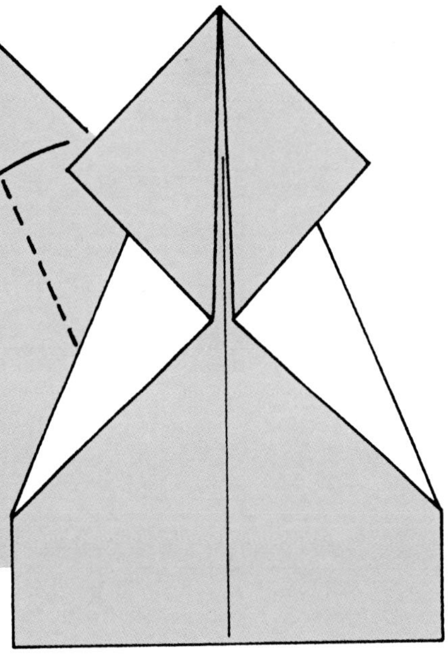

4 Comme ceci puis retourner.

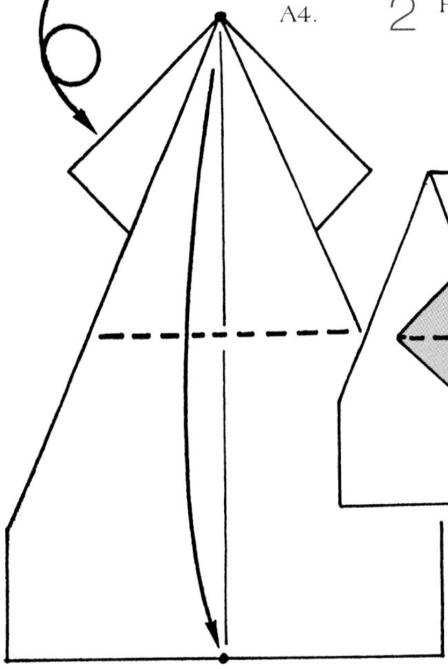

5 Plier en deux vers le bas.

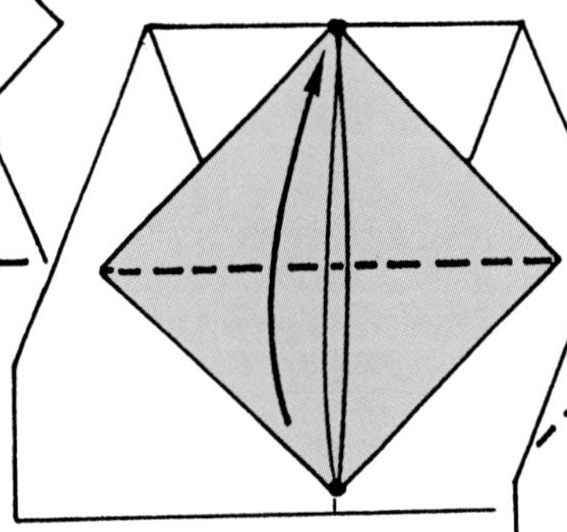

6 Remonter la pointe.

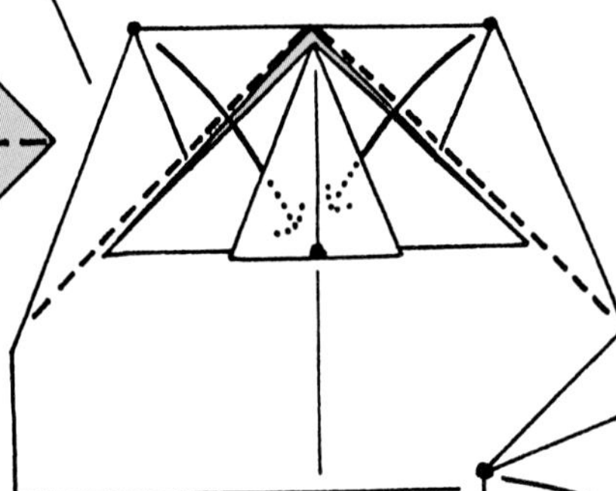

7 Rentrer les côtés dans les poches.

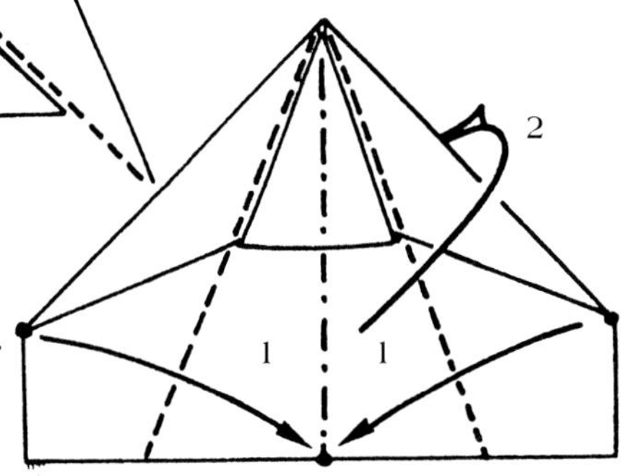

8 Rabattre les côtés au centre puis plier en deux derrière.

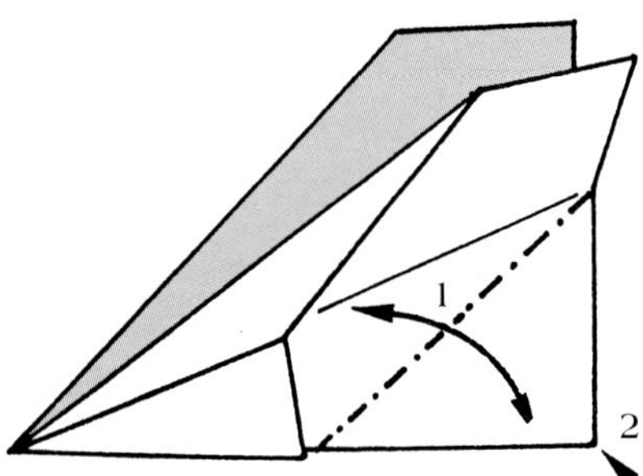

9 À cette étape le modèle vole bien. On pourra remonter l'aileron arrière en marquant le pli : puis en faisant...

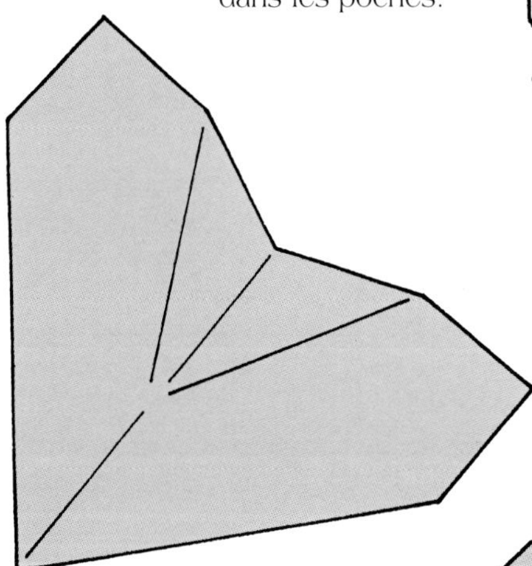

10 ... un pli inversé intérieur (voir p. 5).

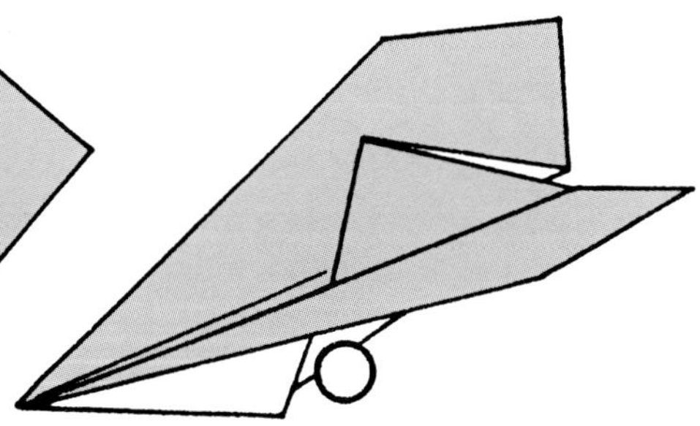

11 Lancer en tenant au point indiqué.

Vol plané

Ce pliage exploite la géométrie parfaite du format A4. L'avion est suffisamment lourd pour être lancé à l'extérieur. Son profil relevé à l'arrière lui permet de voler plus longtemps et plus loin.

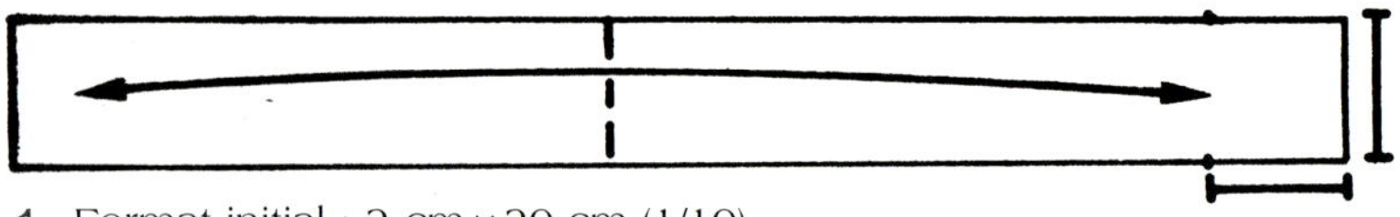

1 Format initial : 2 cm x 20 cm (1/10).
Marquer le pli en laissant en bout un carré.

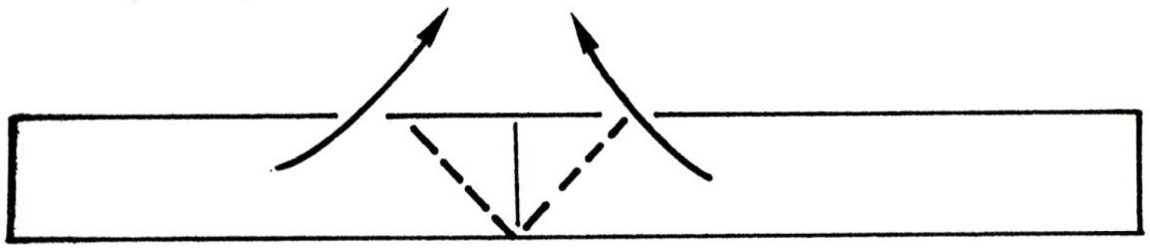

2 Format initial : 2 cm x 20 cm (1/10).

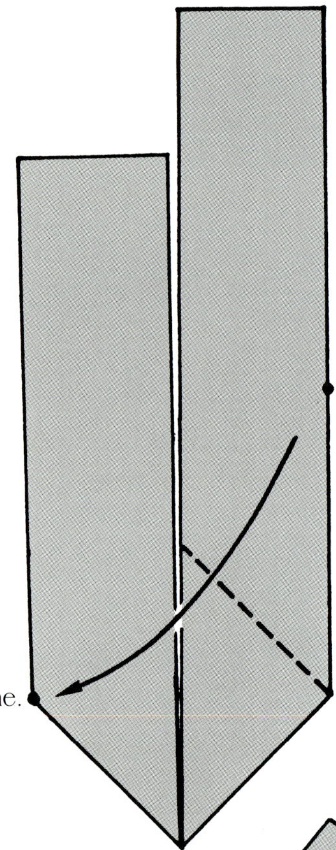

3 Rabattre vers la gauche.

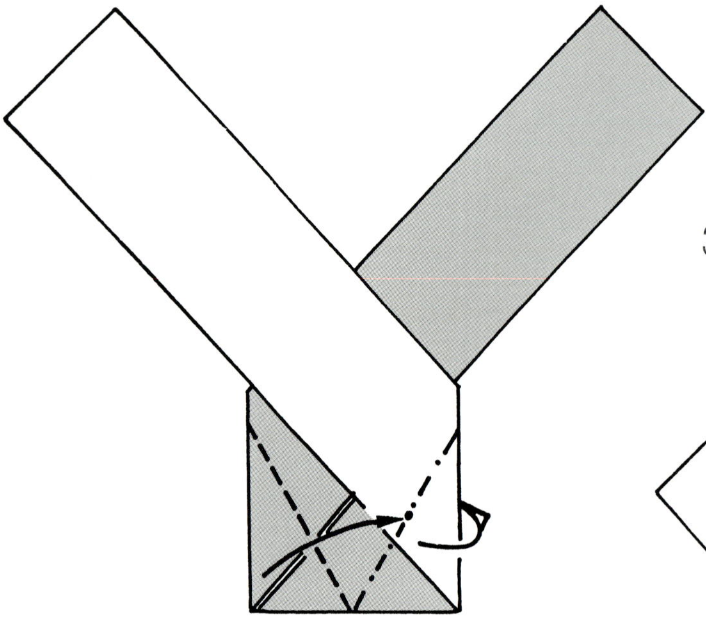

4 Plier en trois à partir du centre en pliant un pan derrière.

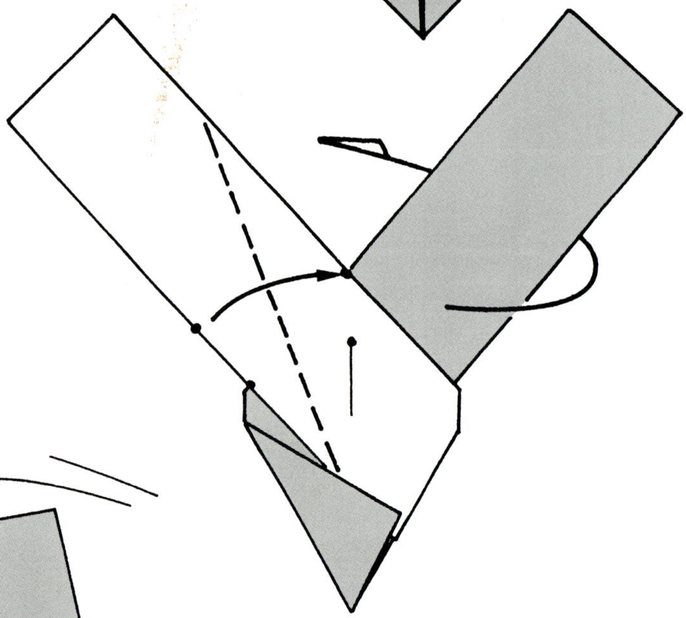

5 Plier jusqu'au centre le côté gauche, faire de même de l'autre côté.

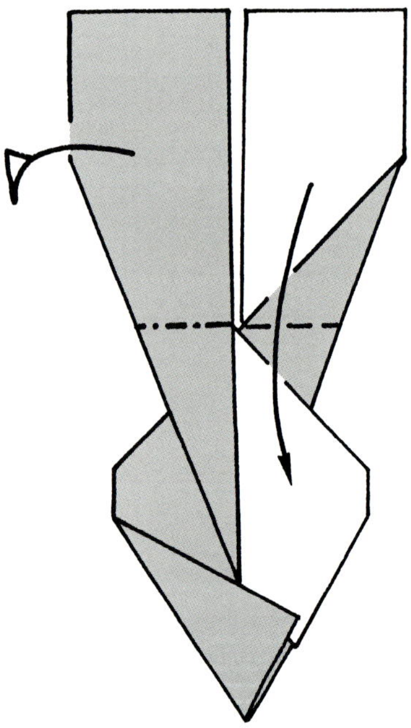

6 Rabattre une pale derrière et une pale devant.

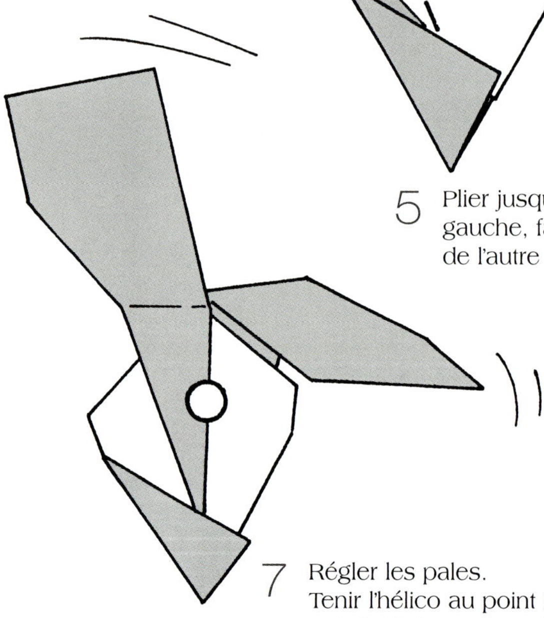

7 Régler les pales.
Tenir l'hélico au point indiqué puis le lâcher pour qu'il tourne.

Hélico

Antoine de Saint-Exupéry, l'auteur du *Petit Prince*, aimait à plier, entre deux escales, des hélicoptères comme celui-ci, qu'il lançait des fenêtres à la grande joie des enfants. Ce modèle reprend le principe du pliage original.

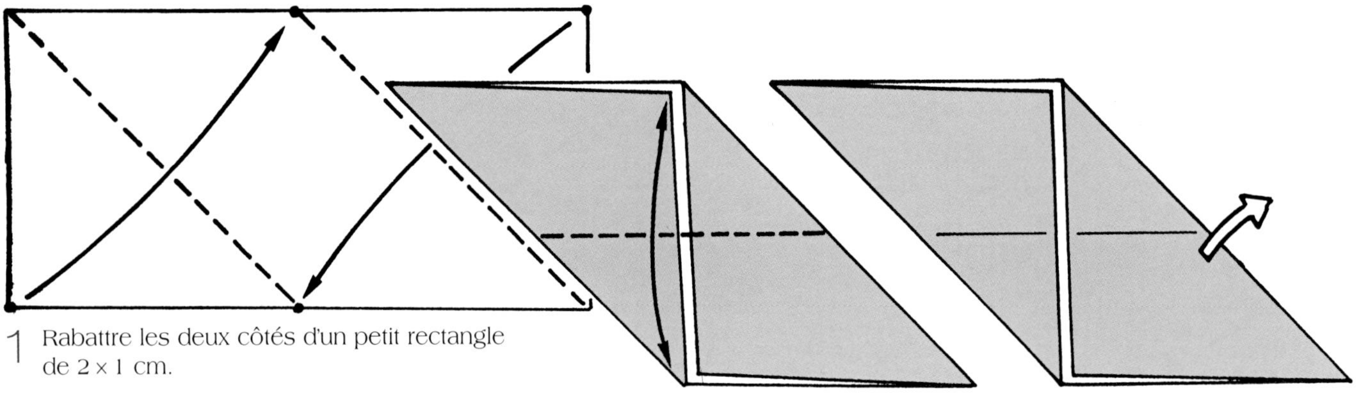

1 Rabattre les deux côtés d'un petit rectangle de 2 x 1 cm.

2 Marquer le milieu en pliant en deux.

3 Déplier le côté droit.

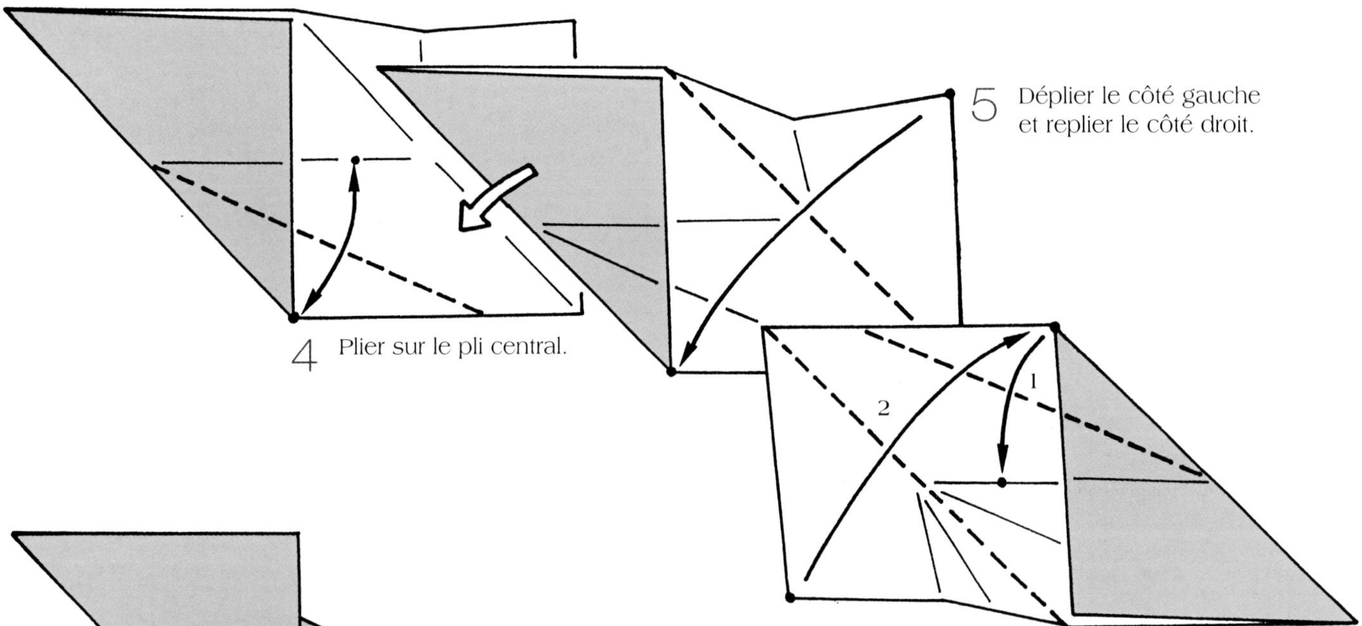

4 Plier sur le pli central.

5 Déplier le côté gauche et replier le côté droit.

6 Plier sur le pli central l'autre partie puis replier le côté gauche.

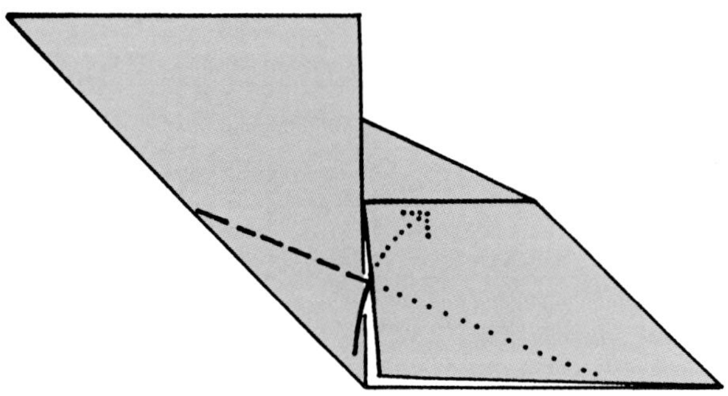

7 Replier dessous dans ses marques.

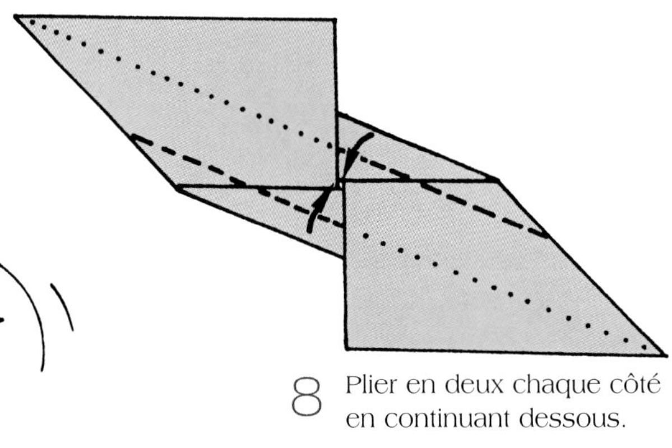

8 Plier en deux chaque côté en continuant dessous.

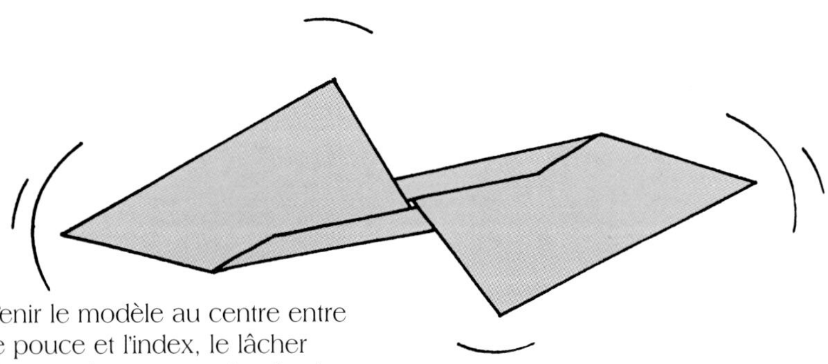

9 Tenir le modèle au centre entre le pouce et l'index, le lâcher de votre hauteur ou de plus haut pour le voir tourner lentement jusqu'au sol.

Rotor

Ce modèle à deux pales tournera dans un sens ou dans l'autre selon la façon dont on aura exécuté les premiers plis. Le mot rotor a été choisi pour la même raison, car c'est un nom qui se lit dans les deux sens.

Animaux

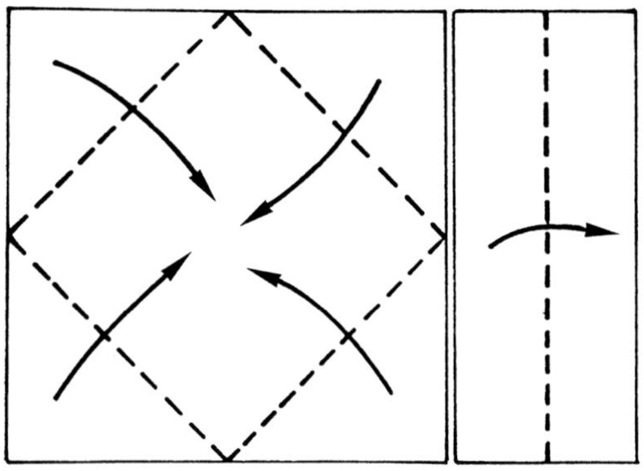

1 Couper un carré dans une feuille rectangulaire et conserver la bande en plus.
Rabattre ensuite les pointes du carré au centre et plier la bande en deux.

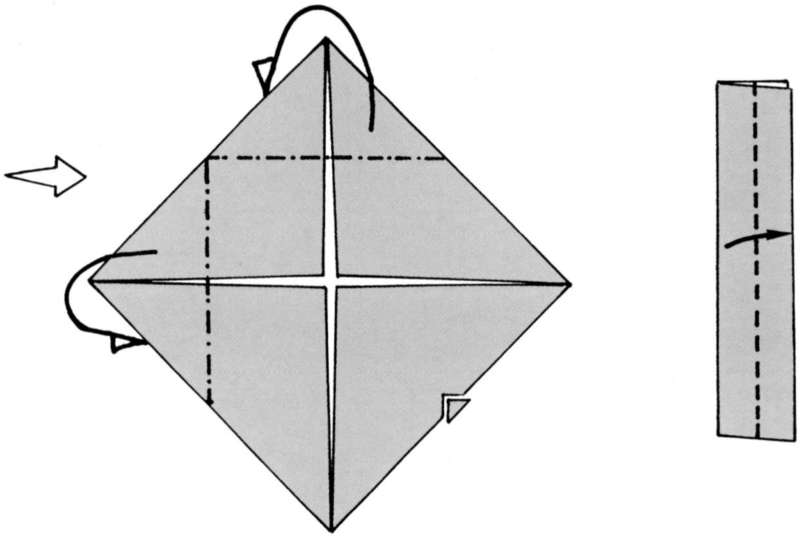

2 Rabattre deux pointes au même centre derrière.
Puis découper un petit triangle au milieu comme indiqué.
Plier la bande encore en deux.

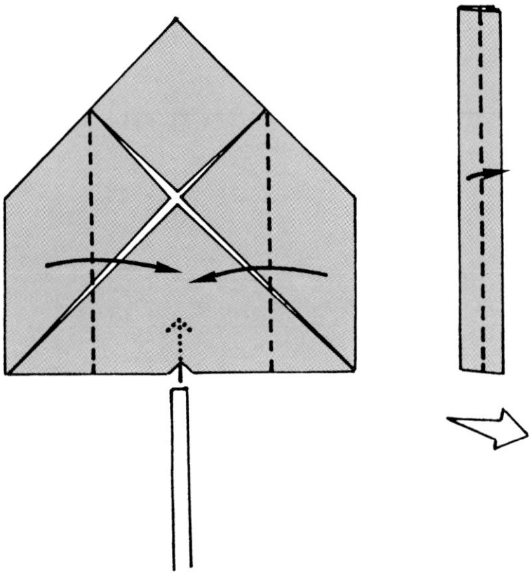

3 Plier une dernière fois la bande, l'introduire dans l'encoche en la glissant jusqu'au bout puis plier les côtés au centre.

4 Plier la pointe avec toutes ses épaisseurs puis retourner le modèle.

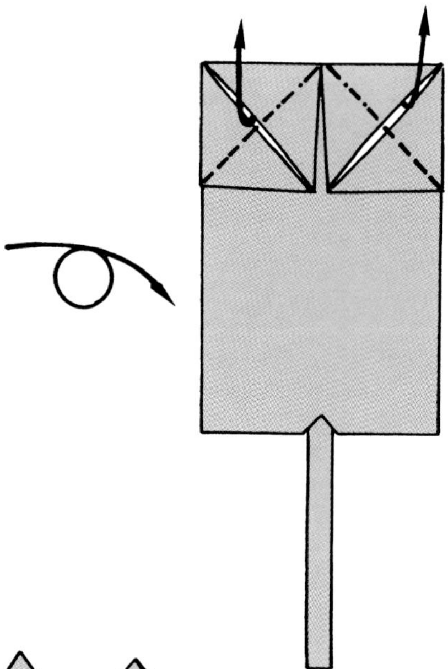

5 Ouvrir un côté de chaque carré.

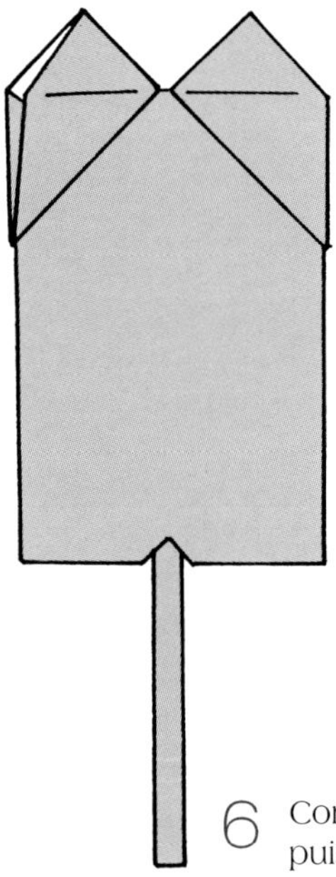

6 Comme ceci puis retourner le modèle.

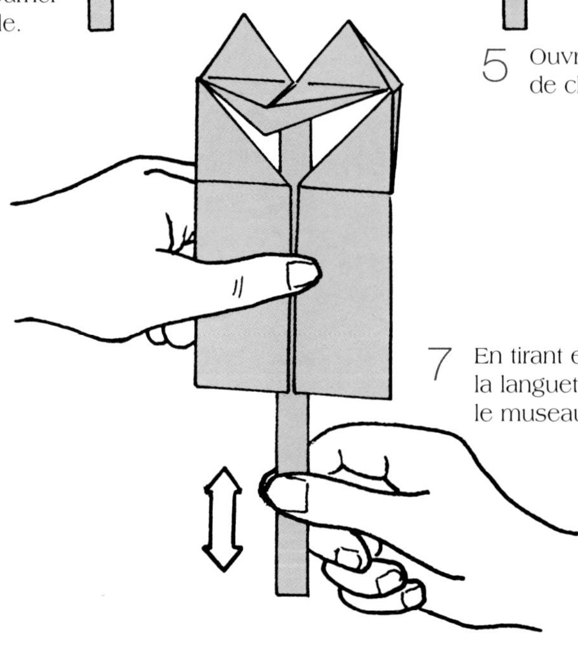

7 En tirant et poussant la languette, le museau s'animera.

Renard bavard

Nous ne connaissons pas l'origine exacte de ce pliage qui fut recueilli il y a déjà quelques années par un écolier parisien. Il passe de main en main depuis et rentrera bientôt dans la tradition du monde du pliage.

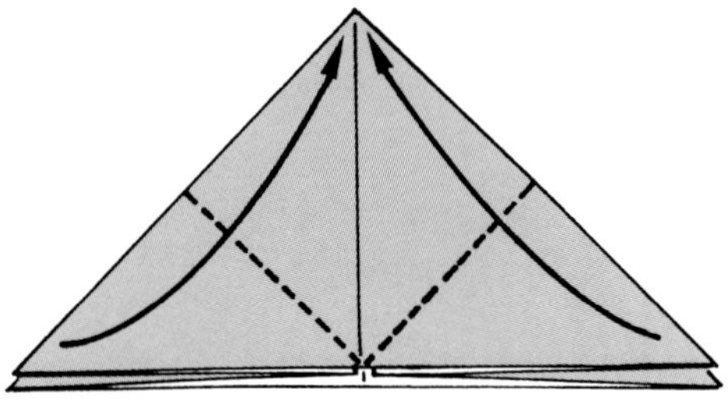

1 Commencer par une base
de la bombe à eau.
Puis remonter les pointes
du dessus.

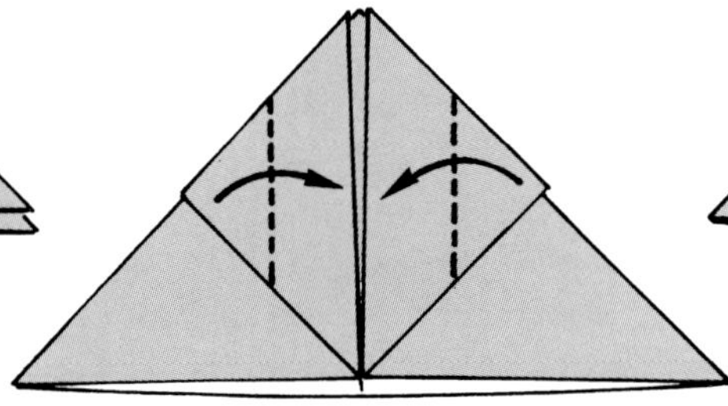

2 Ramener les deux pointes au centre.

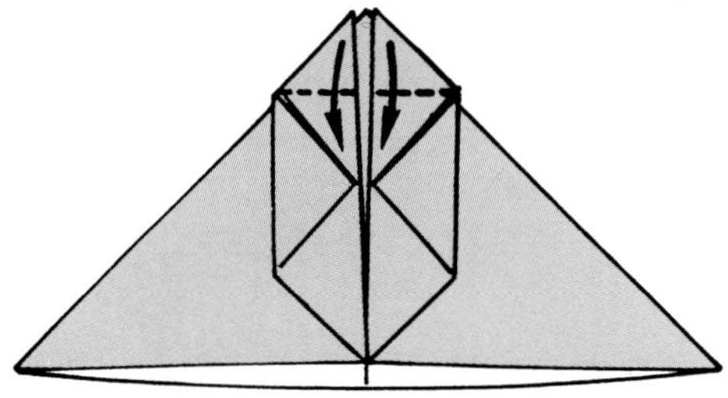

3 Plier les pointes du dessus
vers le bas.

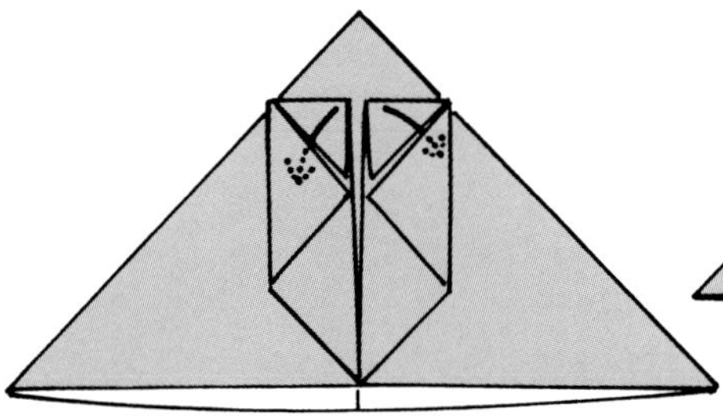

4 Glisser les triangles dans les poches.

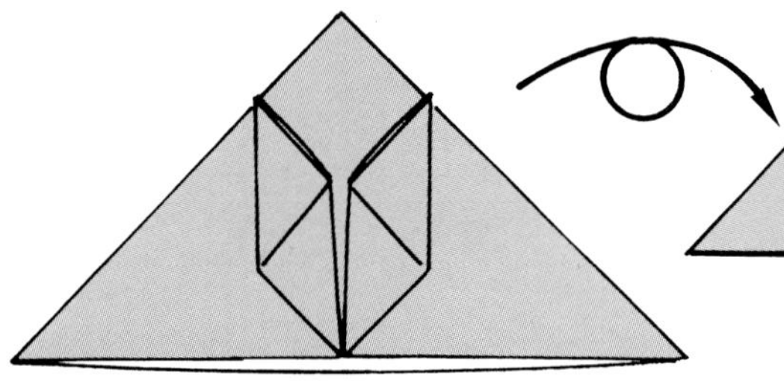

5 Comme ceci puis retourner.

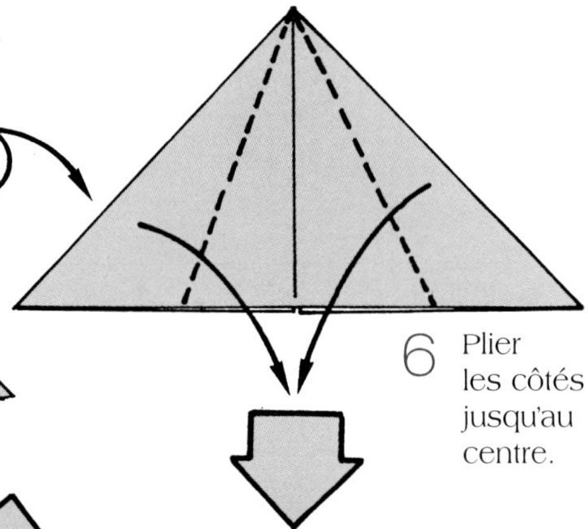

6 Plier
les côtés
jusqu'au
centre.

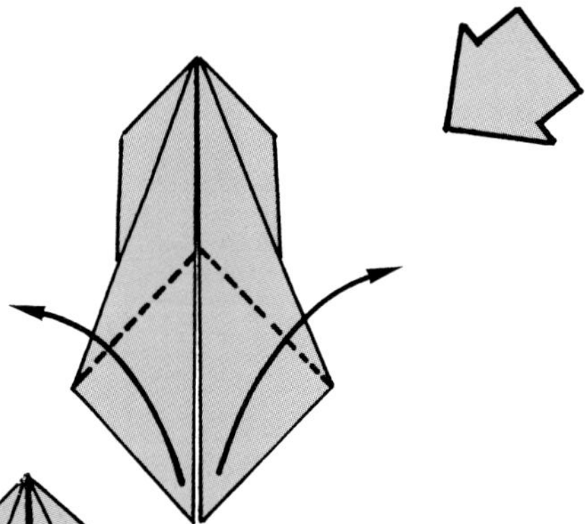

7 Remonter les pointes
à l'horizontale.

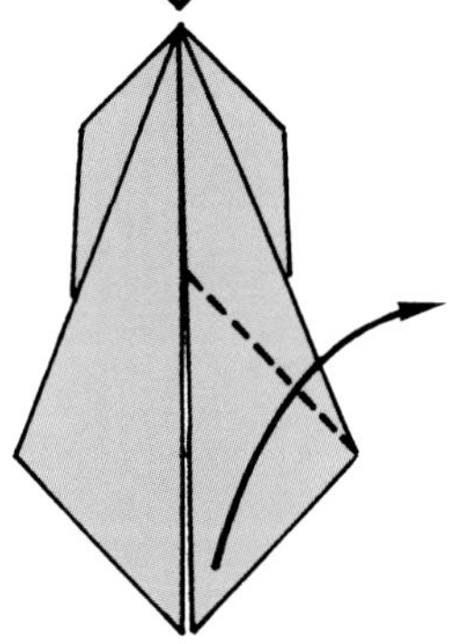

7 Remonter la pointe
à l'horizontale.

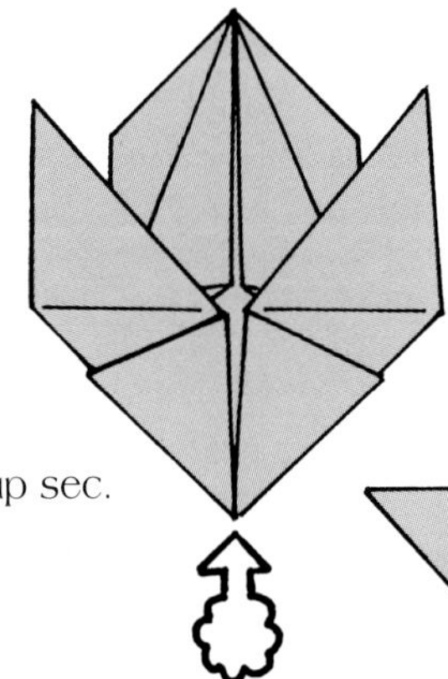

9 Gonfler
d'un coup sec.

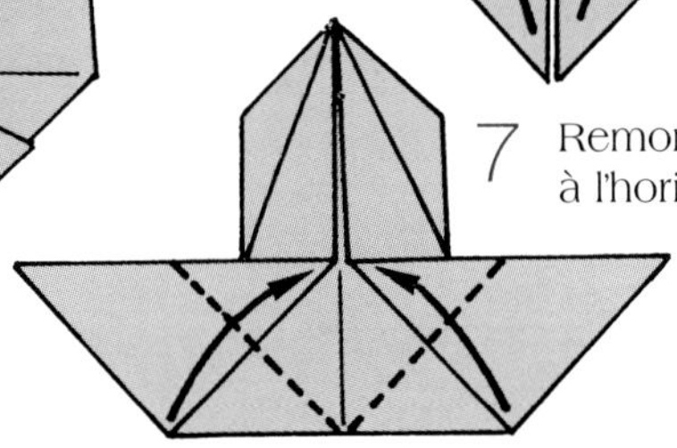

8 Plier jusqu'au
centre.

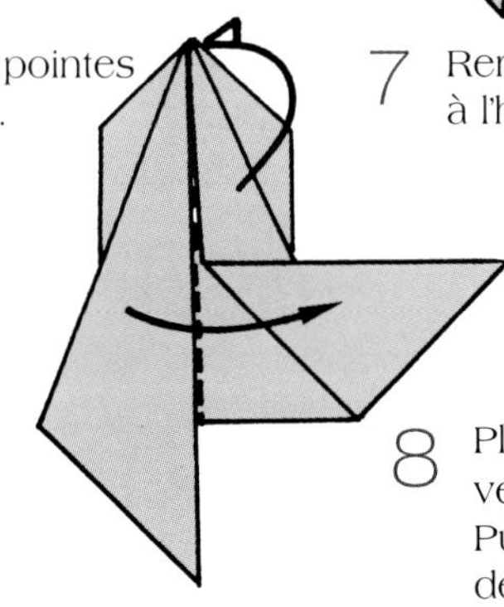

8 Plier le feuillet arrière
vers la gauche.
Puis plier le feuillet
de devant vers la droite.

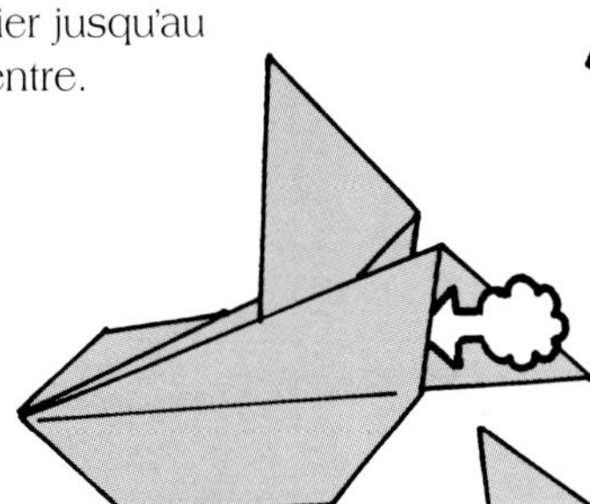

9 Gonfler.

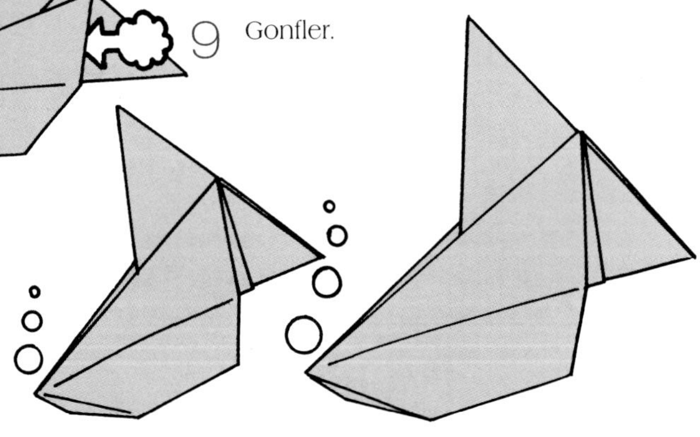

Poisson et lapin

Ces deux modèles sont des variantes de la bombe à eau, un des plus anciens pliages que les petits Chinois utilisaient comme boîte à musique en y enfermant cruellement une mouche. Utilisez-les comme boîtes à bonbons ou comme pochettes-surprises.

Le corps

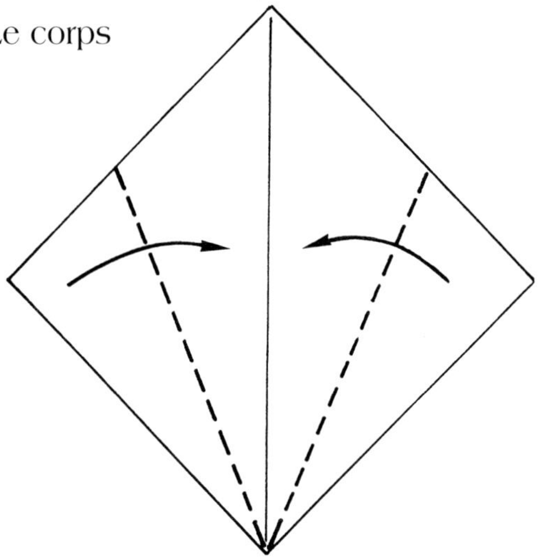

1 Rabattre les côtés sur la diagonale déjà marquée.

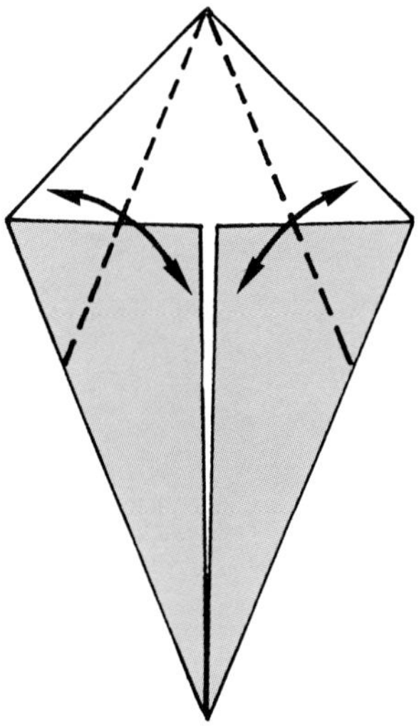

2 Marquer les plis sur les deux autres côtés.

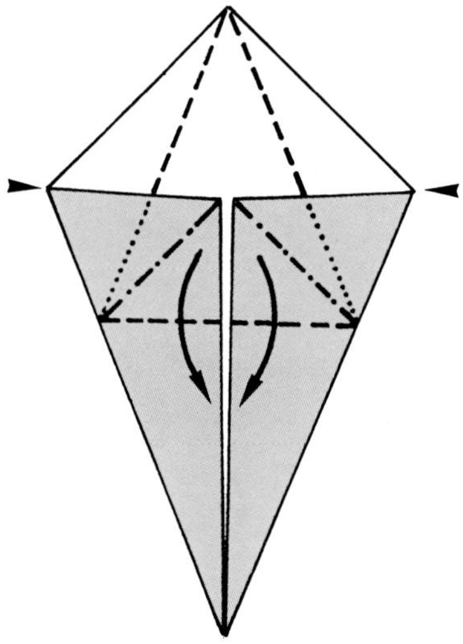

3 Ramener les pans vers le bas en mettant les côtés dans les plis marqués.

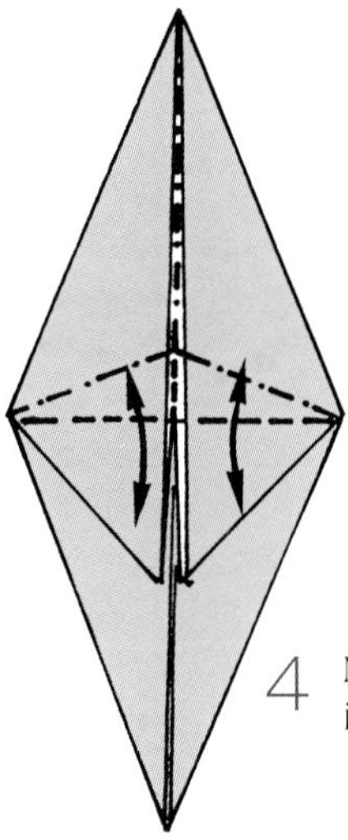

4 Marquer les plis indiqués.

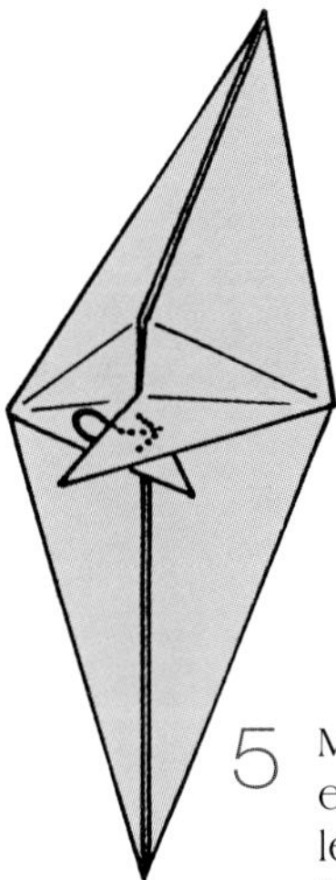

5 Mettre en volume en glissant les languettes l'une dans l'autre.

6 Le corps terminé.

La tête

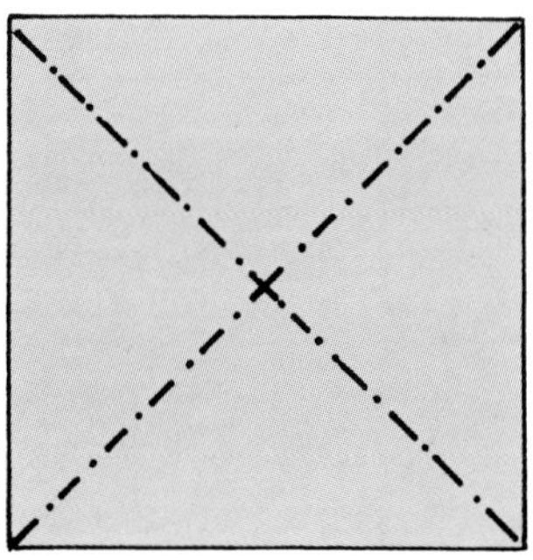

1 Le format initial : 1/4 du corps. Marquer les diagonales en pli « montagne »

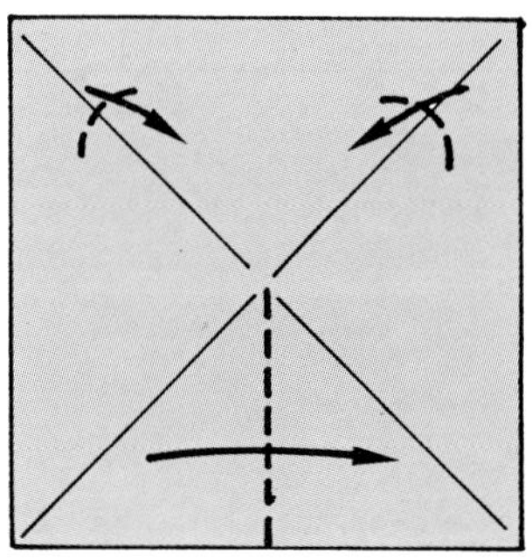

2 Courber les pointes du haut. Puis mettre en volume en pliant en deux le triangle du bas.

3 Pour bloquer le tout, rabattre la pointe vers le haut.

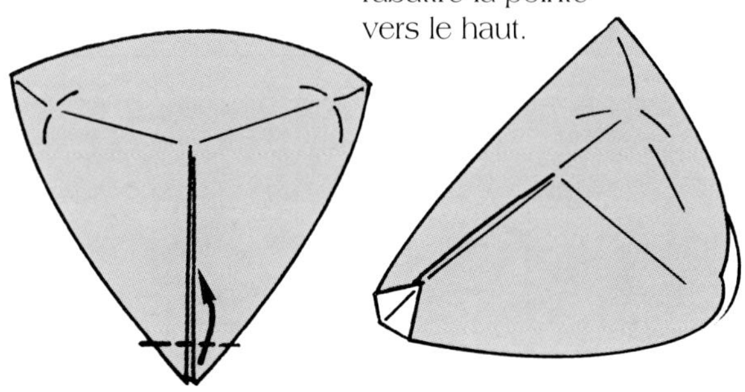

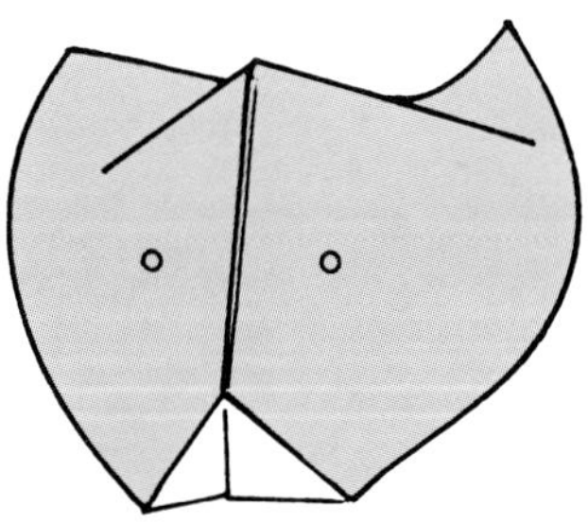

4 Tête terminée.

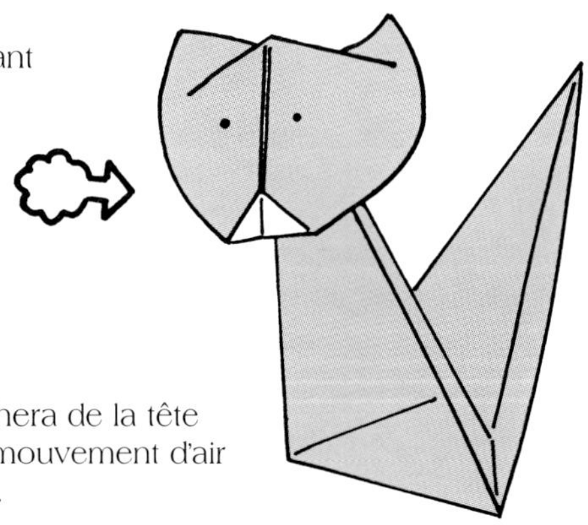

Le chiot hochera de la tête au moindre mouvement d'air autour de lui.

Chiot

Ce petit chien est réalisé en deux morceaux. Au moindre courant d'air, il hochera la tête en signe de contentement.

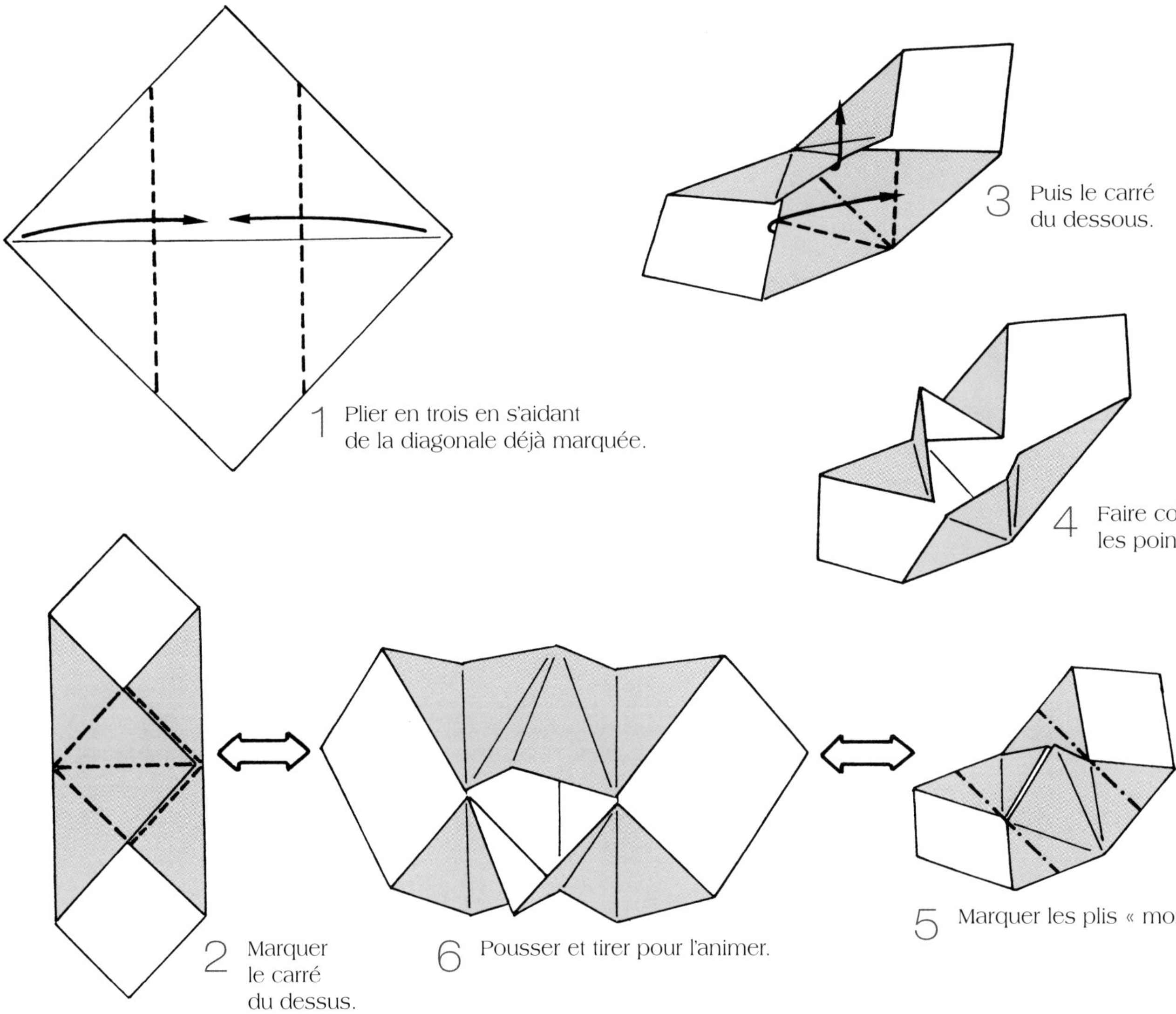

1 Plier en trois en s'aidant de la diagonale déjà marquée.

2 Marquer le carré du dessus.

3 Puis le carré du dessous.

4 Faire coïncider les pointes.

5 Marquer les plis « montagne ».

6 Pousser et tirer pour l'animer.

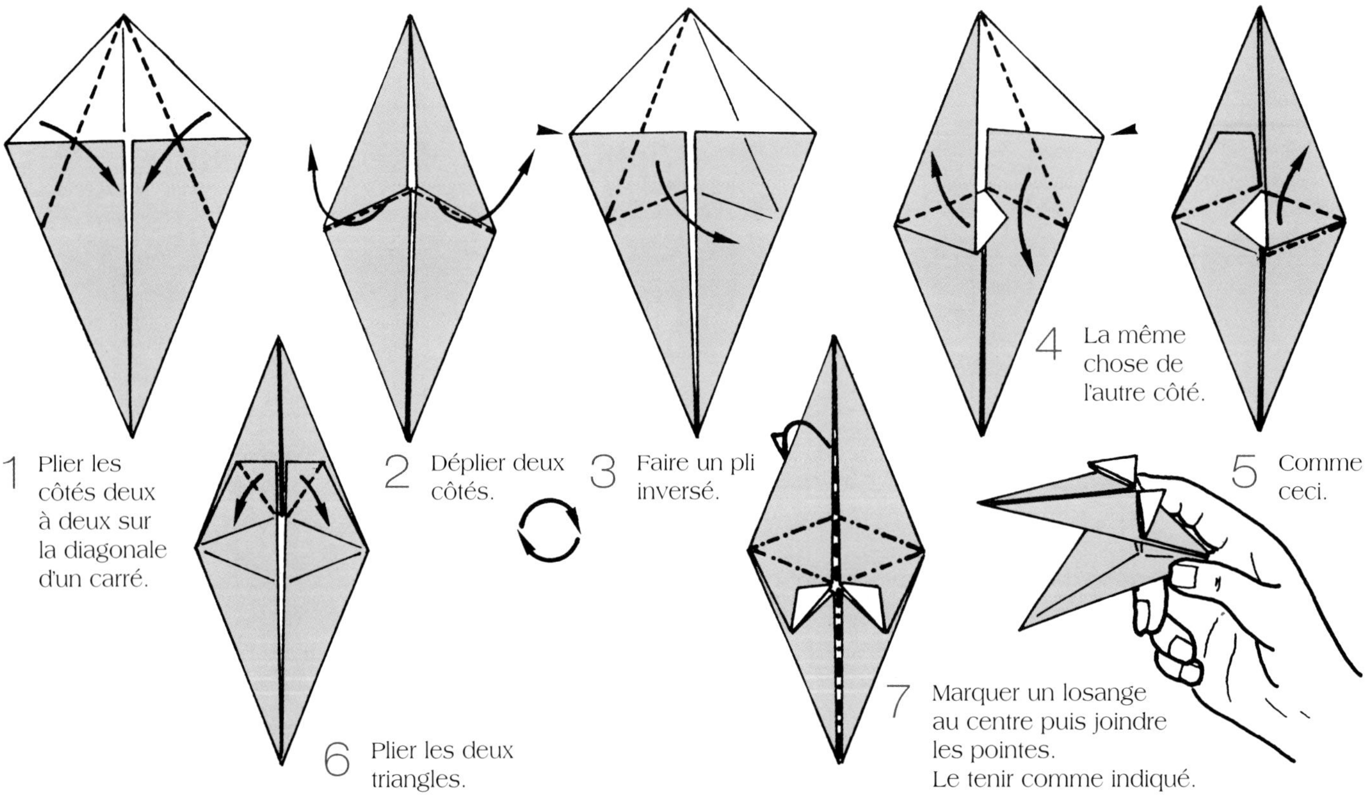

1 Plier les côtés deux à deux sur la diagonale d'un carré.

2 Déplier deux côtés.

3 Faire un pli inversé.

4 La même chose de l'autre côté.

5 Comme ceci.

6 Plier les deux triangles.

7 Marquer un losange au centre puis joindre les pointes. Le tenir comme indiqué.

Becs parleurs

Ces deux becs sont d'une extrême simplicité à réaliser. Glissés entre les pages d'un livre ou dans une poche, ils seront toujours prêts à discuter, bavarder et rire avec vous.

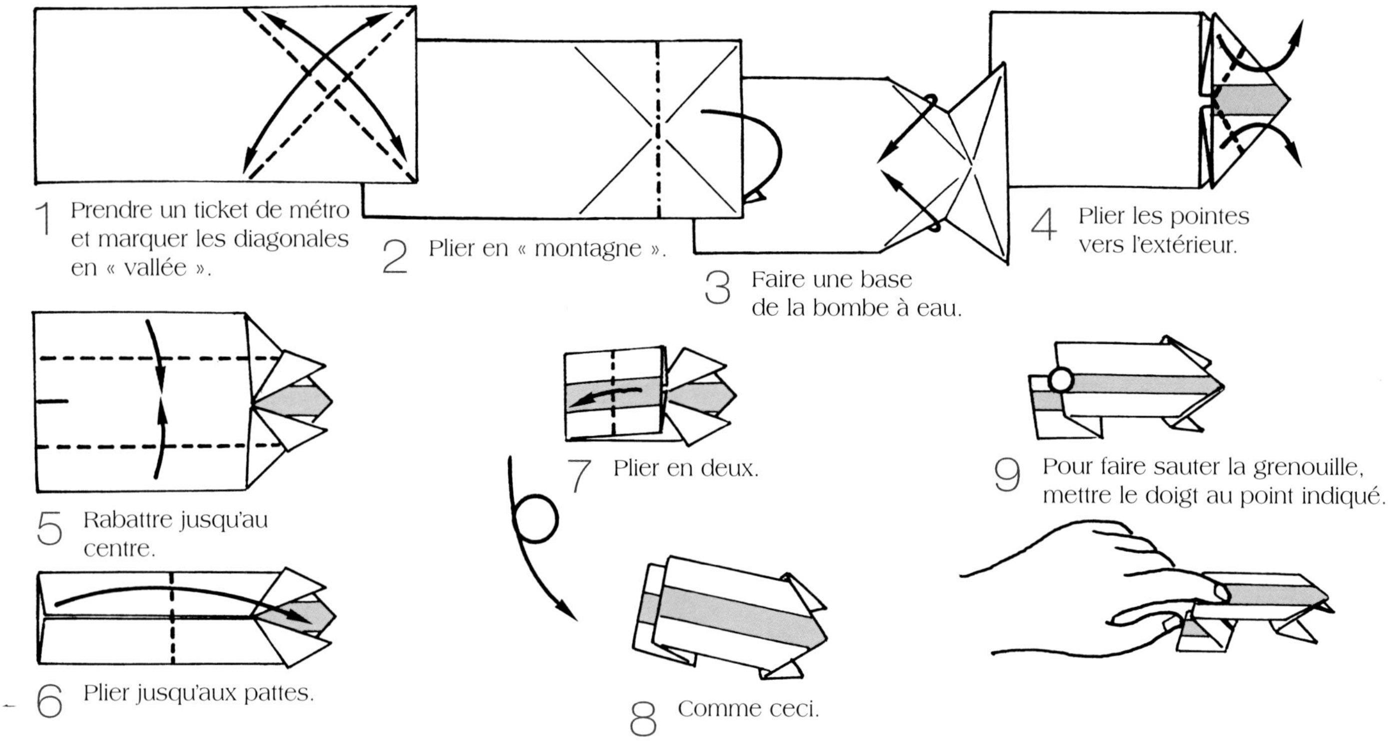

1 Prendre un ticket de métro et marquer les diagonales en « vallée ».

2 Plier en « montagne ».

3 Faire une base de la bombe à eau.

4 Plier les pointes vers l'extérieur.

5 Rabattre jusqu'au centre.

6 Plier jusqu'aux pattes.

7 Plier en deux.

8 Comme ceci.

9 Pour faire sauter la grenouille, mettre le doigt au point indiqué.

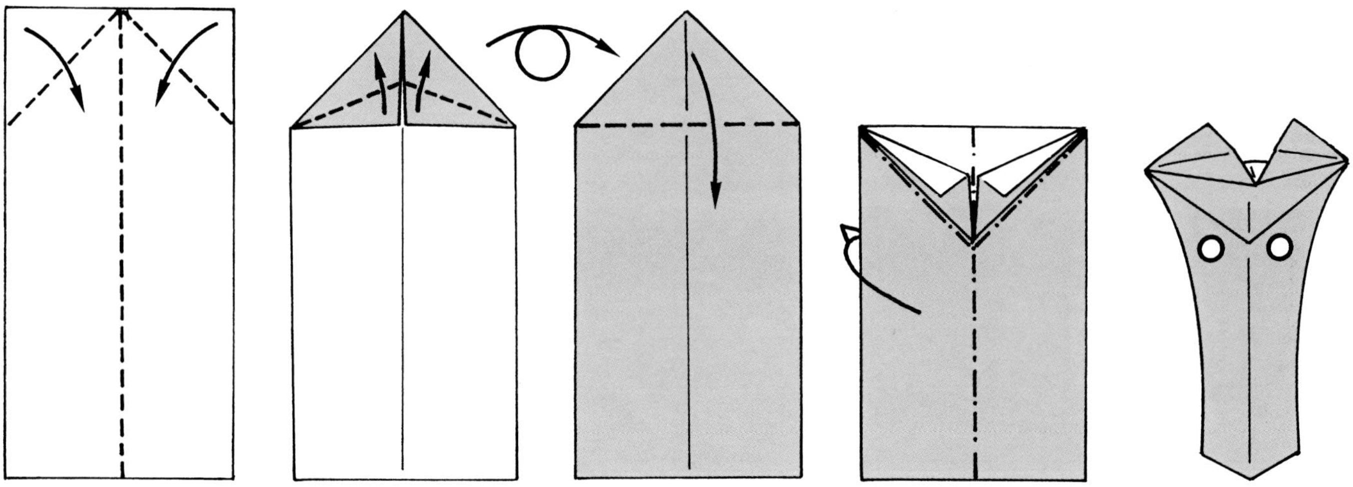

1 Format initial : 2 × 1 cm. Rabattre les triangles sur le centre déjà marqué.

2 Plier en deux les triangles puis retourner.

3 Rabattre le triangle vers le bas.

4 Marquer les plis « montagne » puis plier en deux.

5 Pour animer la grenouille, pincer aux points indiqués.

Grenouilles

La première, réalisée à l'aide d'un ticket de métro, est propice à bien des jeux : parcours à obstacles, record du saut en longueur ou en hauteur et bien d'autres à inventer. La seconde, beaucoup moins sportive mais plus loquace, s'animera lorsque vous la prendrez entre le pouce et l'index, comme indiqué, en exerçant une légère pression.

Oiseau

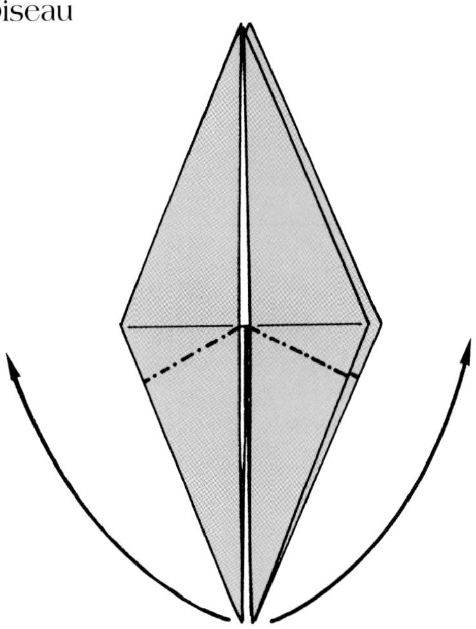

1 Faire une base de l'oiseau (voir le solfège). Marquer les plis puis faire deux plis inversés.

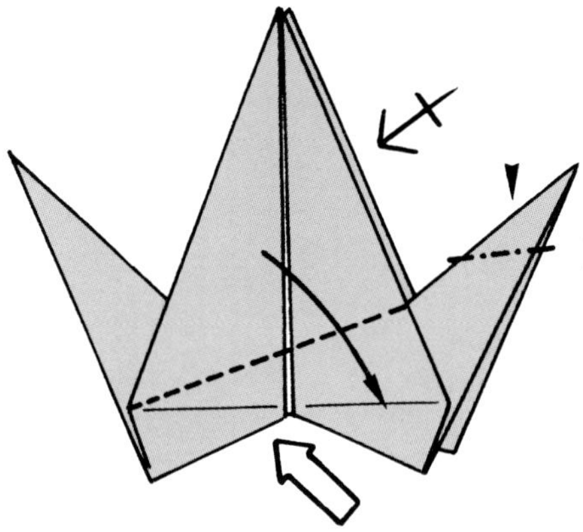

2 Mettre les deux ailes à l'horizontale. Puis faire un pli inversé pour la tête.

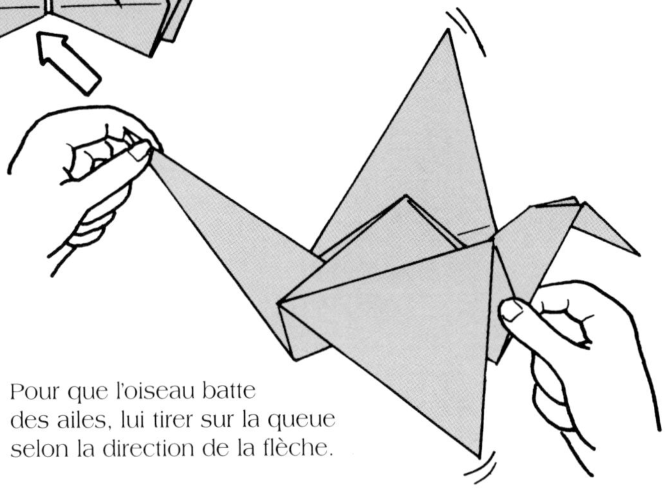

3 Pour que l'oiseau batte des ailes, lui tirer sur la queue selon la direction de la flèche.

Chien

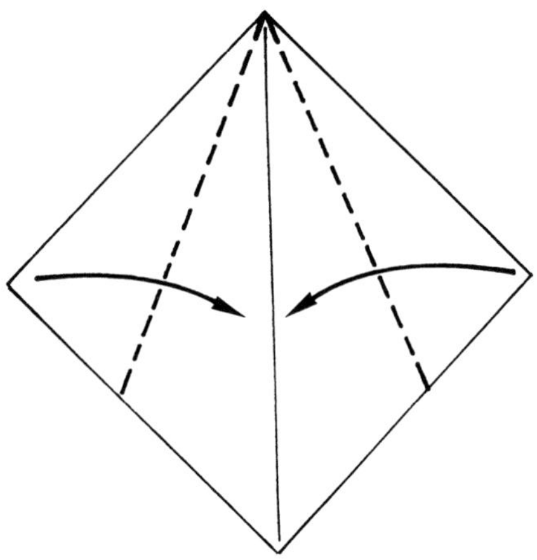

1 Plier les cotés sur le pli central déjà marqué.

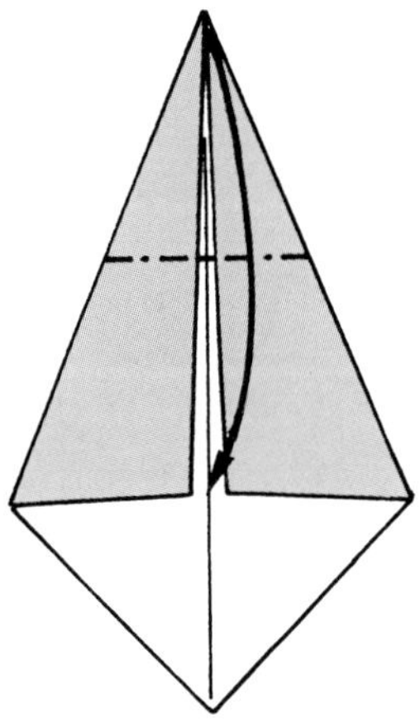

2 Marquer le pli puis mettre la pointe à l'intérieur.

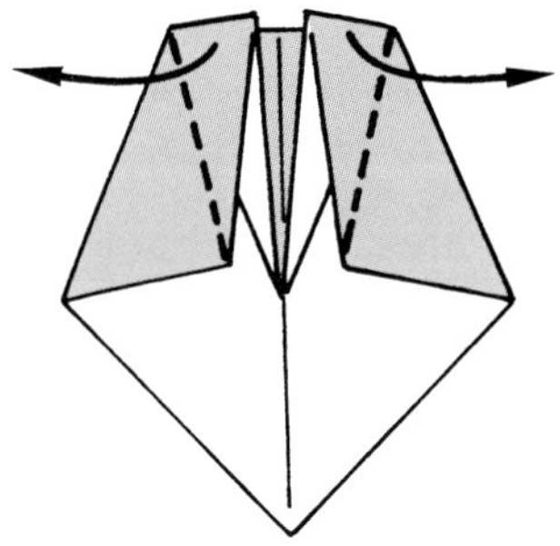

3 Rabattre les côtés.

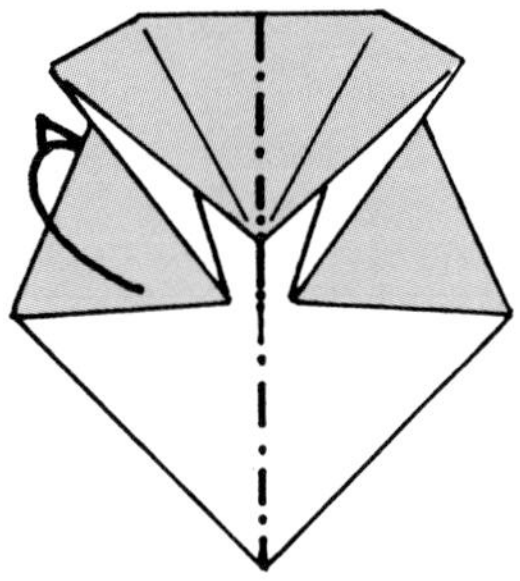

4 Plier en deux.

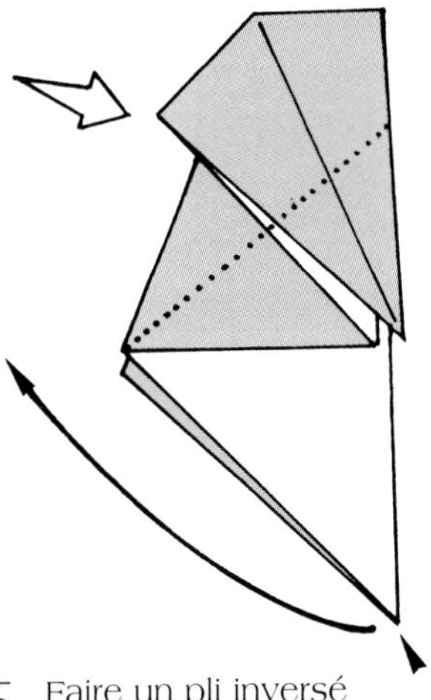

5 Faire un pli inversé selon les pointillés.

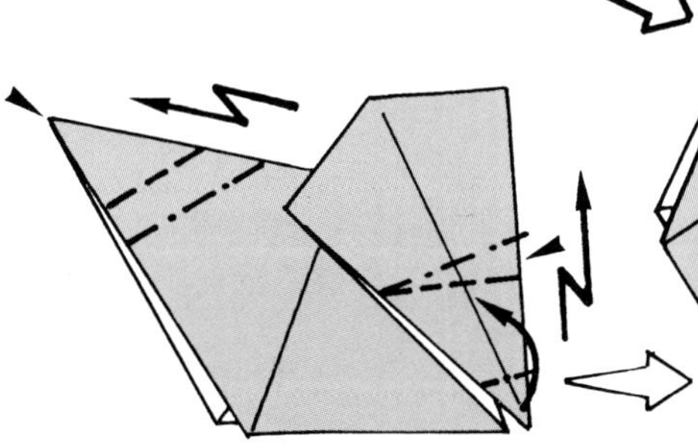

6 Marquer d'abord les replis puis ouvrir pour inverser les plis pour la truffe, rabattre la pointe.

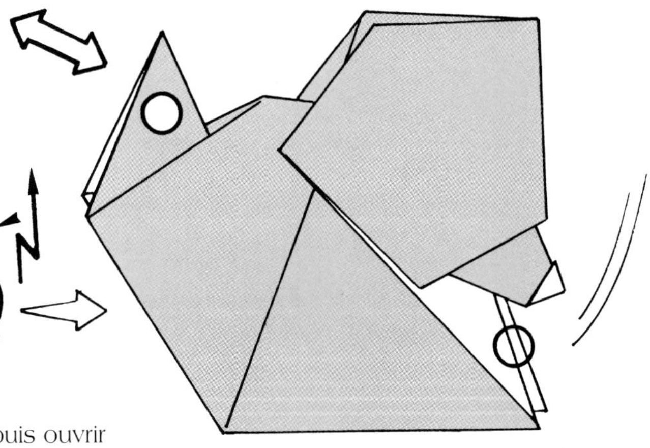

7 Tenir le chien aux points indiqués ; tirer légèrement sa queue pour le faire aboyer.

Oiseau

Cet oiseau traditionnel est une variante d'un des modèles les plus représentatifs de l'esthétique japonaise en origami. La grue, qui date de l'an mille, est devenue un symbole de paix depuis la Seconde Guerre mondiale.

Chien

Ce chien, créé par Paul Jackson, relèvera le museau, prêt à aboyer : il suffira de le tenir comme indiqué en mêlant le geste à la parole.

1 En partant de la base du poisson (voir p114), rabattre les deux côtés inférieurs du losange le long du pli central ; marquer le pli. Replier ensuite les deux petits rabats le long du pli central ; marquer le pli. Ouvrir en pliant en deux les côtés inférieurs et en remontant les pointes vers l'extérieur.

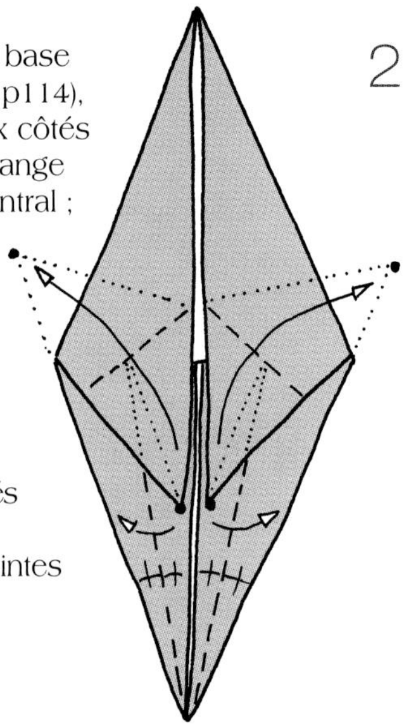

2 Réduire la largeur des pointes latérales en les repliant en deux.

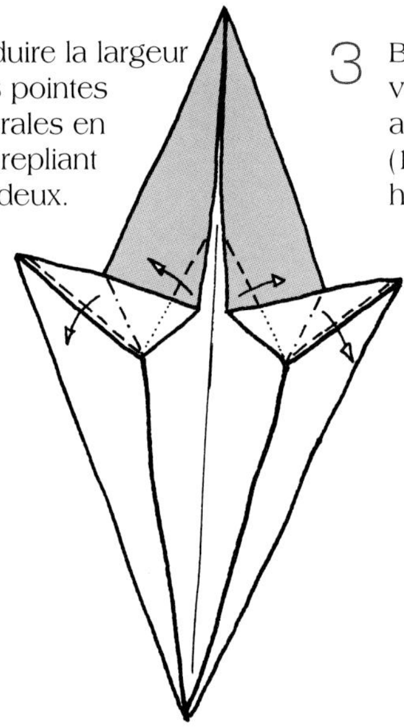

3 Basculer les pointes latérales vers l'arrière et vers le bas autour de l'axe du pointillé (1). Marquer les deux plis horizontaux (2).

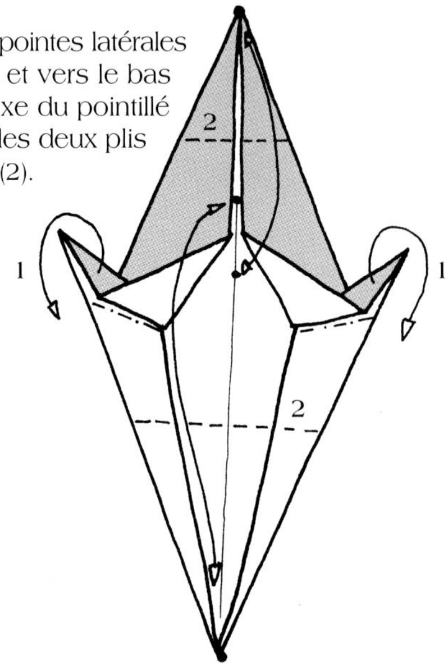

3[3A] Plier en deux les pointes.

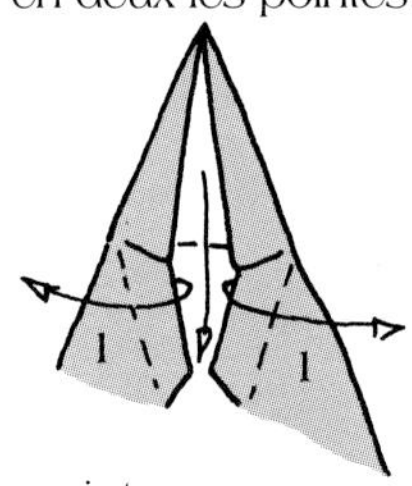

3[B] Ouvrir la pointe latérale supérieure (1) en la basculant au centre (2).

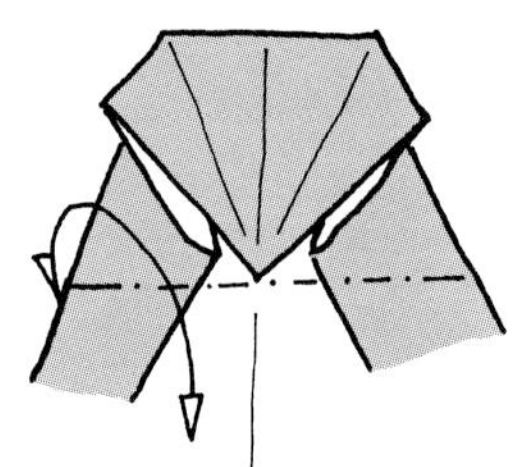

3[C] Marquer le pli horizontal.

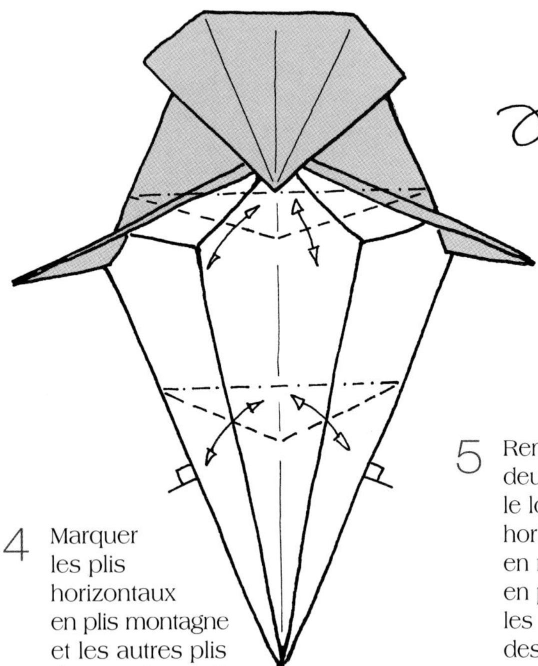

4 Marquer les plis horizontaux en plis montagne et les autres plis du triangle en plis vallée puis retourner.

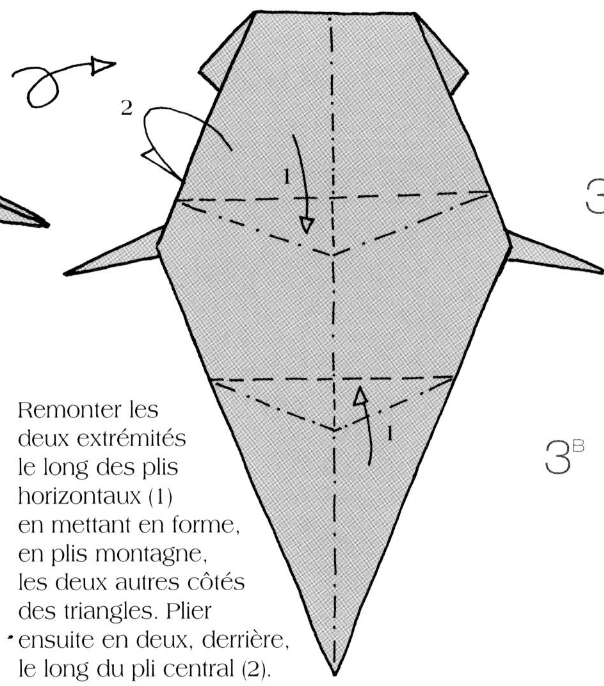

5 Remonter les deux extrémités le long des plis horizontaux (1) en mettant en forme, en plis montagne, les deux autres côtés des triangles. Plier ensuite en deux, derrière, le long du pli central (2).

6 Effectuer une série de replis pour la queue en accordéon. Pour la tête, effectuer un pli inversé après un pré-pliage

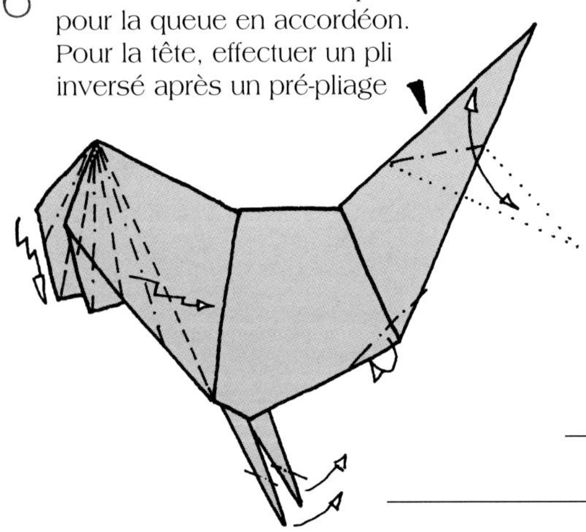

détails de la tête

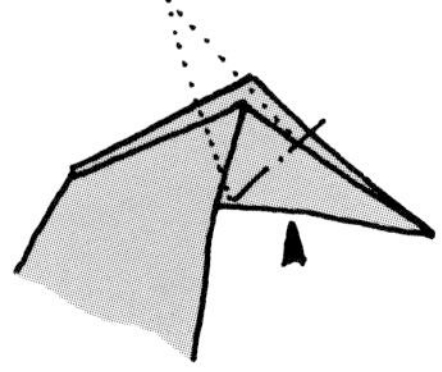

6[A] Remonter la pointe de la même façon.

6[B] Abaisser la pointe pour faire apparaître le bec et la crête.

6[C] Comme ceci.

détails des pattes

6[D] Faire un pli inversé pour les pattes (voir p 7).

Poule picorant

Dans la basse-cour, les poules vaquent à leurs occupations en picorant des graines et des petits insectes. Parfois elles couvent des œufs qu'elles ne veulent pas manger à la coque...

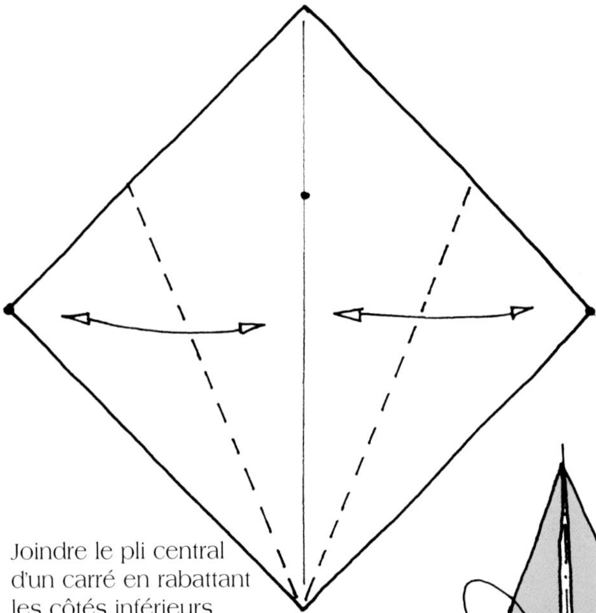

1 Joindre le pli central d'un carré en rabattant les côtés inférieurs puis déplier.

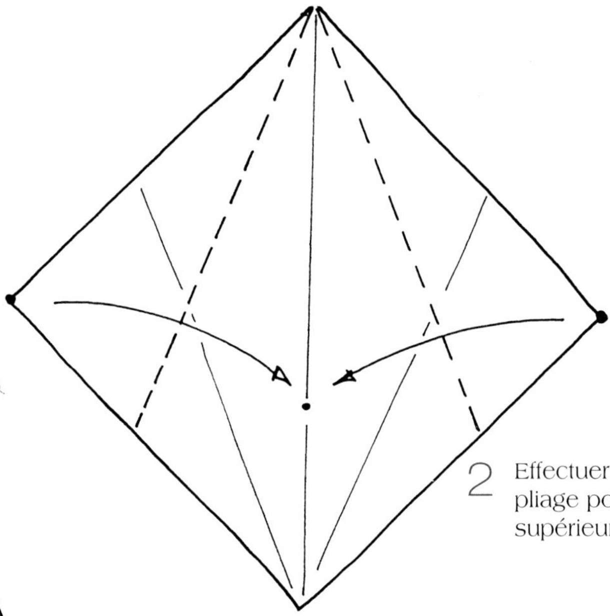

2 Effectuer le même pliage pour les côtés supérieurs.

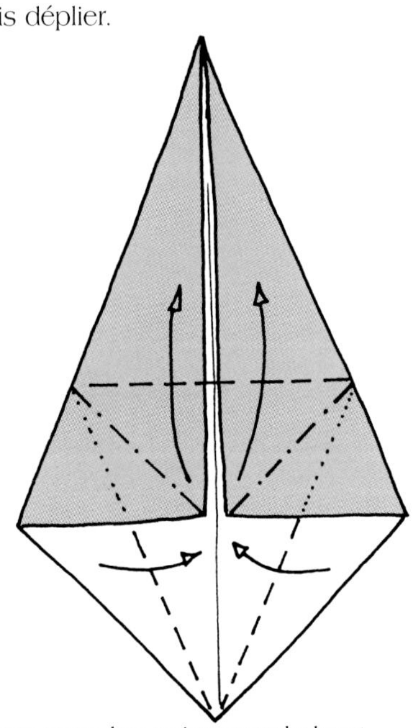

3 Remonter les coins vers le haut en repliant les côtés dans leurs plis.

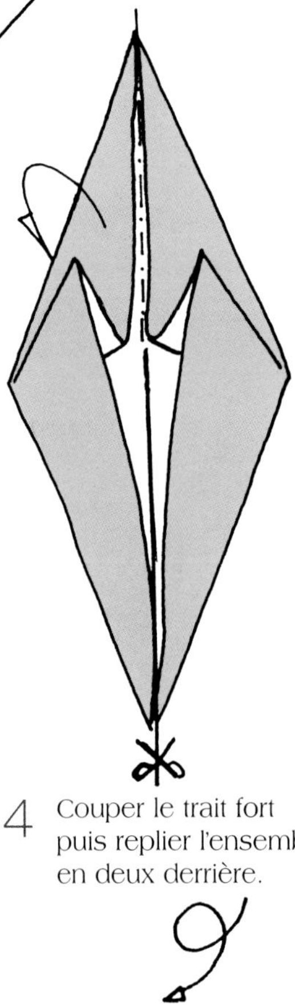

4 Couper le trait fort puis replier l'ensemble en deux derrière.

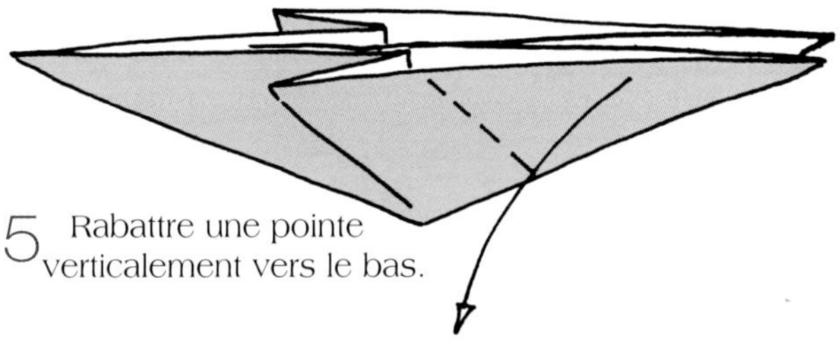

5 Rabattre une pointe verticalement vers le bas.

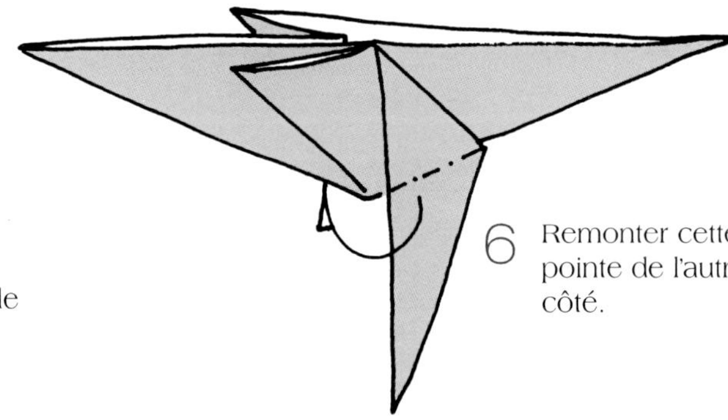

6 Remonter cette pointe de l'autre côté.

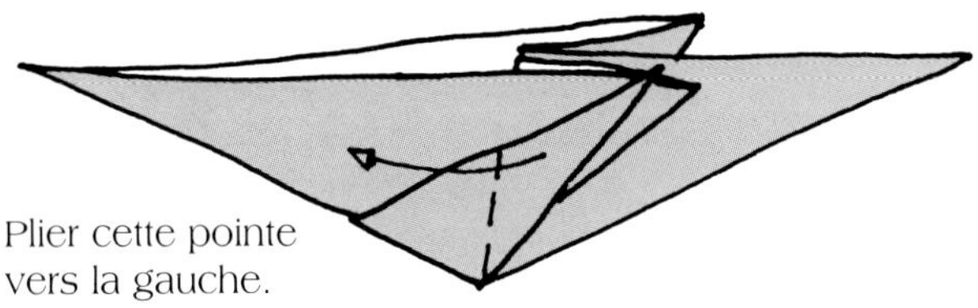

7 Plier cette pointe vers la gauche.

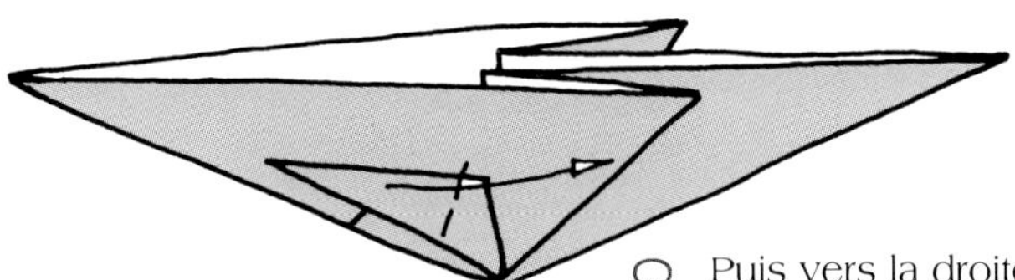

8 Puis vers la droite.

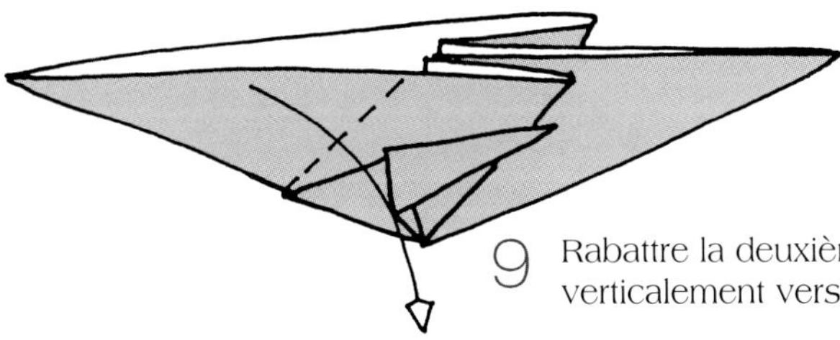

9 Rabattre la deuxième pointe verticalement vers le bas.

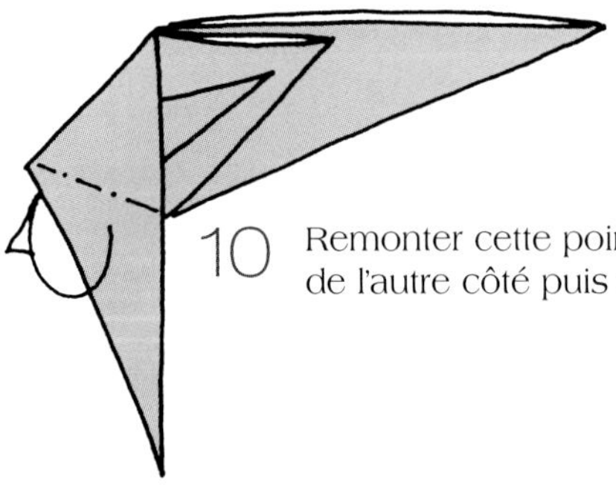

10 Remonter cette pointe de l'autre côté puis retourner.

Poisson

Les poissons reposent sur trois points d'appui. Cela donne l'illusion qu'ils nagent entre deux eaux en ondulant au gré du courant. C'est maintenant à vous de créer un banc de poissons en mouvement aussi vivant que possible.

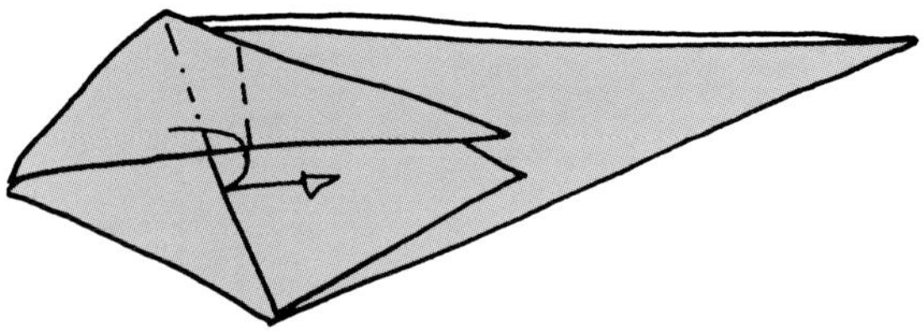

11 Effectuer un repli de cette pointe en le bloquant entre les deux épaisseurs. Rabattre verticalement de chaque côté le triangle du dessous puis remonter la pointe de la queue verticalement.

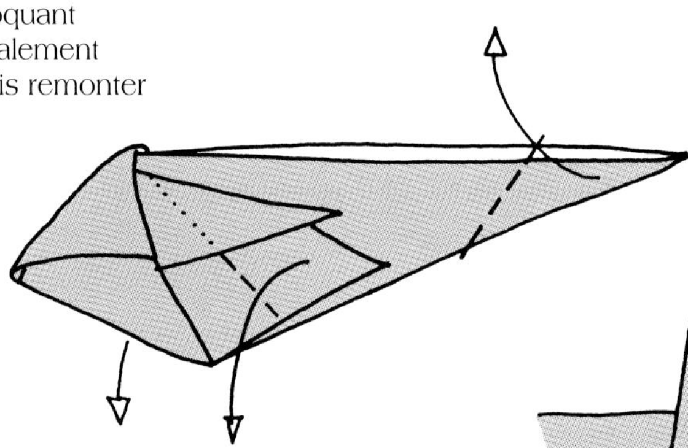

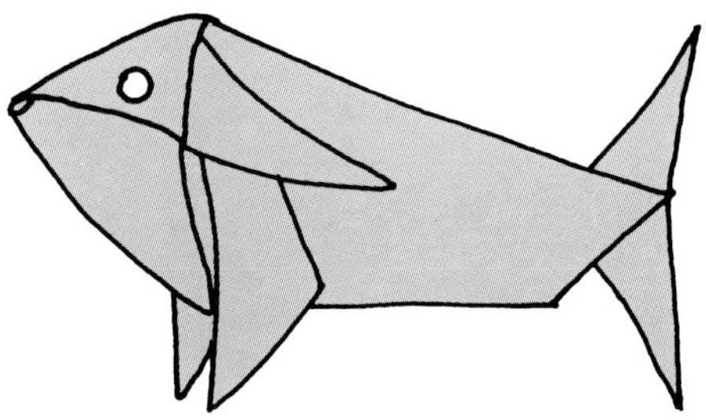

Pour les yeux, utiliser un perforateur.

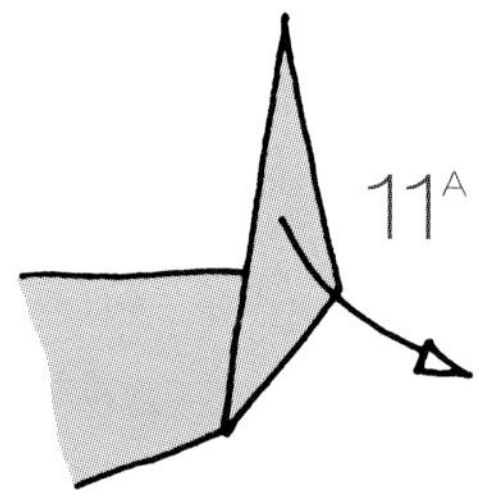

11A Déplier.

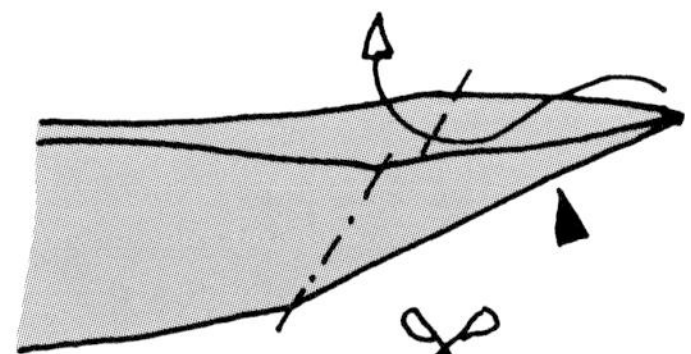

11B Rentrer la pointe en pli inversé.

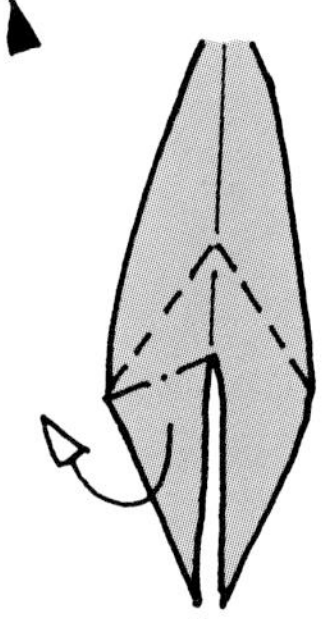

11C Couper cette pointe en deux.

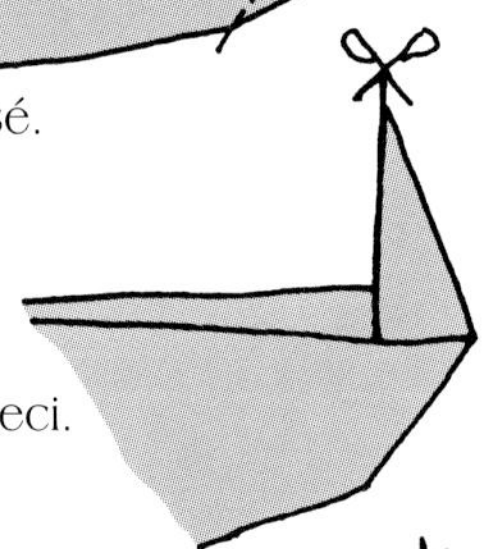

11D Comme ceci.

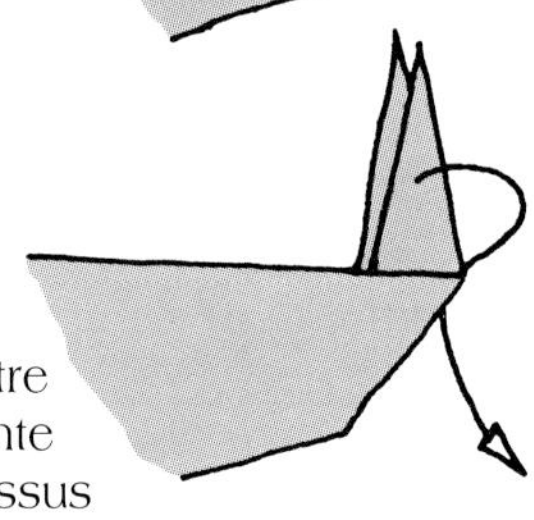

11E Rabattre la pointe du dessus vers le bas.

Chouette

On se demande comment une chouette peut dormir les yeux fermés sur une branche à plusieurs mètres du sol sans jamais tomber.
En fait, elle se repose le plus souvent dans le creux d'un arbre le jour et chasse la nuit au clair de lune en ululant.

Chouette

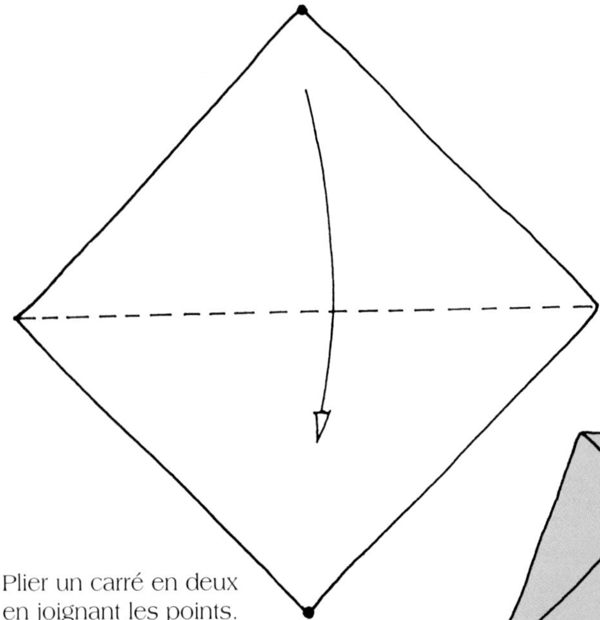

1 Plier un carré en deux en joignant les points.

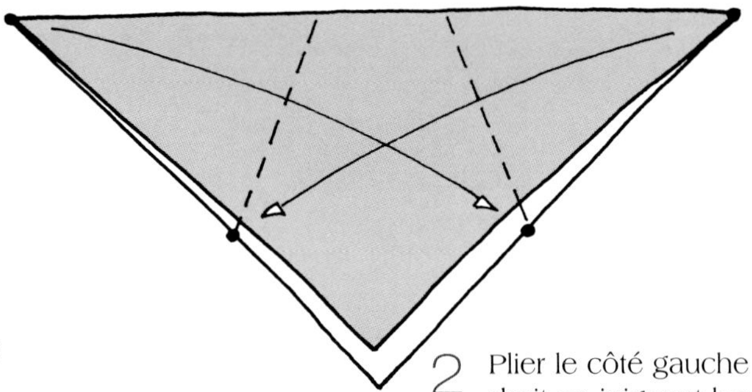

2 Plier le côté gauche puis le côté droit en joignant les points situés sur une horizontale.

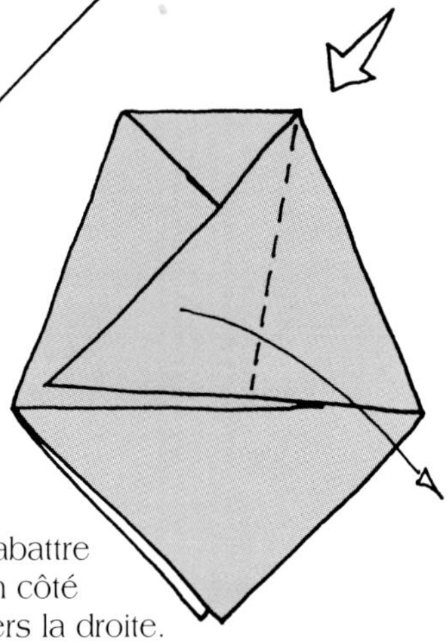

3 Rabattre un côté vers la droite.

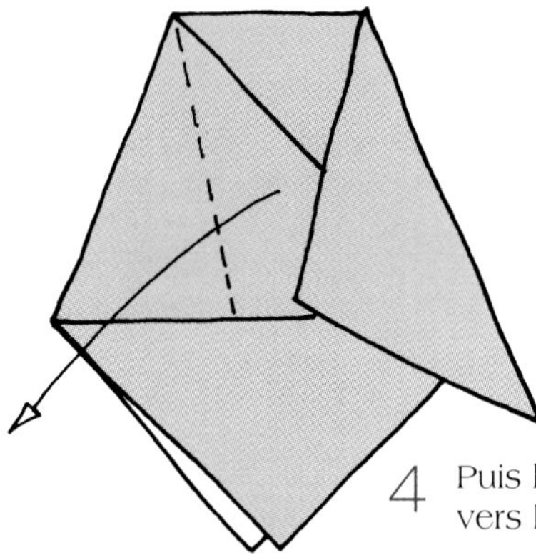

4 Puis l'autre vers la gauche.

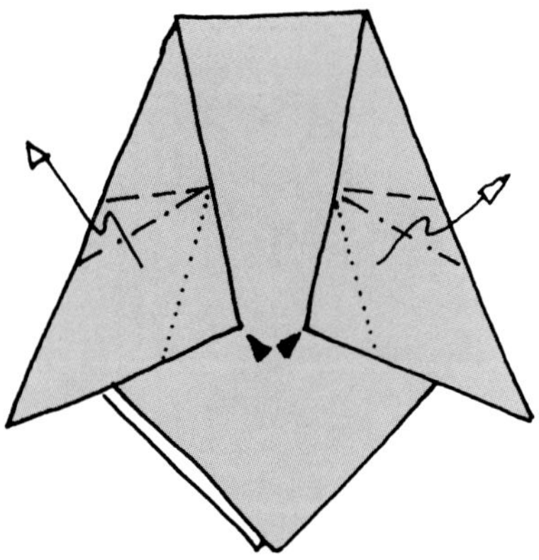

5 Tenir sur un point d'une main et remonter chaque pointe en glissant le pouce à l'intérieur pour effectuer le repli...

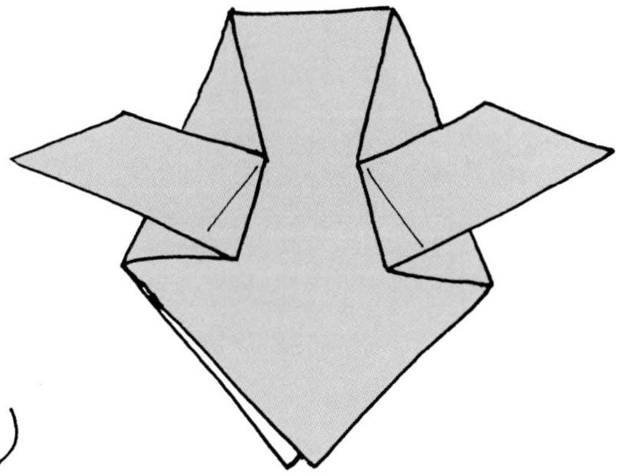

6 comme ceci, puis retourner le pliage.

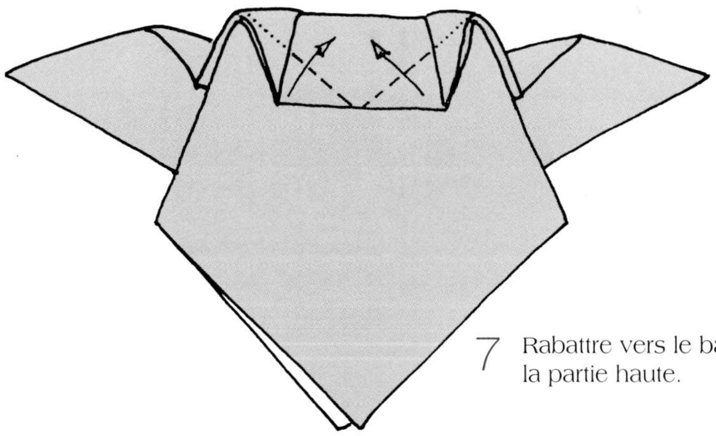

7 Rabattre vers le bas la partie haute.

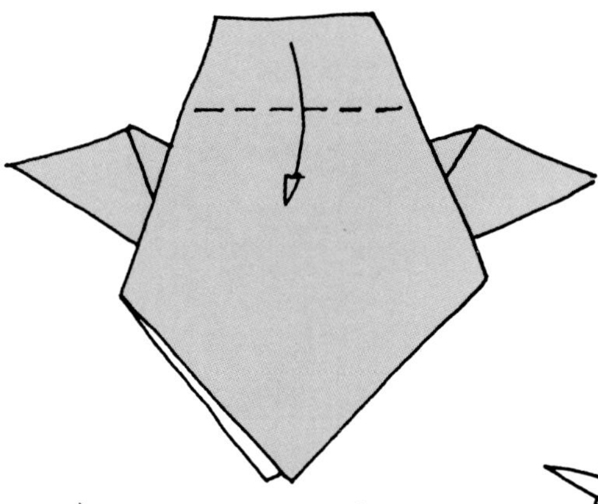

8 À partir du centre, replier un triangle de chaque côté.

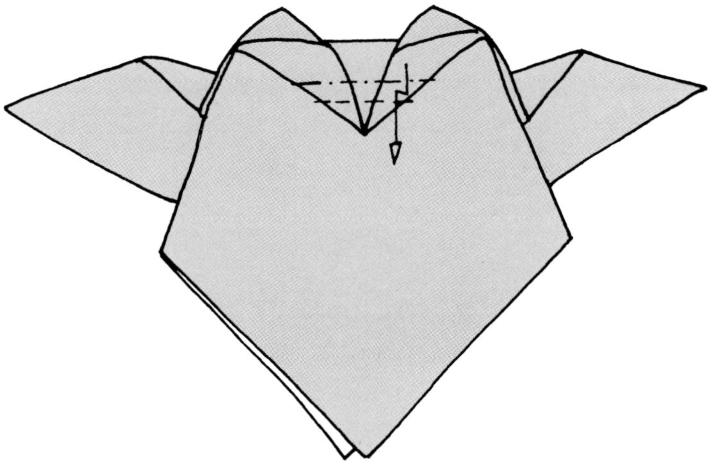

9 Effectuer un repli pour former le bec.

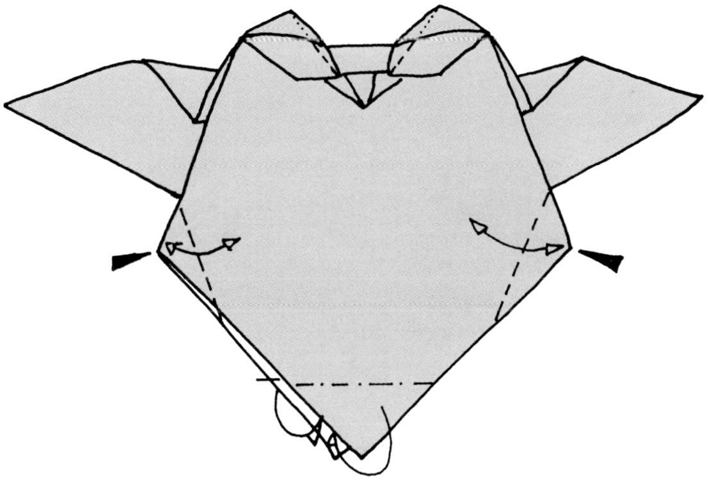

10 Former les yeux en glissant le bout du doigt dans les deux longueurs à l'arrière du bec, puis replier les côtés et le bas à l'intérieur.

11 Pour que la chouette tienne debout, ouvrir légèrement la base et lui courber les ailes.

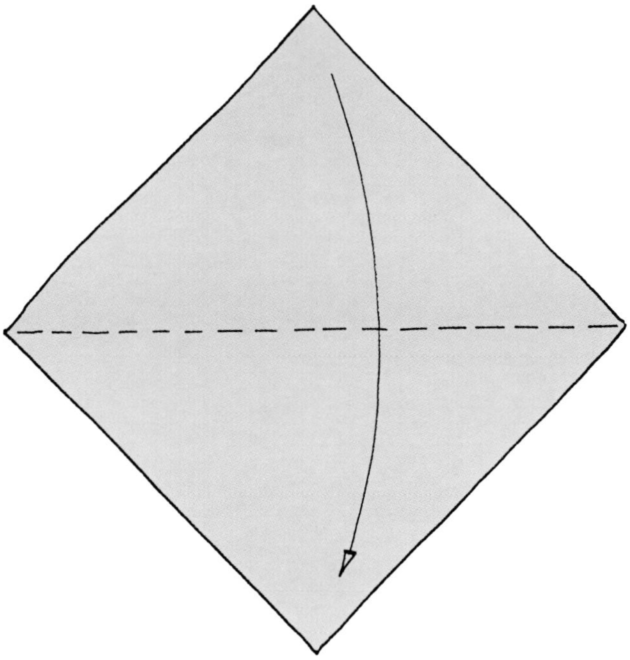

1 Plier en deux.

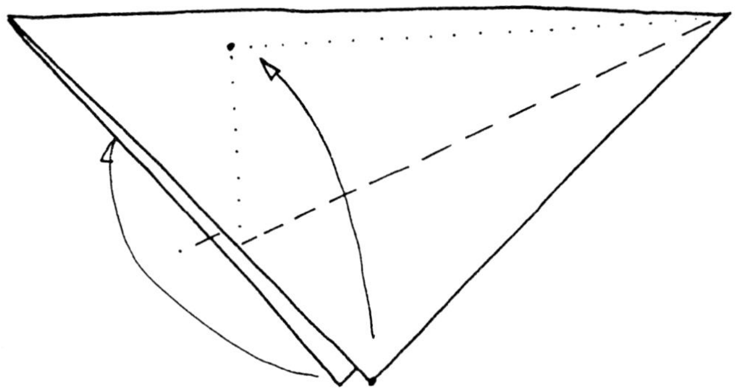

2 Remonter les côtés
sur chaque face en laissant
un espace avec le bord supérieur.

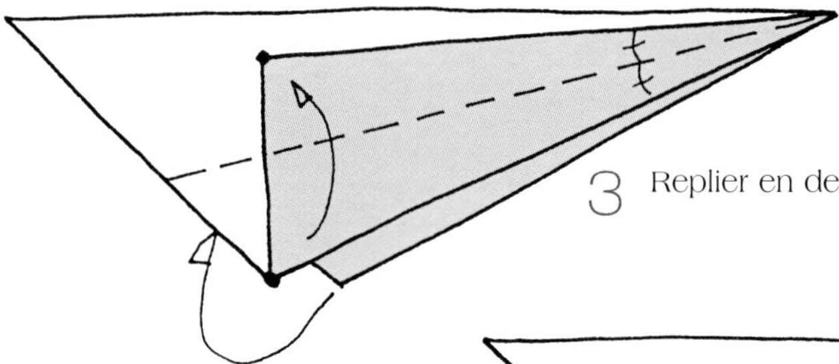

3 Replier en deux les côtés sur chaque face.

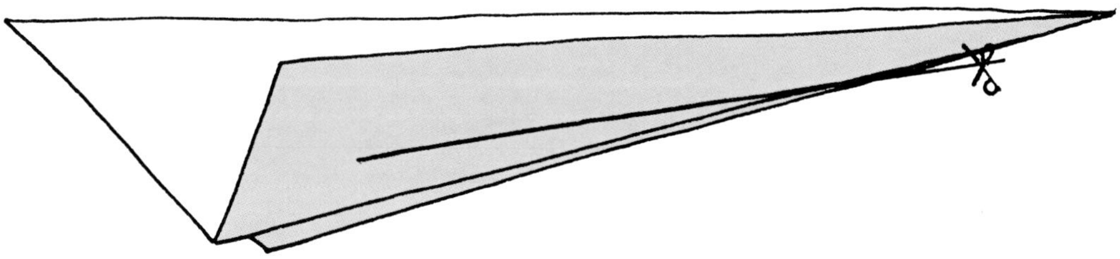

4 Découper sur toutes les épaisseurs une fine tige.

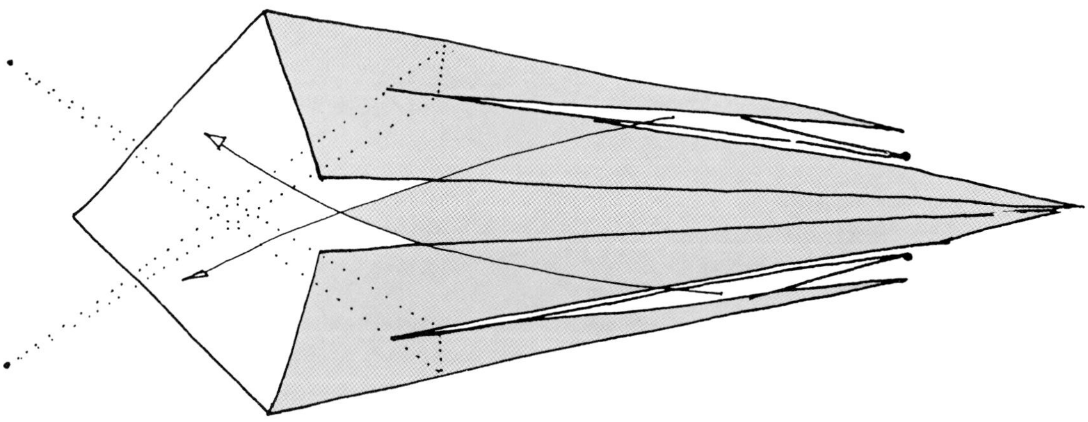

5 Dans chaque tige se trouve une autre tige que l'on plie
vers l'avant aussi loin que possible pour réaliser les antennes.

Sauterelle

Cet insecte, que l'on trouve dans les champs et les prés en été, doit son nom à ses sauts surprenants qu'il réalise en déployant ses longues pattes postérieures.
Amusez-vous à plier cette sauterelle dans un papier fin pour obtenir un insecte de taille réelle.

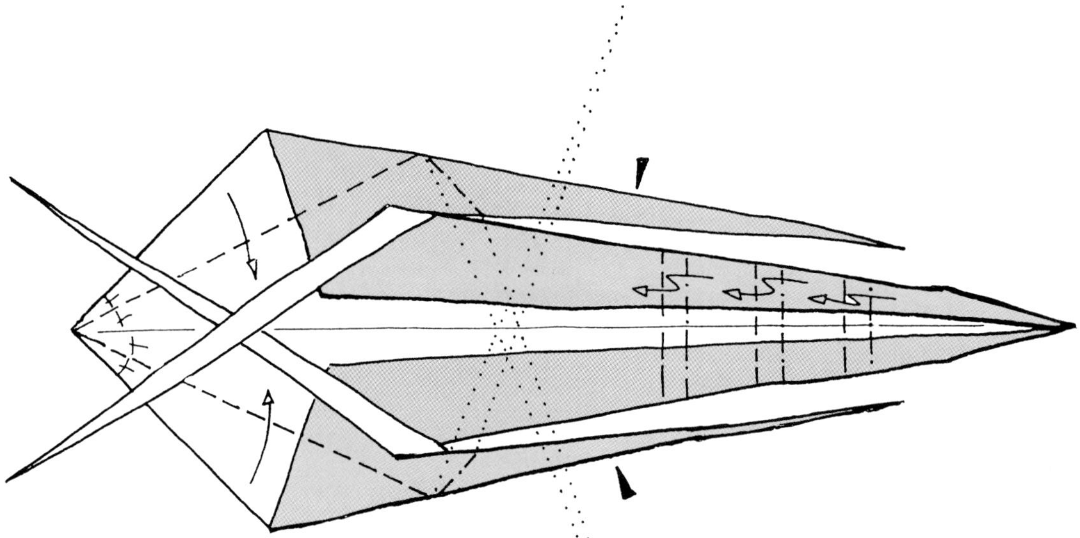

6 Plier les deux autres tiges en pli inversé après pré-pliage. Sur la partie gauche, rabattre les côtés vers le centre ; sur la partie arrière droite, faire une série de replis.

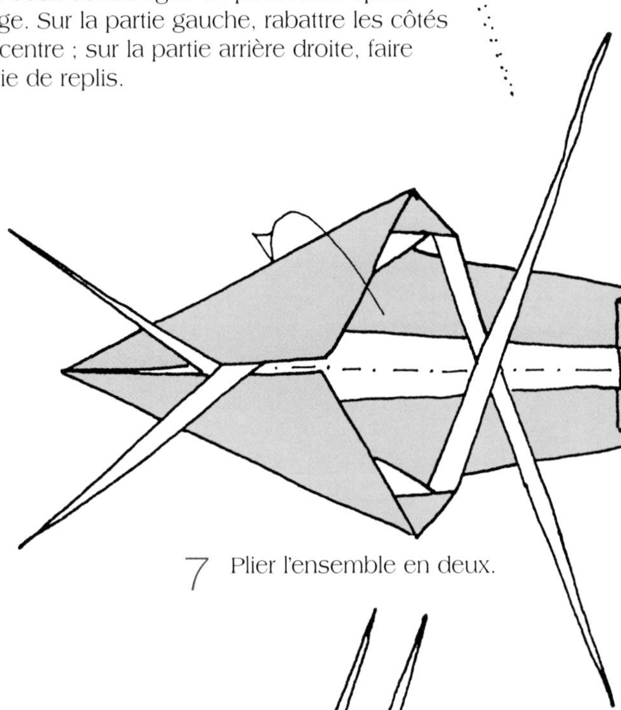

7 Plier l'ensemble en deux.

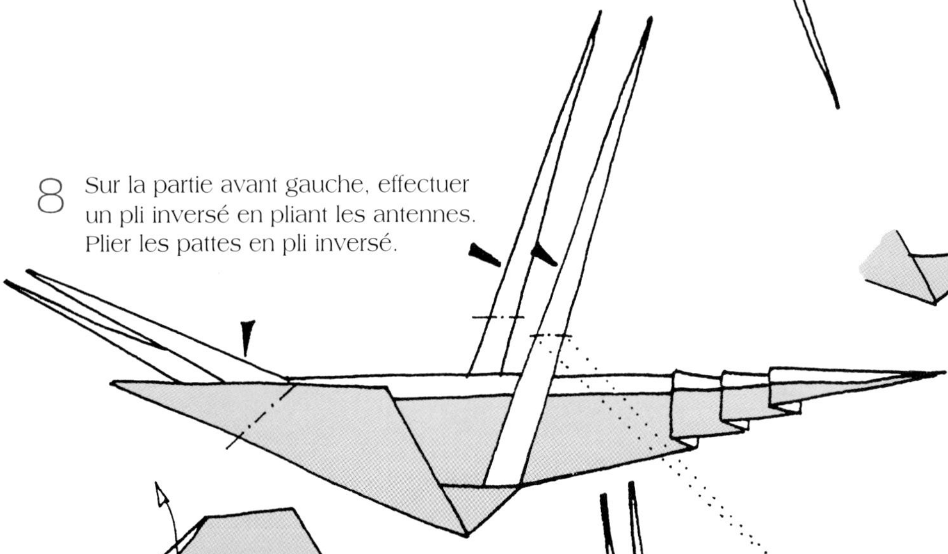

8 Sur la partie avant gauche, effectuer un pli inversé en pliant les antennes. Plier les pattes en pli inversé.

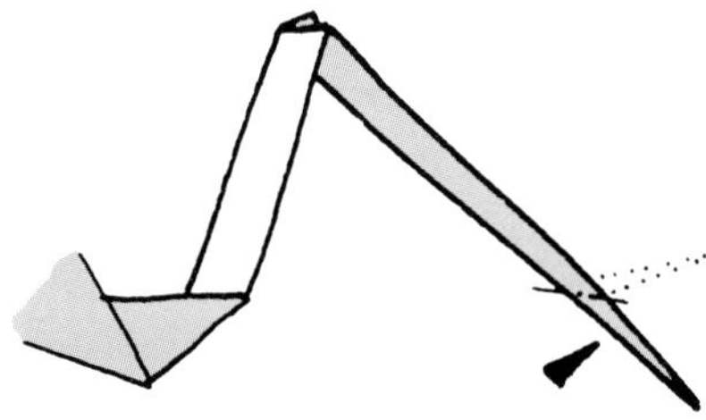

8B Faire un pli inversé aux extrémités des pattes.

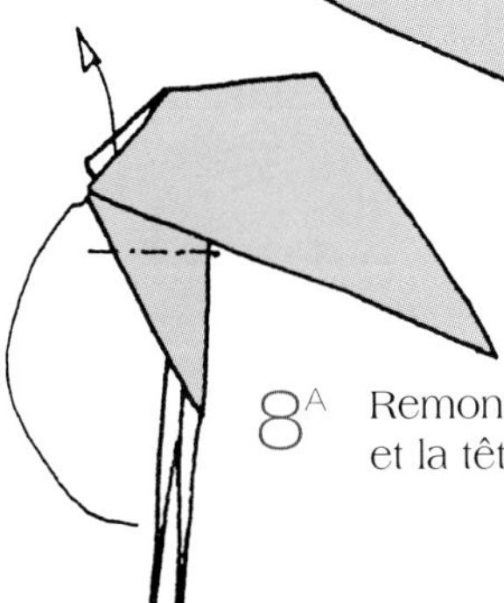

8A Remonter les antennes et la tête.

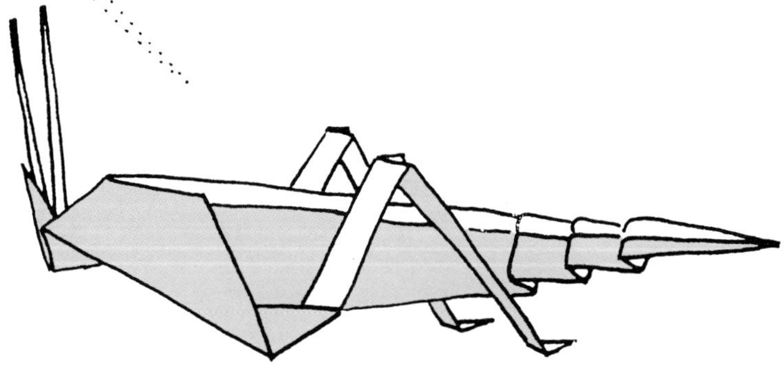

Manchot

Debout, il ressemble à un petit homme en habit qui marche en se dandinant, ce qui lui donne un air amusant. Il aime glisser sur la glace et sauter dans l'eau à la verticale, les pieds devant.

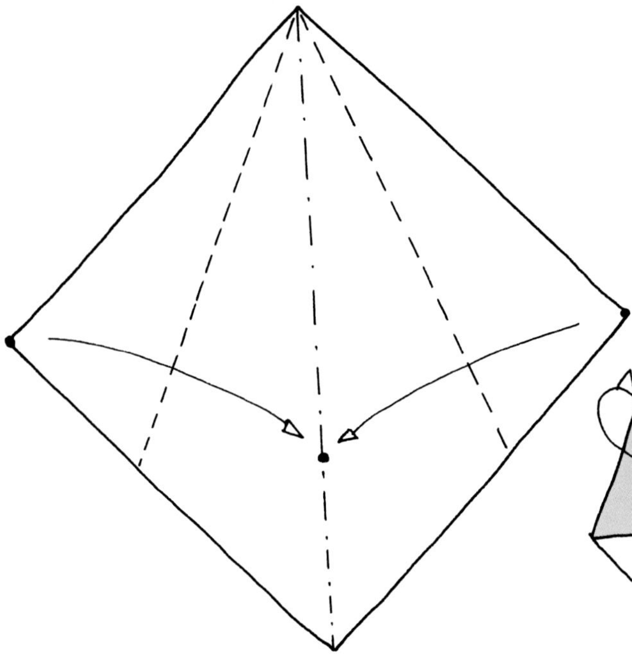

1 Marquer le pli central
puis rabattre
les côtés sur ce pli.

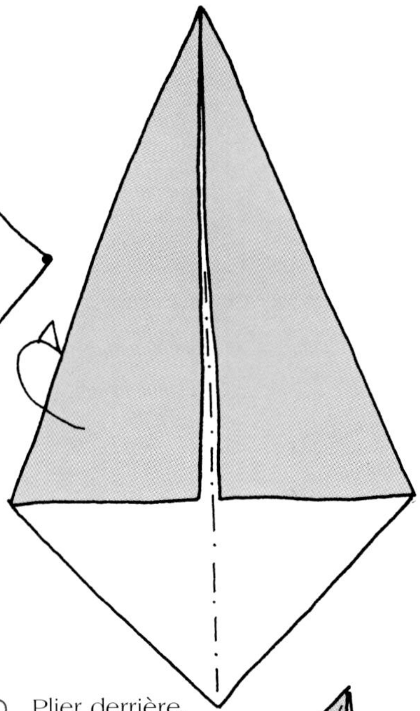

2 Plier derrière.

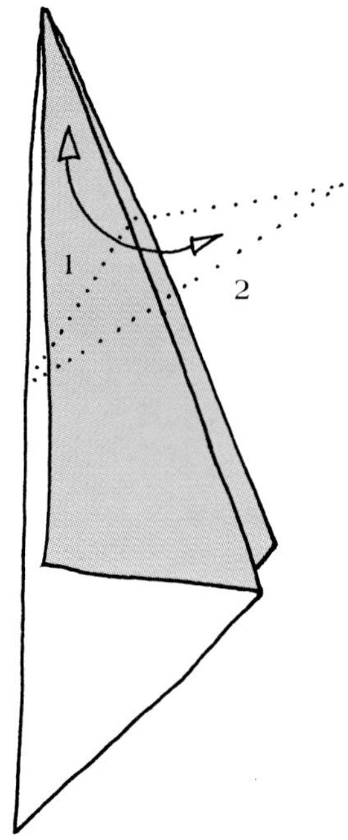

3 Marquer le pli
en rabattant la pointe
pour esquisser la tête (1)
puis ouvrir les côtés (2).

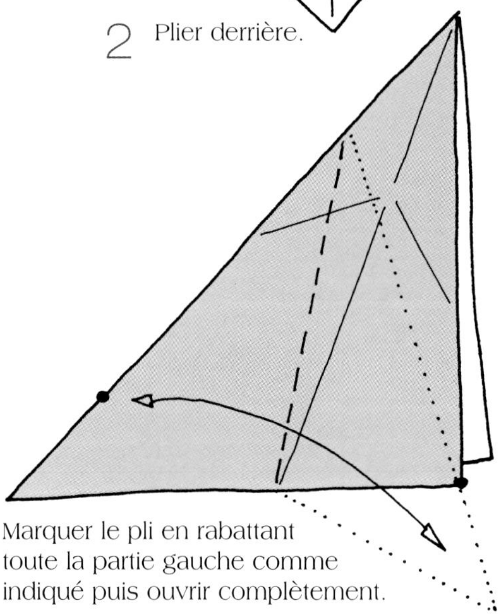

4 Marquer le pli en rabattant
toute la partie gauche comme
indiqué puis ouvrir complètement.

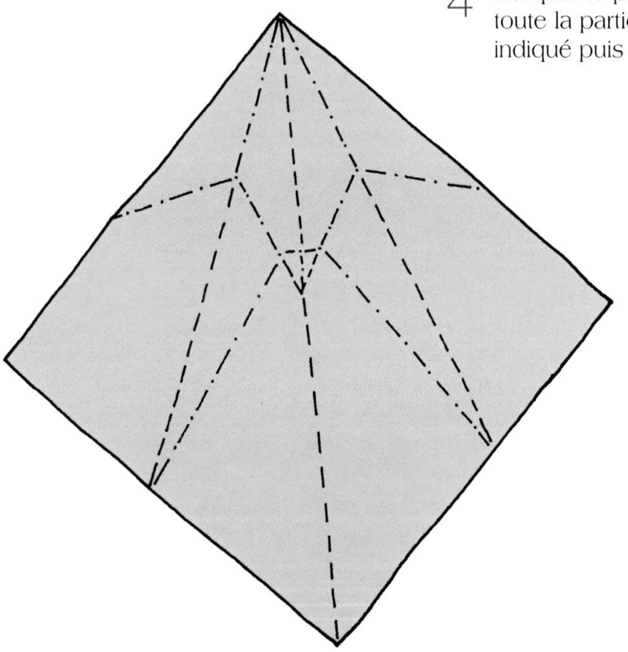

5 Avant de replier, placer les plis en vallée
et montagne comme indiqué.

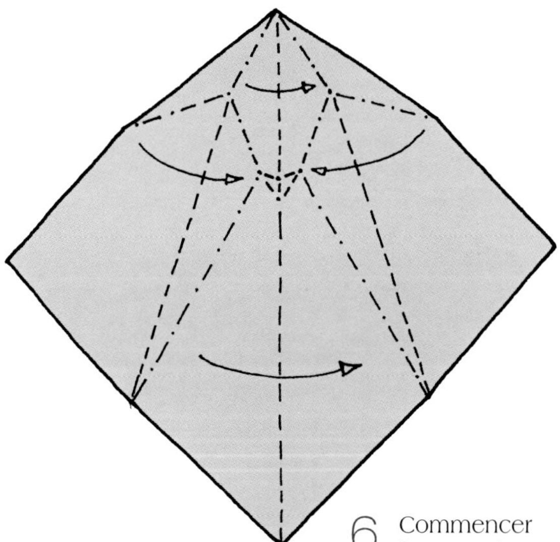

6 Commencer
à replier à plat.

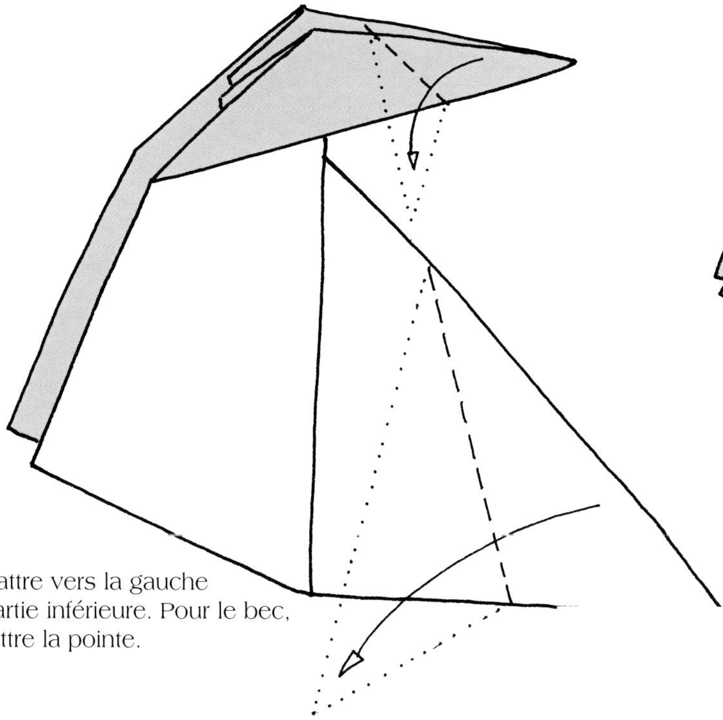

7 Rabattre vers la gauche
la partie inférieure. Pour le bec,
rabattre la pointe.

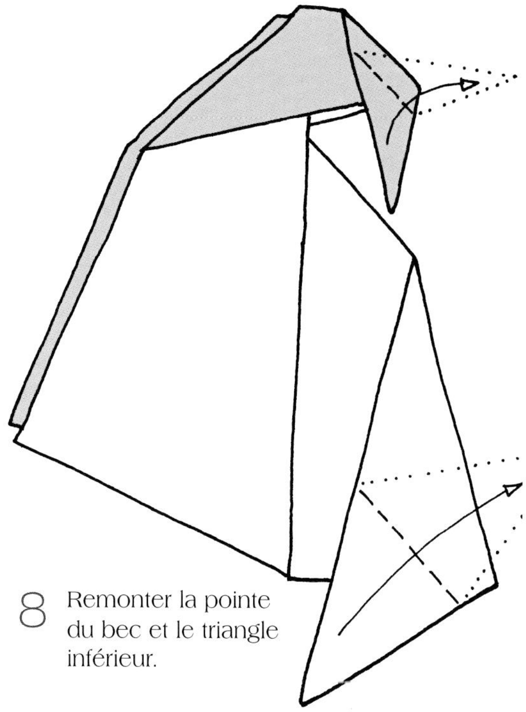

8 Remonter la pointe
du bec et le triangle
inférieur.

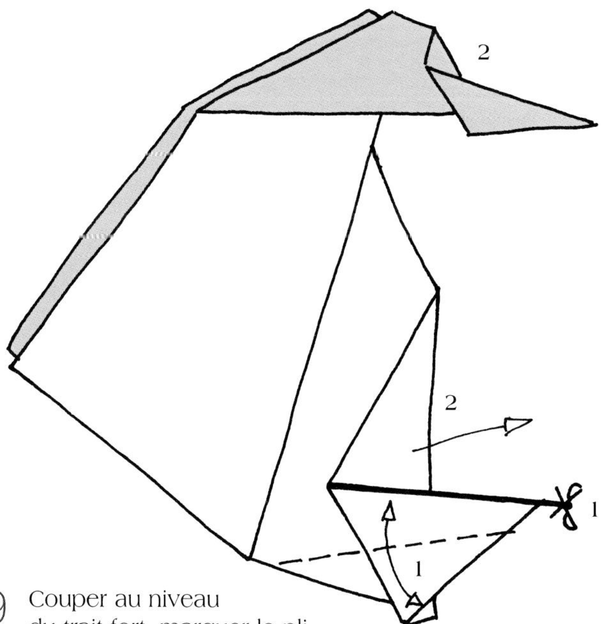

9 Couper au niveau
du trait fort, marquer le pli
à la base (1) puis déplier le bec
et la base (2).

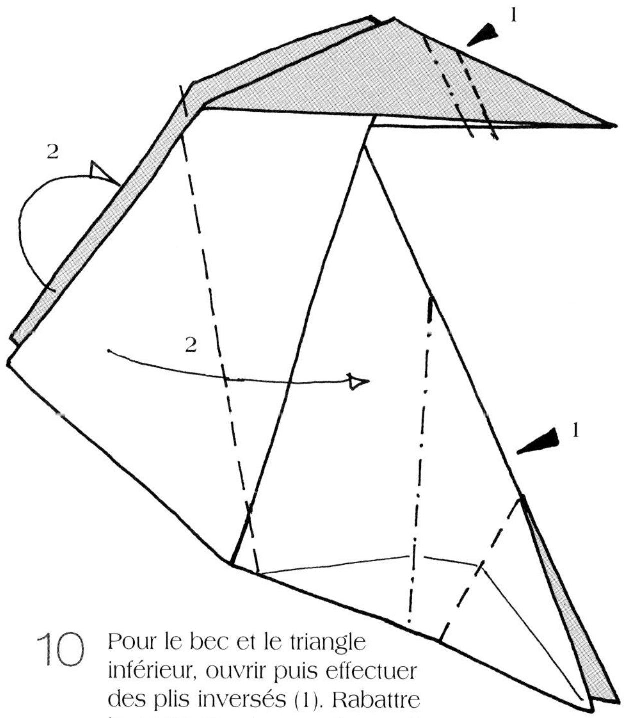

10 Pour le bec et le triangle
inférieur, ouvrir puis effectuer
des plis inversés (1). Rabattre
la partie gauche sur chaque face
pour former les ailes (2).

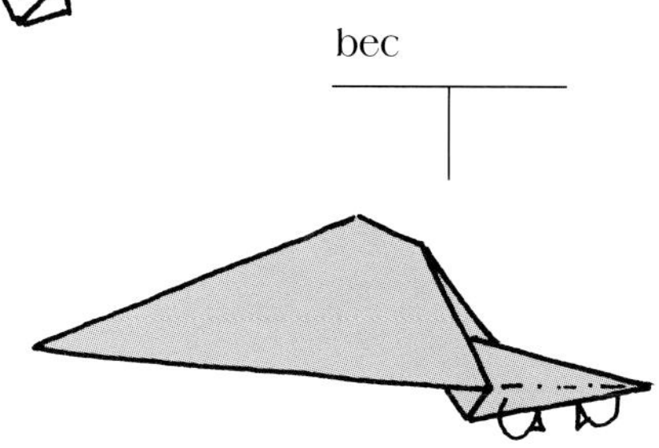

10^A Pour faire apparaître les pattes, rabattre
à l'intérieur la base puis placer les pattes à plat.
Mettre en volume le manchot par l'intérieur.

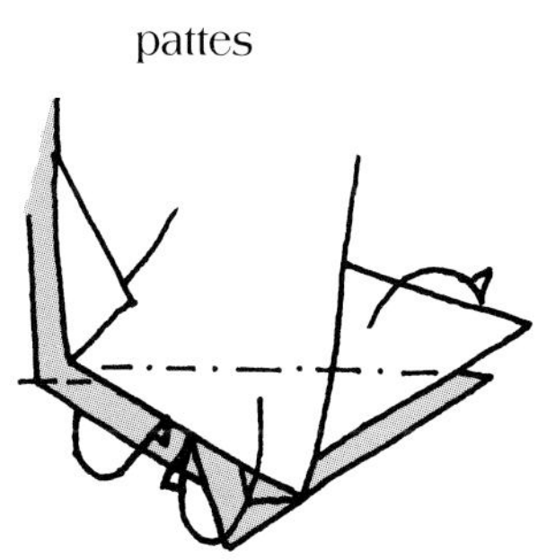

10^B Réduire le bec en rabattant la moitié
à l'intérieur. Replier l'extrémité.

Pliages magiques

1 Prendre un papier épais ou un bristol de 6 × 12 cm.
Marquer le centre en pli « vallée » et « montagne ».
Puis préplier de chaque côté des bandes de 1,5 cm en accordéon.

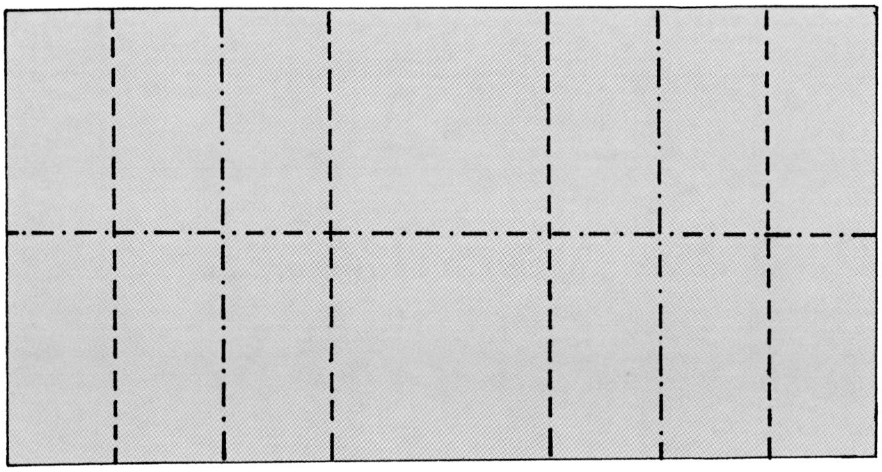

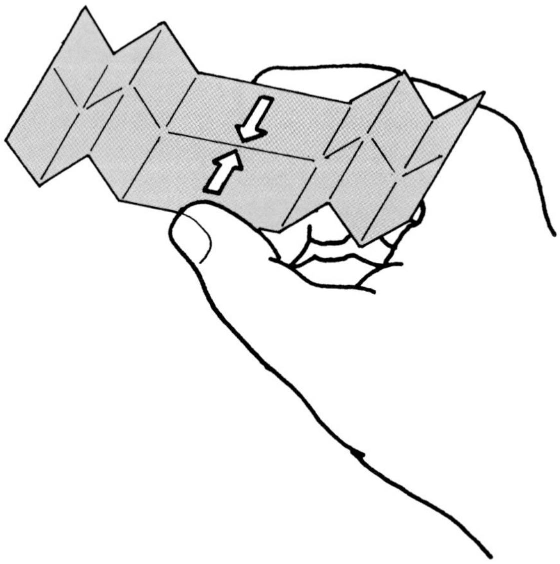

2 Prendre la carte comme indiqué entre le pouce et l'index et lui faire subir une légère pression des doigts pour qu'elle se replie sur elle-même comme par magie.

Carte magique

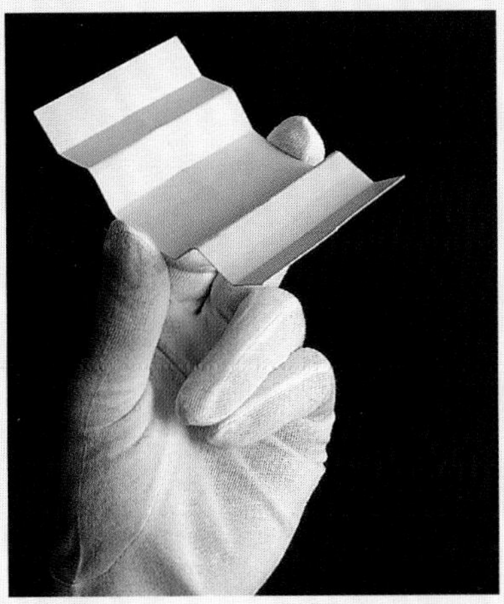

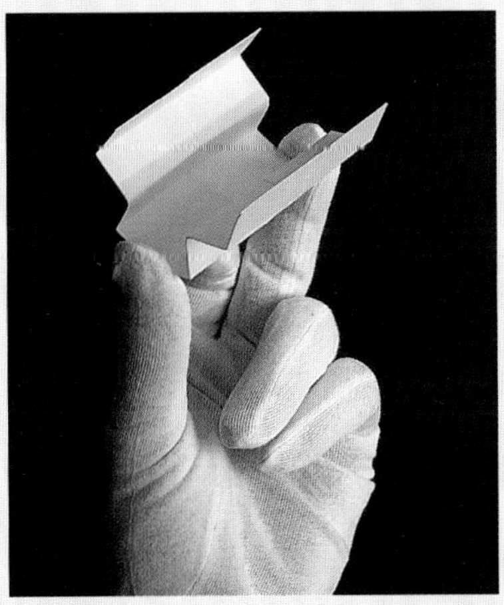
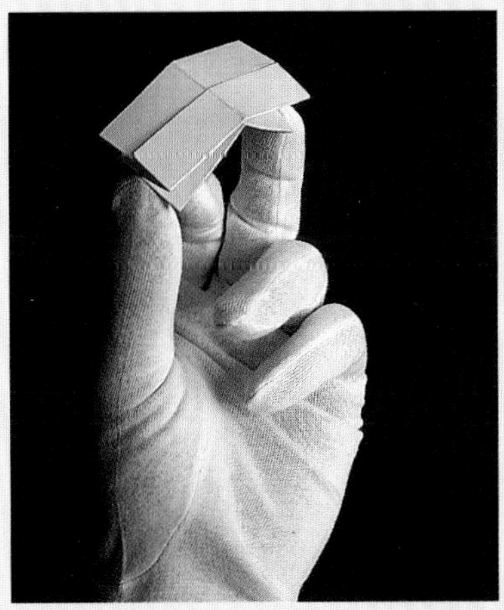

Ce pliage, qui m'a été offert par un magicien de renom, est tout à fait étonnant. En effet, par une légère pression des doigts et une grande concentration, cette carte se repliera sur elle-même comme par magie, à condition bien sûr que le fluide passe.

Marionnette

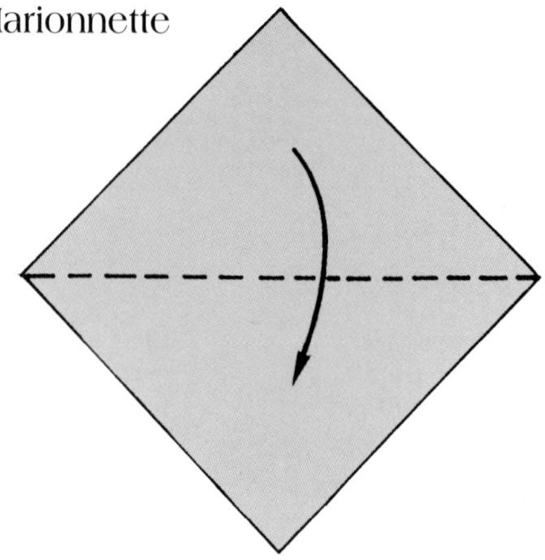

1 Plier en deux un carré de 8 à 9 cm de côté.

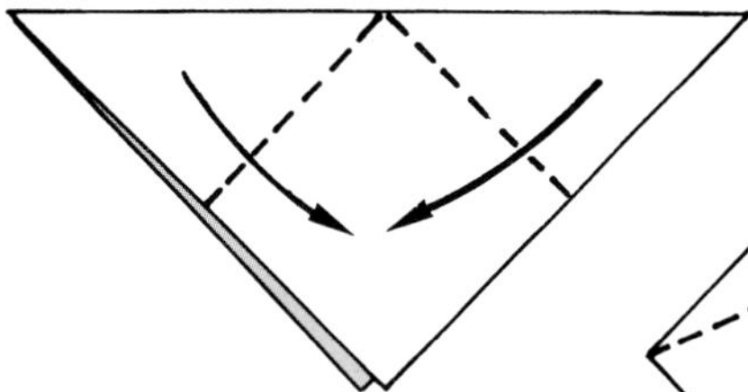

2 Rabattre les pointes vers le bas.

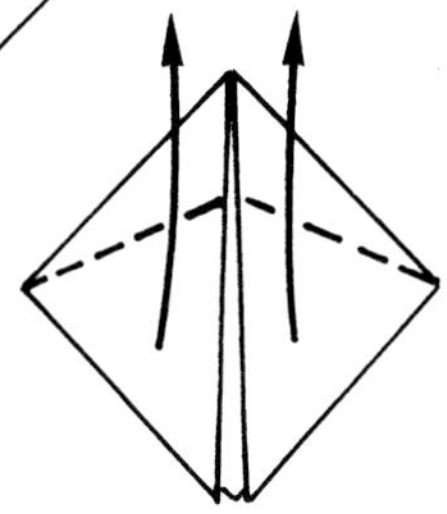

3 Remonter les pointes.

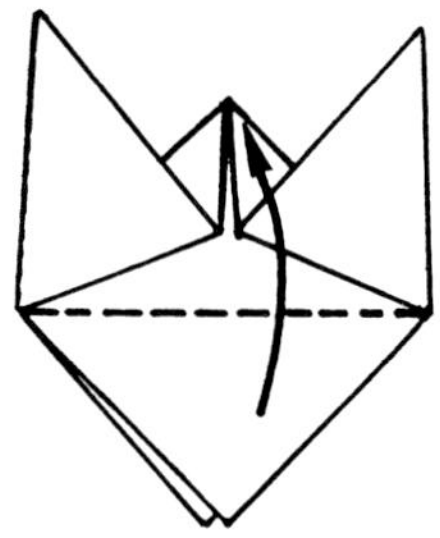

4 Plier une pointe vers le haut.

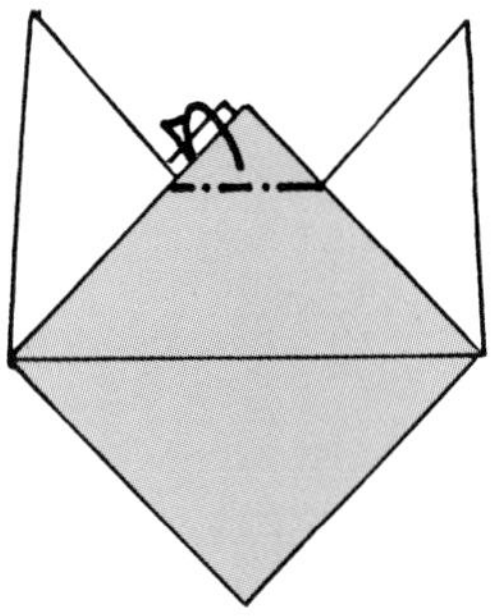

5 Plier la pointe à l'intérieur. Puis retourner le modèle.

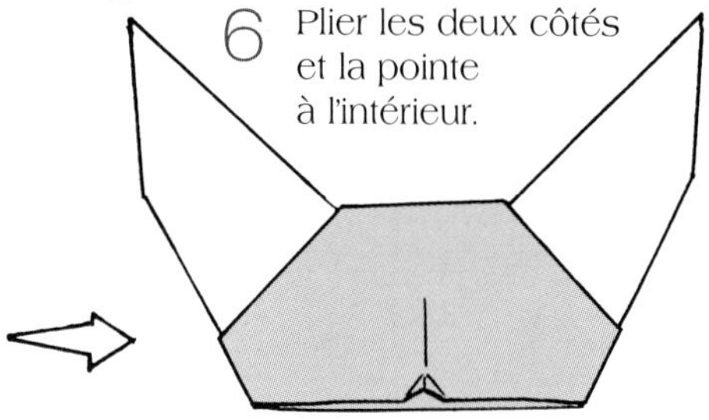

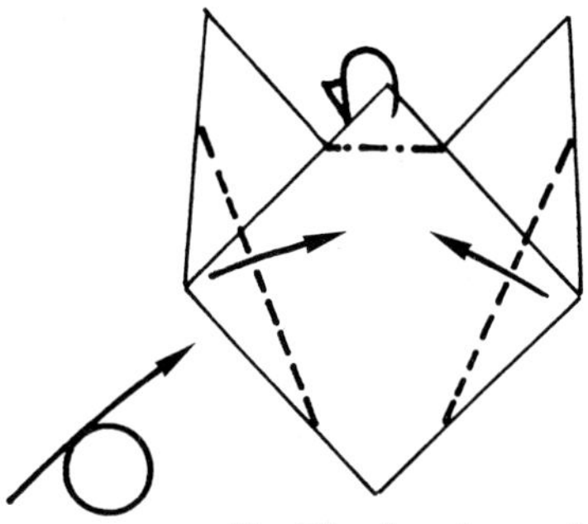

6 Plier les deux côtés et la pointe à l'intérieur.

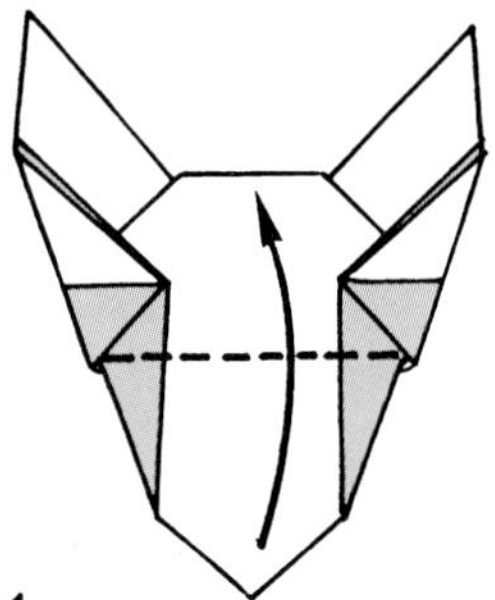

7 Remonter la pointe.

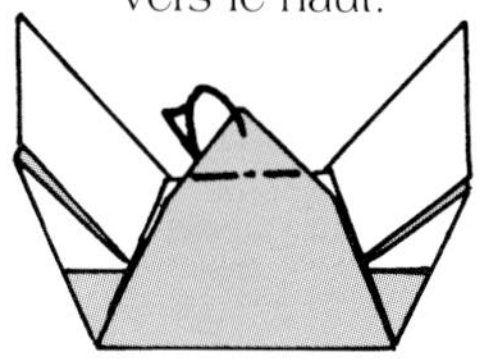

8 Plier la pointe à l'intérieur.

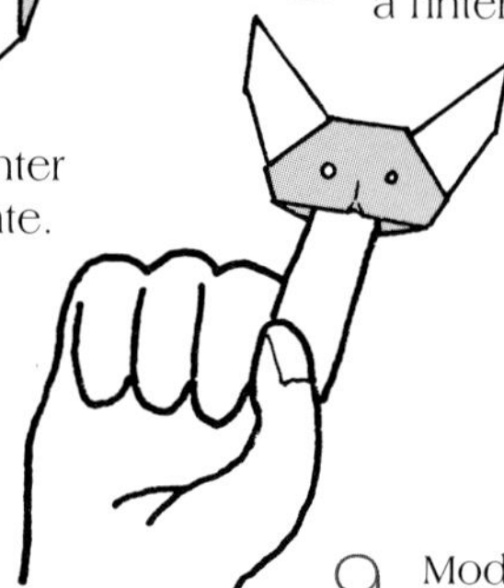

9 Modèle terminé.

Carte-poussin

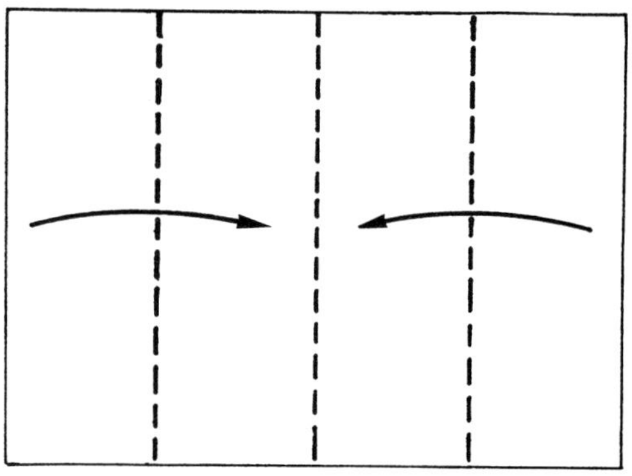

1 Format initial A4. Plier les côtés au centre, déjà marqué.

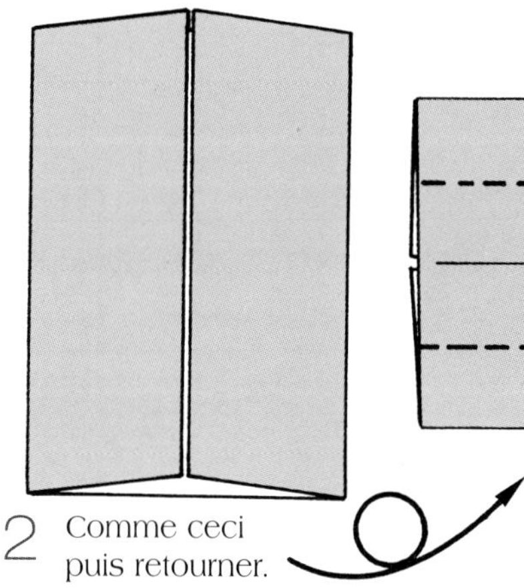

2 Comme ceci puis retourner.

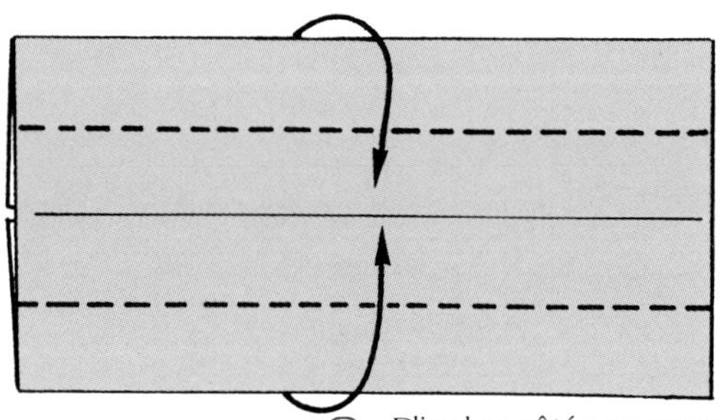

3 Plier les côtés au centre en dégageant l'arrière.

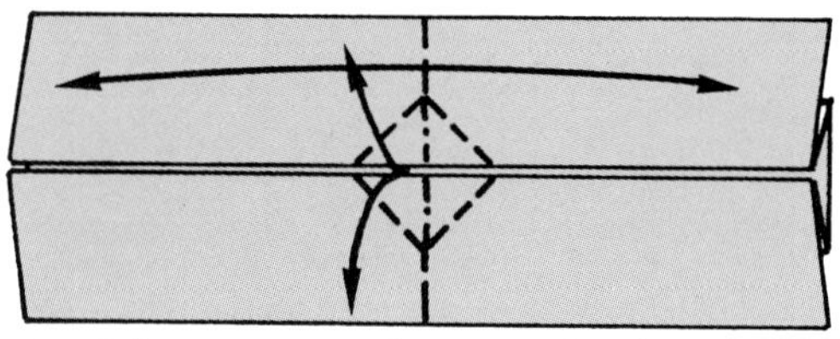

4 Ouvrir le centre en pliant simultanément en deux puis remettre à plat et retourner.

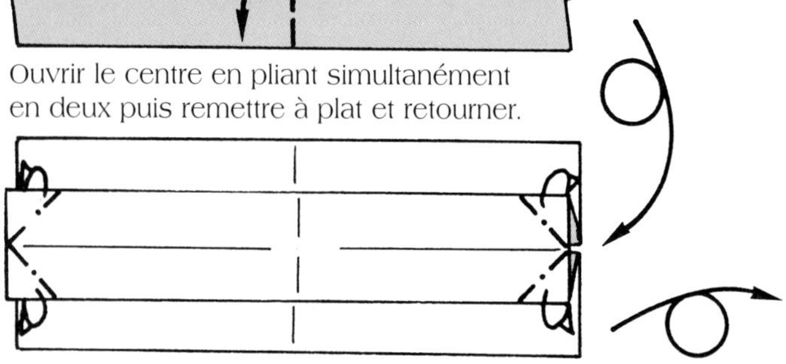

5 Rentrer les angles de chaque côté puis remettre en bonne forme comme en 4.

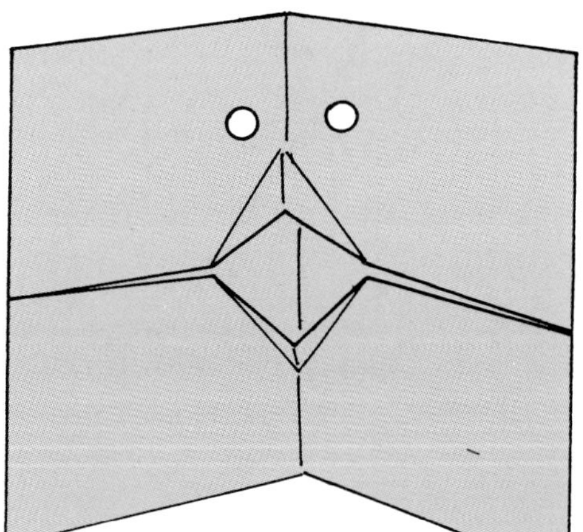

La carte s'anime en s'ouvrant.

Marionnette

Les petites marionnetttes s'animeront dès qu'elles seront au bout de vos doigts. Vos deux mains ne suffiront pas pour donner vie à tous les animaux de la création.

Carte-poussin

Cette carte sera envoyée à toutes les occasions pour annoncer une naissance, un anniversaire ou une fête. En l'ouvrant, le bec se mettra à lire le mot que vous aurez écrit.

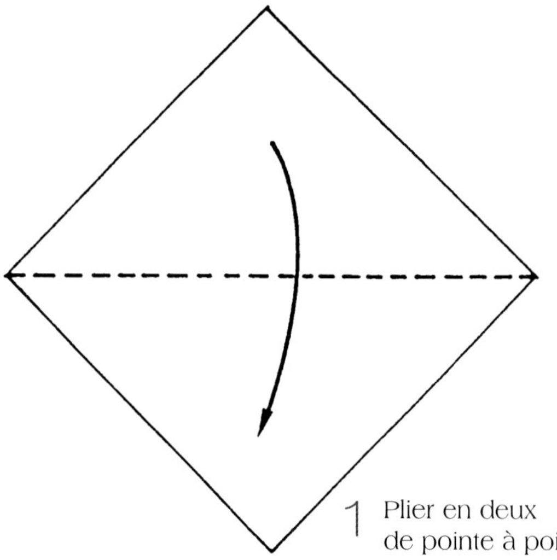

1 Plier en deux
de pointe à pointe.

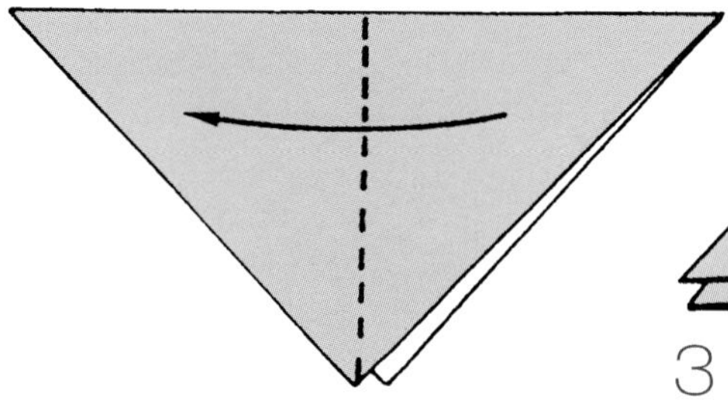

2 Replier en deux.

3 Marquer la pointe
comme indiqué puis ouvrir.

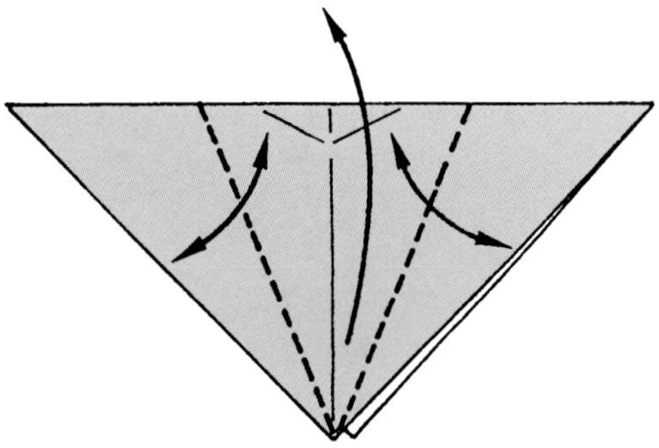

4 Rabattre les côtés au centre
puis ouvrir complètement.

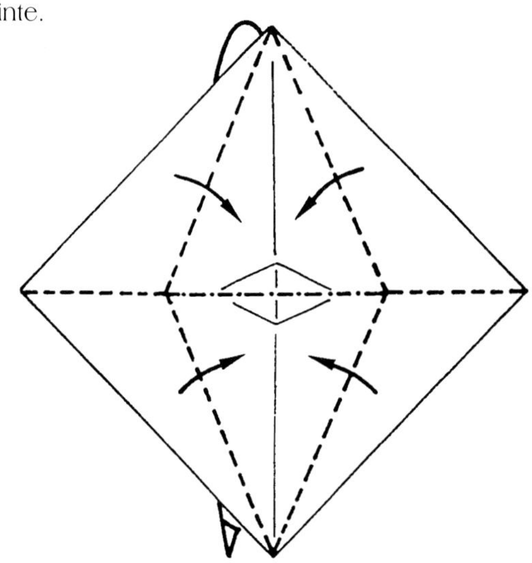

5 Marquer les plis comme indiqué
puis plier derrière.

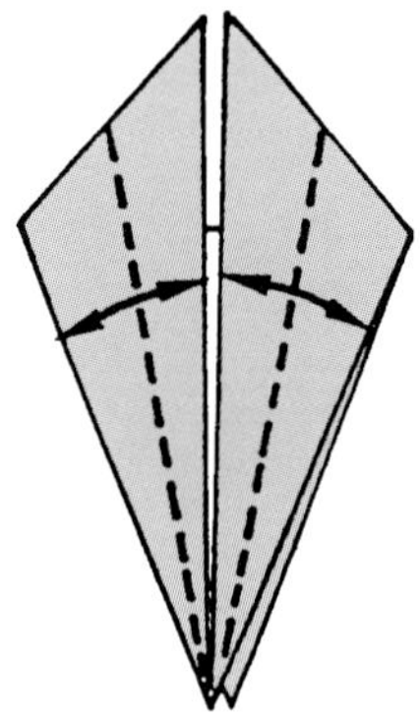

6 Marquer les plis.

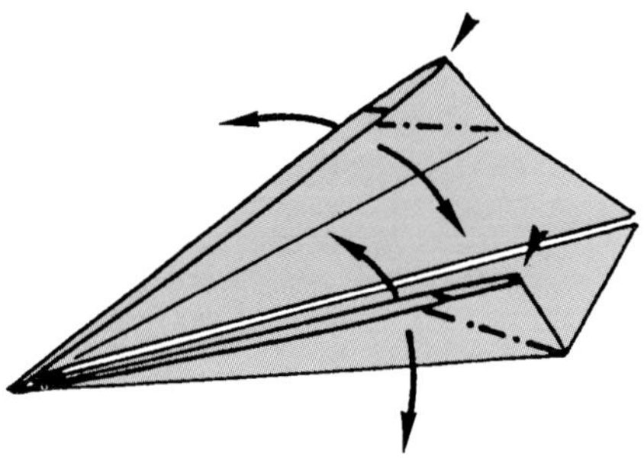

7 Mettre chaque côté à la verticale.
Puis ouvrir en appuyant
sur la pointe.
Puis faire un pli écrasé.

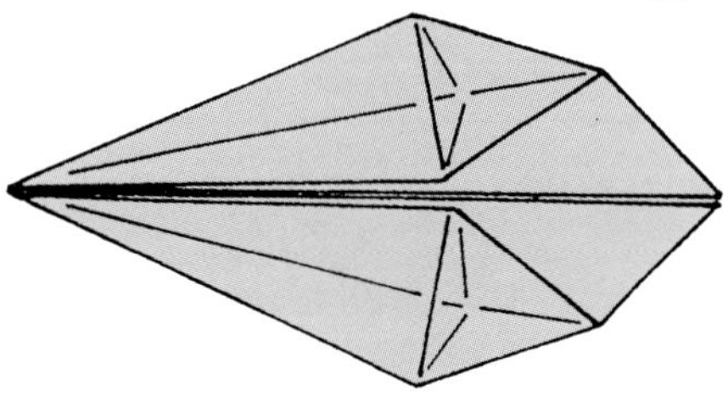

8 Comme ceci puis retourner.

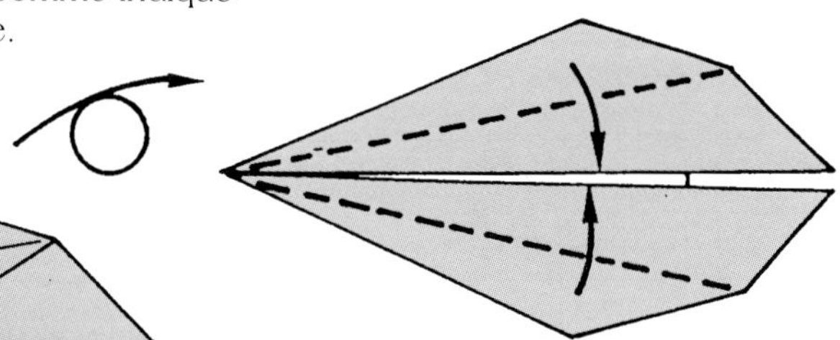

9 Plier les côtés vers le centre.

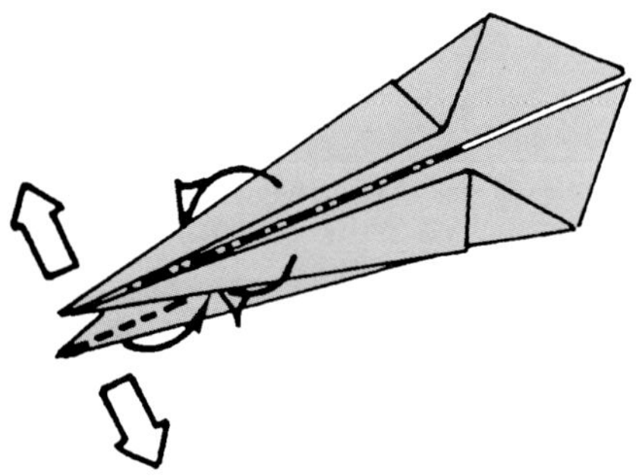

10 Plier en deux les pointes puis ouvrir
en marquant le losange intérieur.

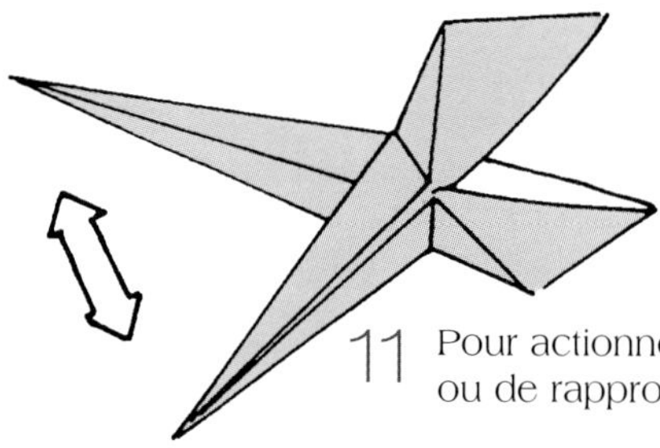

11 Pour actionner la pince, il suffit d'éloigner
ou de rapprocher les poignées.

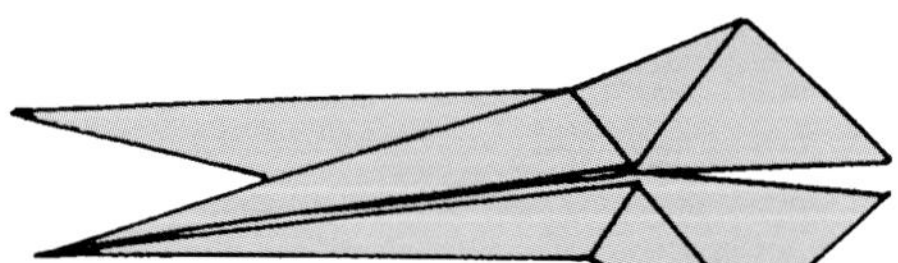

Pince

Lorsque vous faites du bricolage et que votre enfant vous tourne autour pour vous aider, quoi de plus simple que de plier avec lui cette pince avec laquelle il pourra bricoler comme vous mais sans danger. Cette pince s'articule lorsqu'on actionne les poignées.

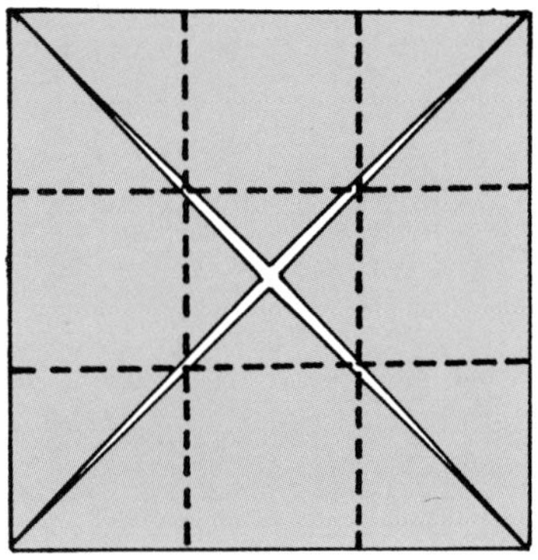

1 Plier les quatre pointes d'un carré jusqu'au centre puis marquer les plis au tiers dans les deux sens.

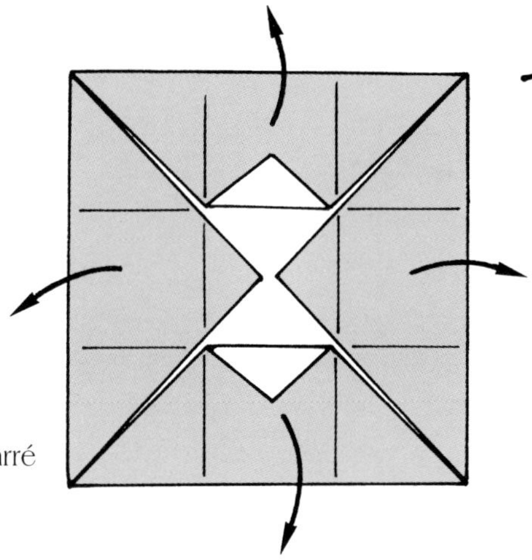

2 Ouvrir complètement et retourner.

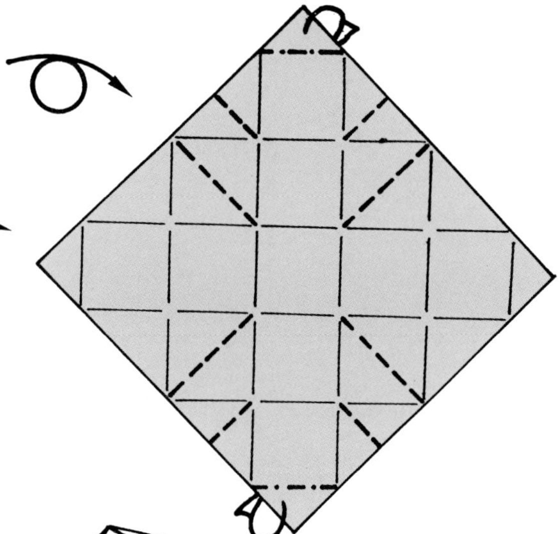

3 Plier les deux triangles derrière et marquer les derniers plis comme indiqué puis retourner.

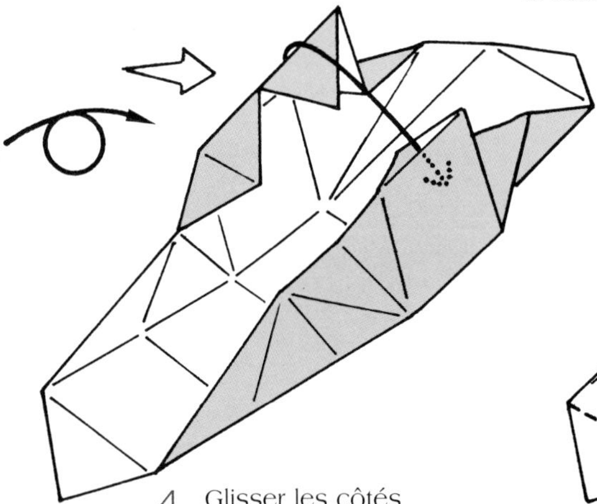

4 Glisser les côtés l'un dans l'autre.

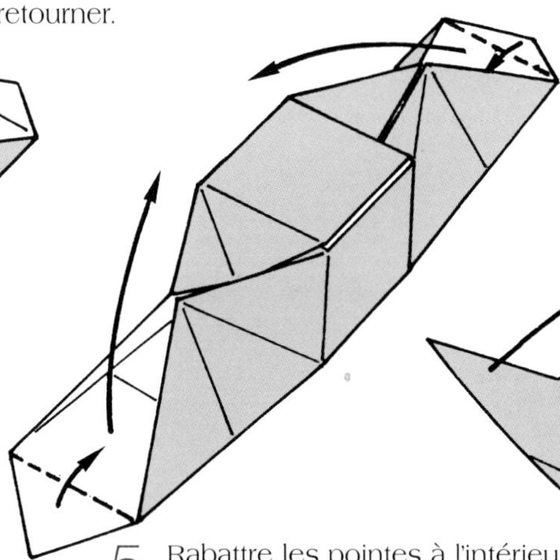

5 Rabattre les pointes à l'intérieur puis remonter le tout à la verticale.

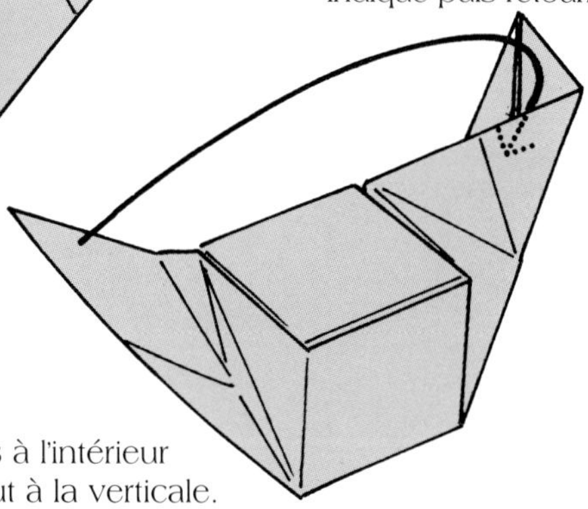

6 Emboîter l'un dans l'autre.

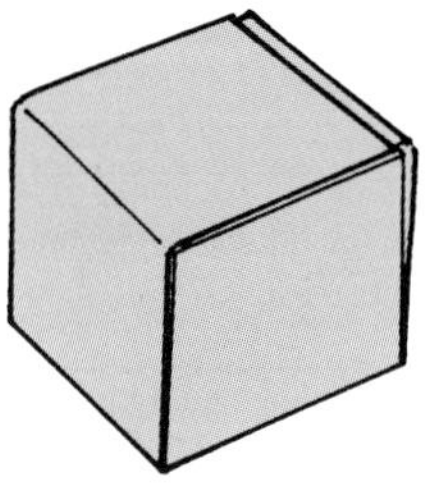

7 Le cube terminé.

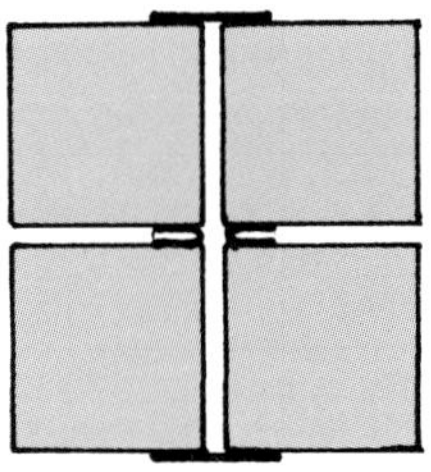

8 Assembler quatre cubes avec un ruban adhésif comme indiqué.

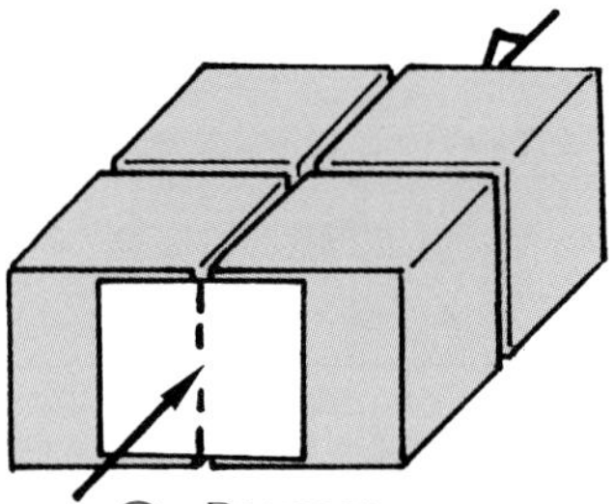

9 Pousser de chaque côté...

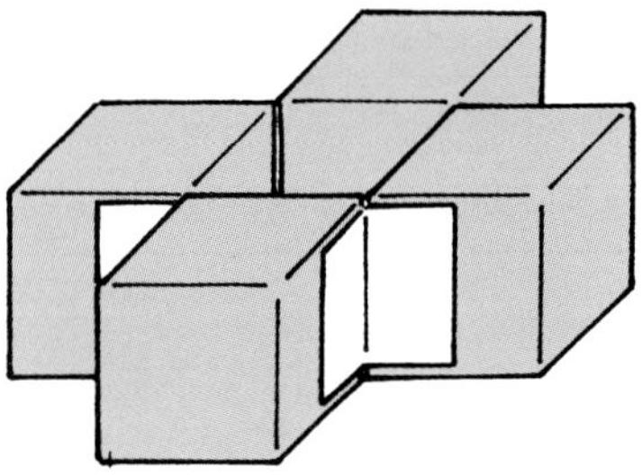

10 ...pour articuler les cubes.

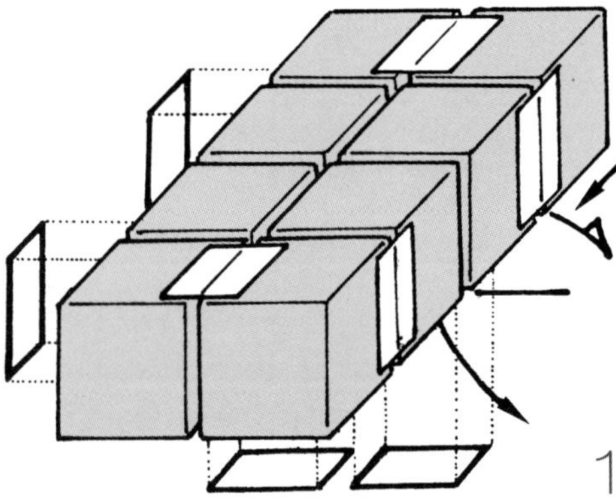

11 Assembler huit cubes comme indiqué à l'aide de huit morceaux de ruban adhésif.

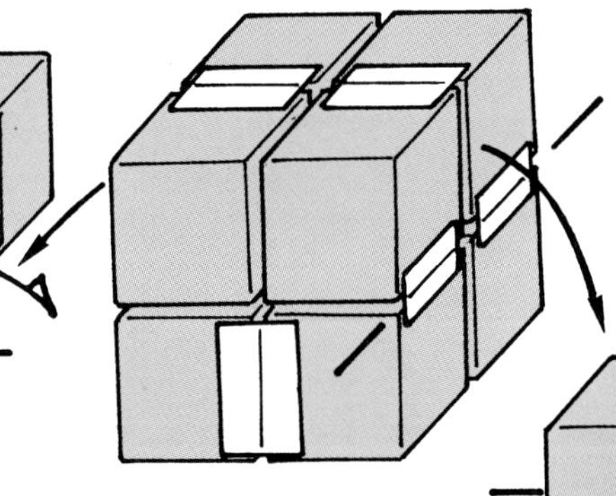

12 Manipuler les cubes ainsi reliés en pivotant chaque partie le long des charnières.

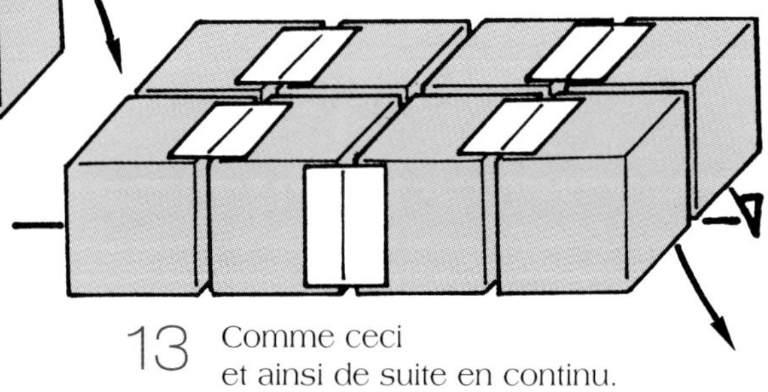

13 Comme ceci et ainsi de suite en continu.

Cubes articulés

Pour réaliser ces deux modèles, il faudra dans un premier temps plier des cubes. Assemblés par quatre à l'aide d'un ruban adhésif, ils s'articuleront en deux positions sur chaque face. Un motif dessiné se transformera par simple manipulation. L'assemblage par huit, plus difficile mais plus étonnant encore, se plie en morceaux sans se séparer. Les plus courageux pourront essayer un assemblage par douze qui s'articulera encore différemment.

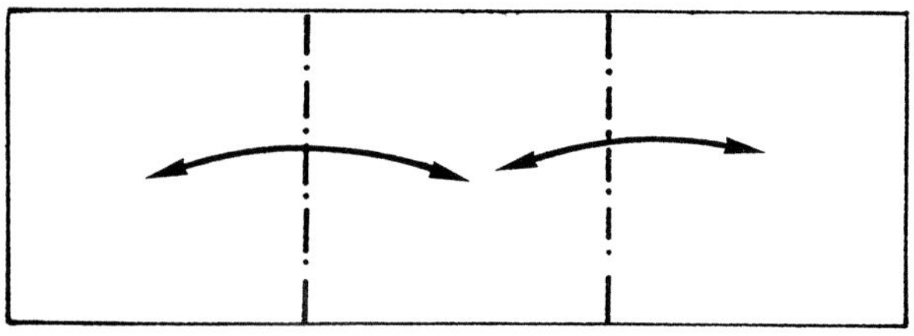

1 Plier en trois une grande feuille de papier de format 1 × 3 cm.

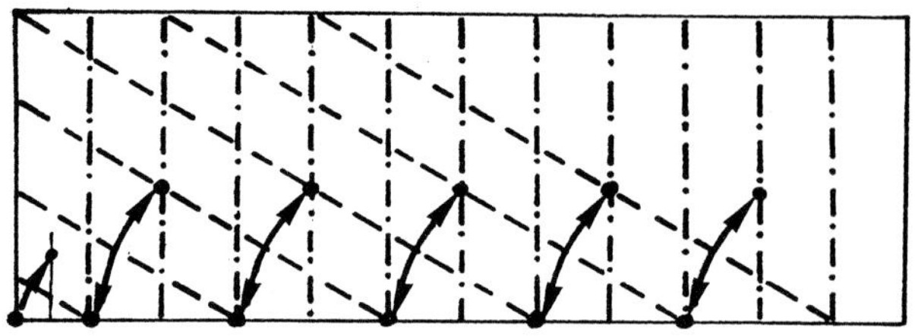

2 Diviser verticalement en quatre les trois parties puis joindre successivement les points marqués deux à deux en commençant par la gauche.

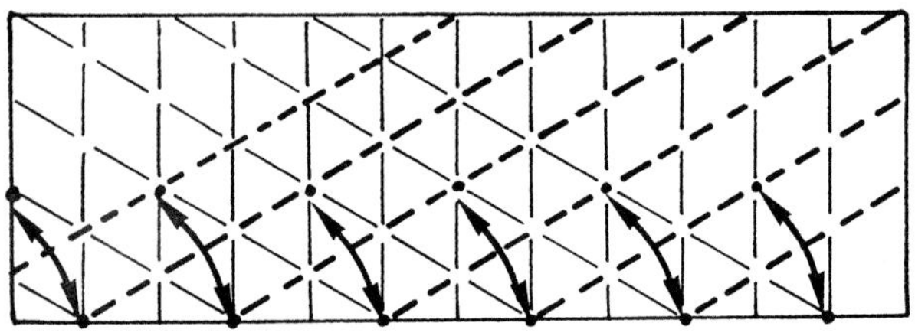

3 Répéter la même opération de l'autre côté.

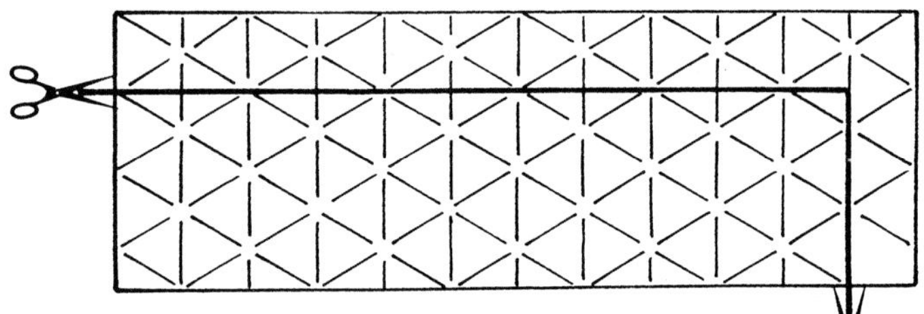

4 Marquer les derniers plis en s'aidant des points d'intersection des plis existants puis couper le surplus selon le trait en gras.

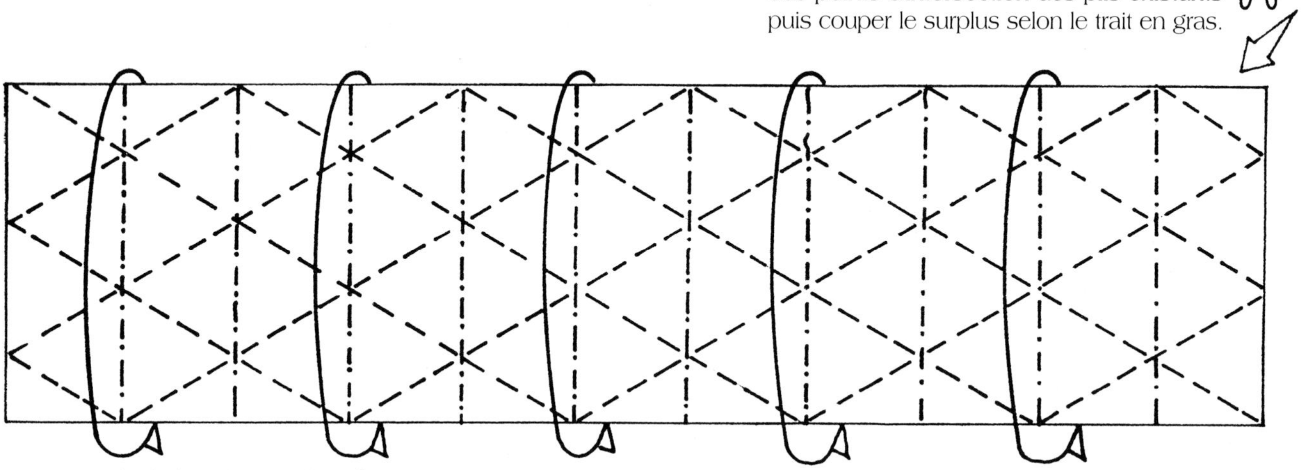

5 Enrouler la bande sur elle-même en respectant le sens des plis.

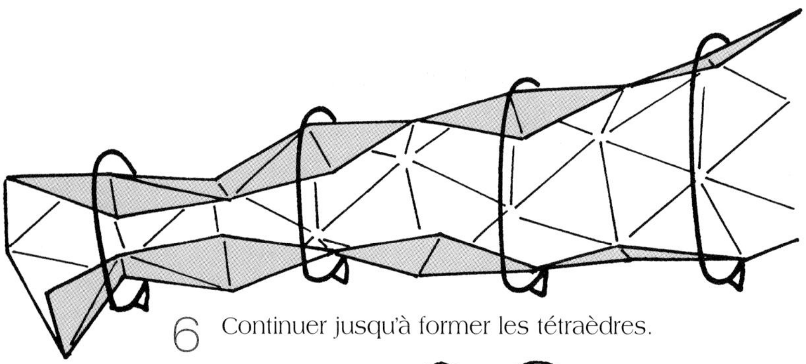

6 Continuer jusqu'à former les tétraèdres.

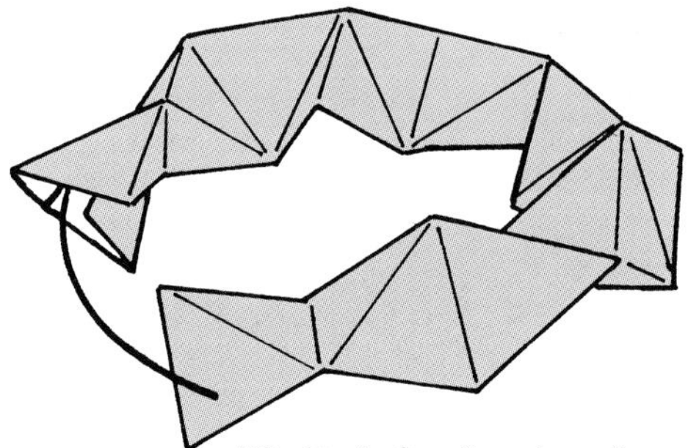

7 Emboîter l'un dans l'autre.

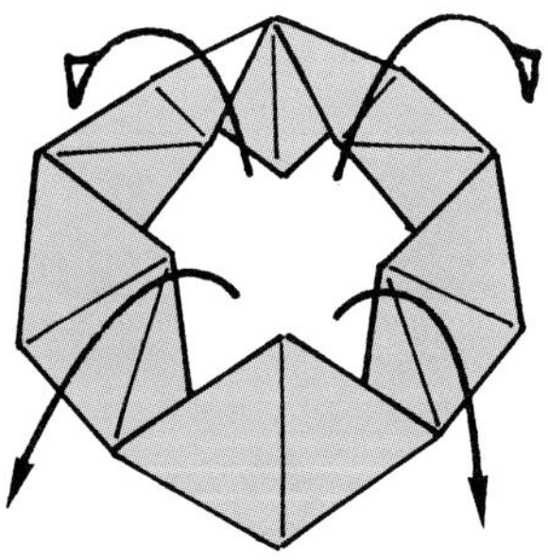

8 La chaîne refermée tourne sur elle-même...

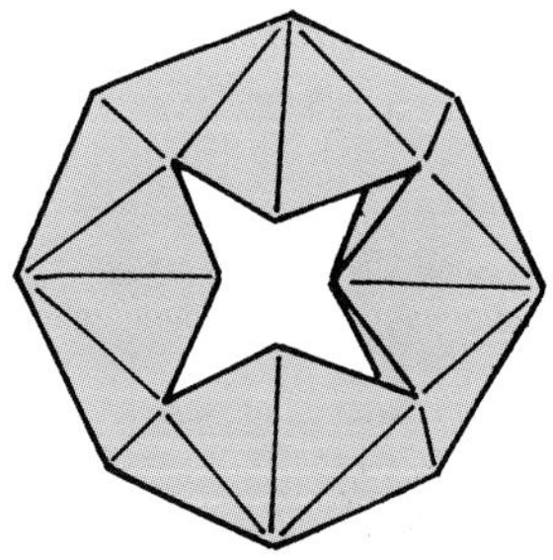

9 ...à l'infini.

Chaîne des tétraèdres

Pour plier cette chaîne, il est préférable d'être un plieur confirmé, car elle demande de la précision et de la rigueur. Une fois terminée, cette chaîne tournera sur elle-même sans frottement comme les rouages d'une mécanique bien réglée.

Levier mobile

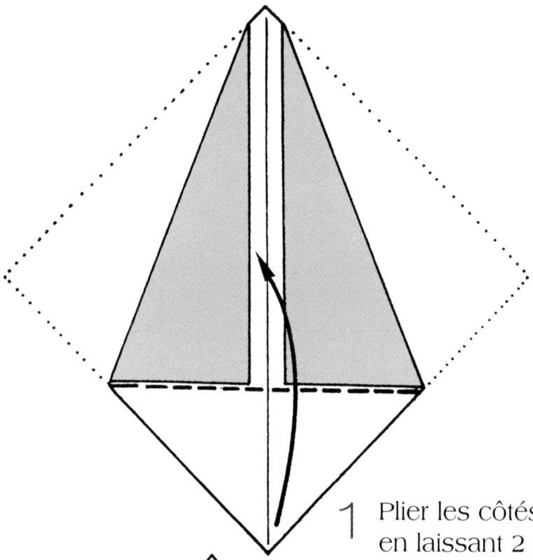

1 Plier les côtés
en laissant 2 mm
au centre
puis rabattre
le triangle
du bas.

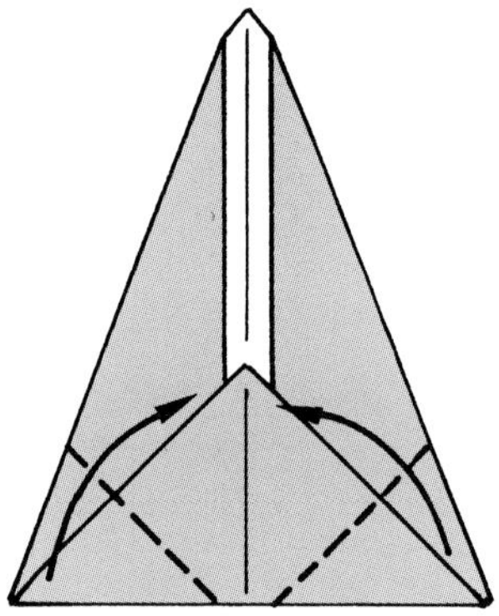

2 Replier les pointes
en laissant le même
espace au centre.

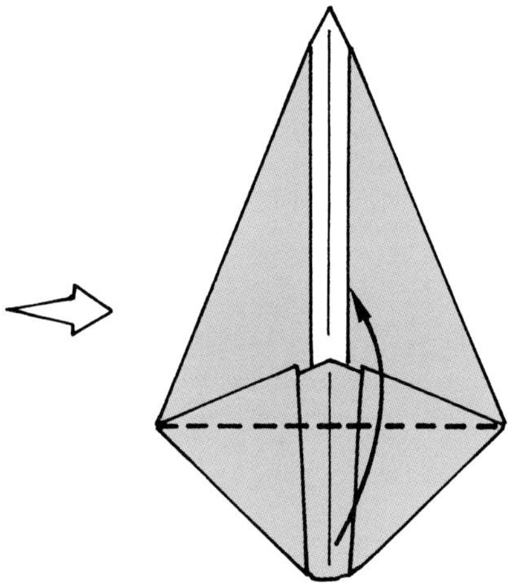

3 Replier vers le haut
toutes les épaisseurs.

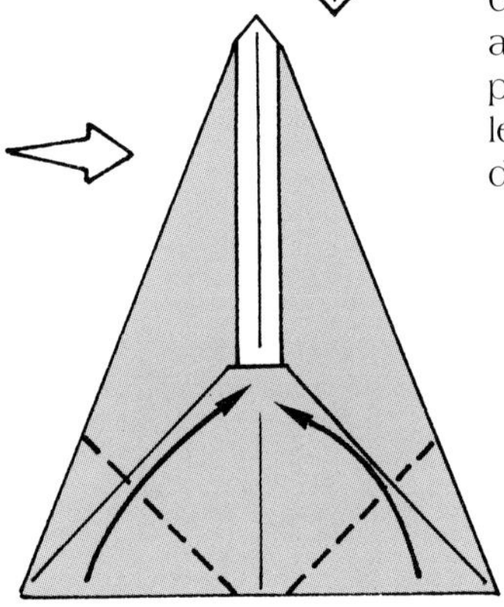

4 Rabattre une dernière fois
les pointes en respectant
l'espacement initial.

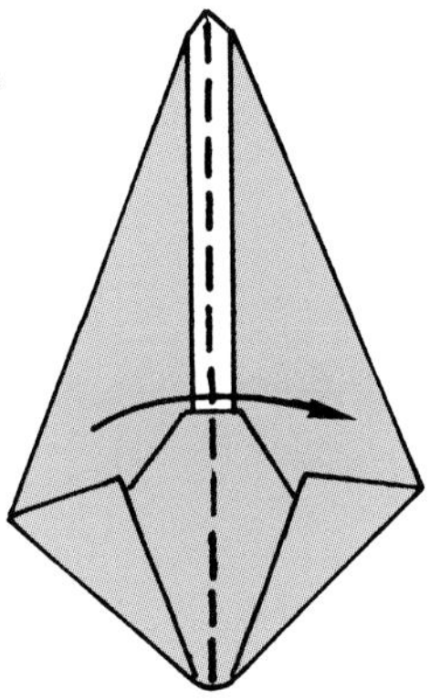

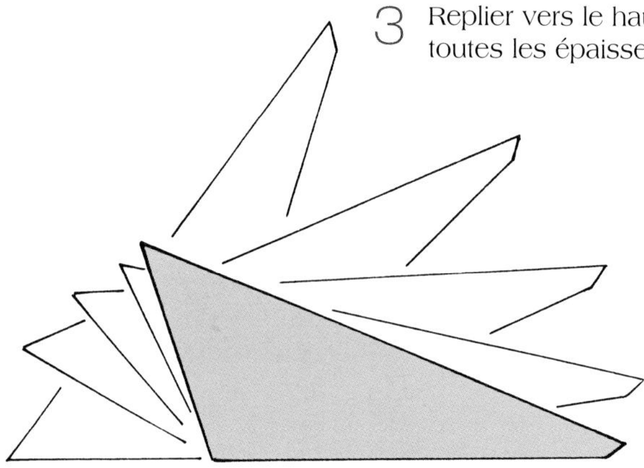

5 Plier en deux puis pincer fortement la base.
Poser le levier sur une table ; après quelques
secondes il se lèvera lentement jusqu'à la verticale.
Le repincer pour qu'il marche à nouveau.

Du cercle au carré

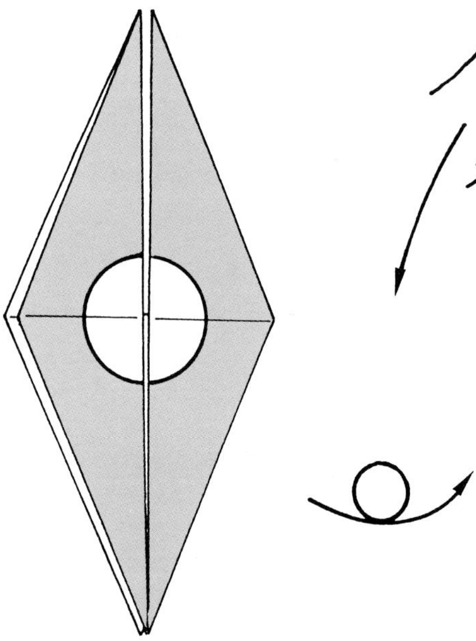

1 Commencer par plier la
base de l'oiseau (voir p. 18)
puis dessiner un cercle
et retourner le tout.

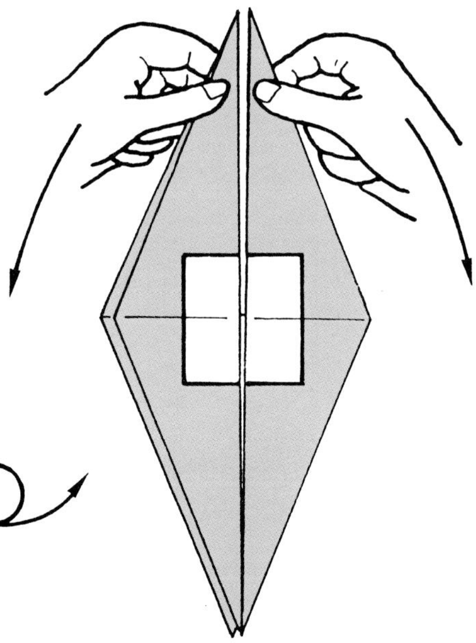

2 Dessiner un carré sur l'autre
face. Pour mélanger les deux
figures, descendre les pointes
vers le bas.

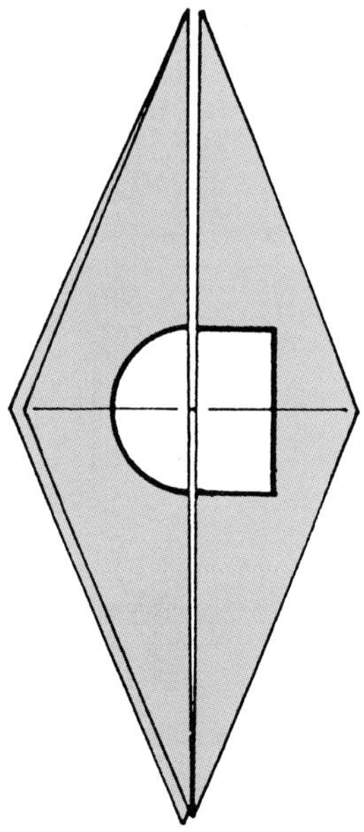

3 Une figure nouvelle apparaît.

Levier mobile

Qui pourrait croire qu'un carré de papier plié puisse donner vie à un levier qui se relève lentement ? Vous, bien sûr, qui aurez compris que la base s'ouvre en créant un déséquilibre.

Du cercle au carré

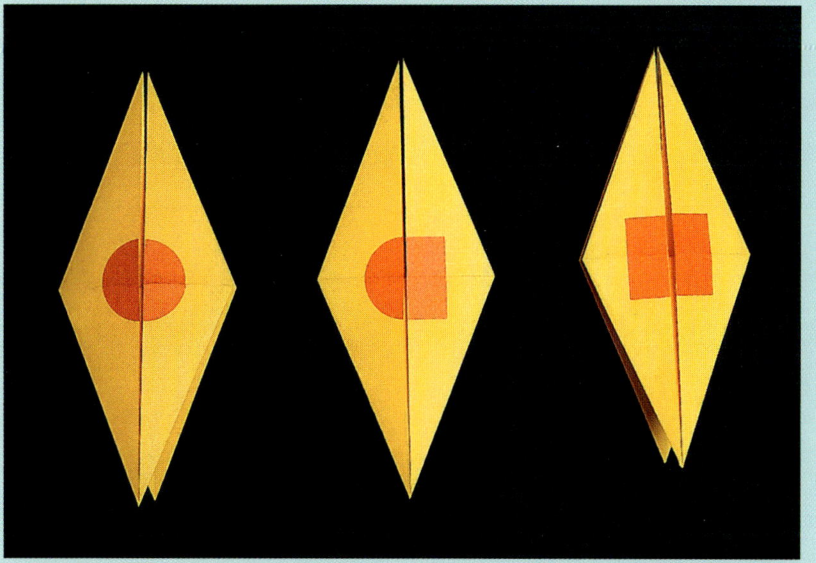

Ce modèle n'est rien d'autre que la base de l'oiseau sur laquelle vous aurez dessiné un cercle d'un côté et un carré de l'autre. En rabattant les pointes vers le bas, le cercle et le carré se mélangeront à n'y plus rien comprendre. Pour remédier à cela, il suffira de descendre les pointes à nouveau.

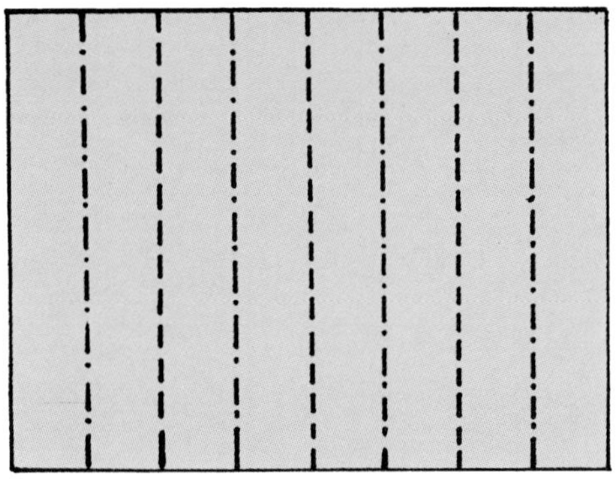

1 Diviser une feuille en huit parties égales, puis la plier en accordéon.

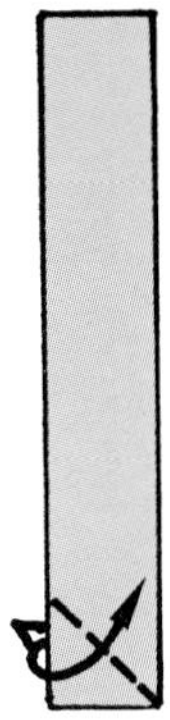

2 Une fois à plat, marquer le premier pli de chaque côté.

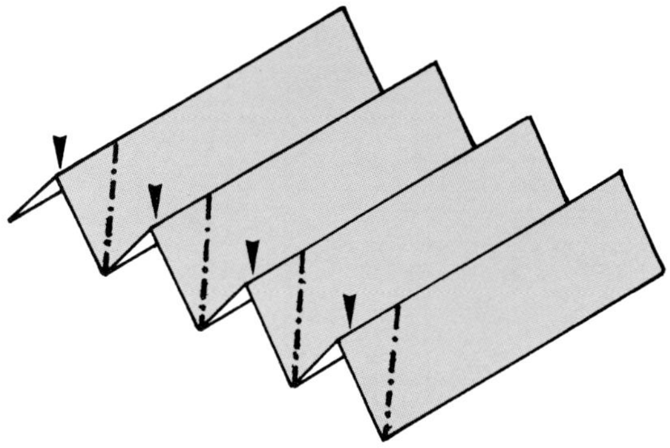

3 Faire des plis inversés : en inversant le pli « montagne » en bordure en pli « vallée ».

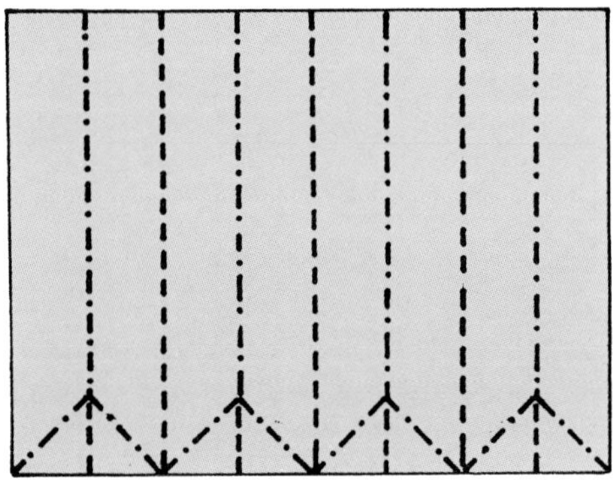

4 Le pliage donne ce motif, replier en accordéon.

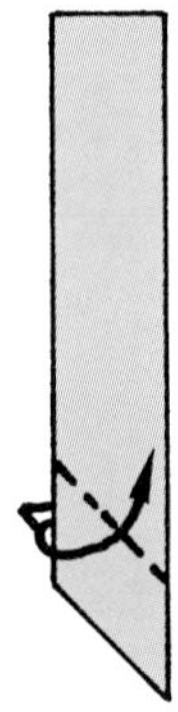

5 Marquer le deuxième pli dans les deux sens.

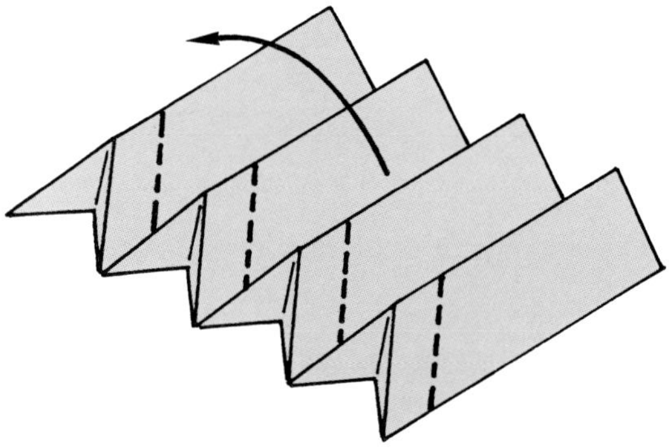

6 Faire des plis inversés extérieurs.

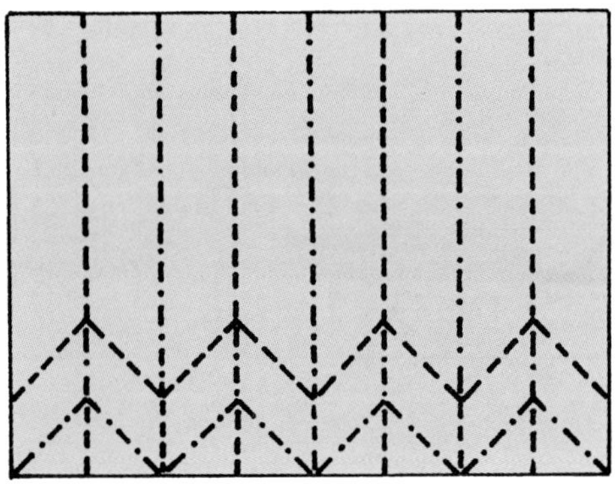

7 Respecter le sens des plis puis mettre le tout à plat.

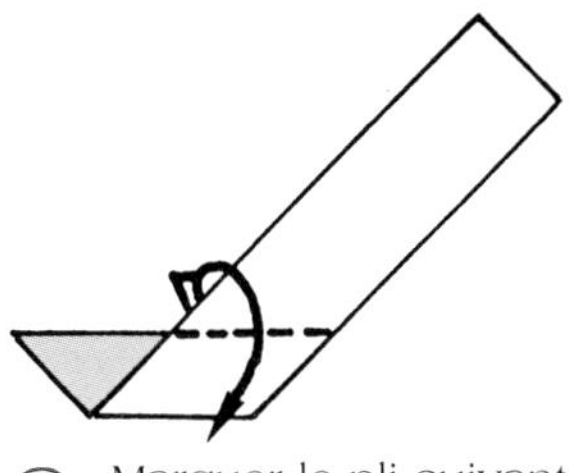

8 Marquer le pli suivant.

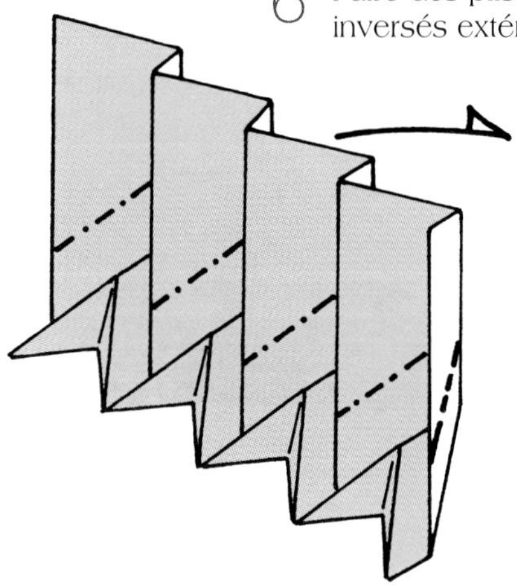

9 Procéder de la même façon.

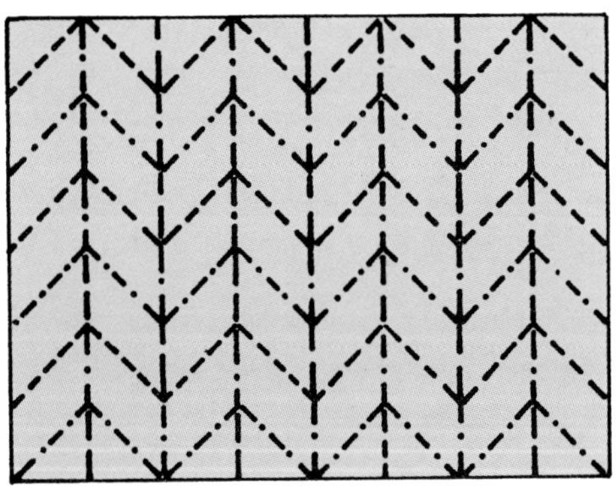

10 Répéter les chevrons jusqu'au bout.

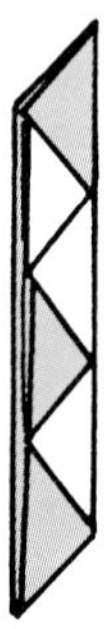

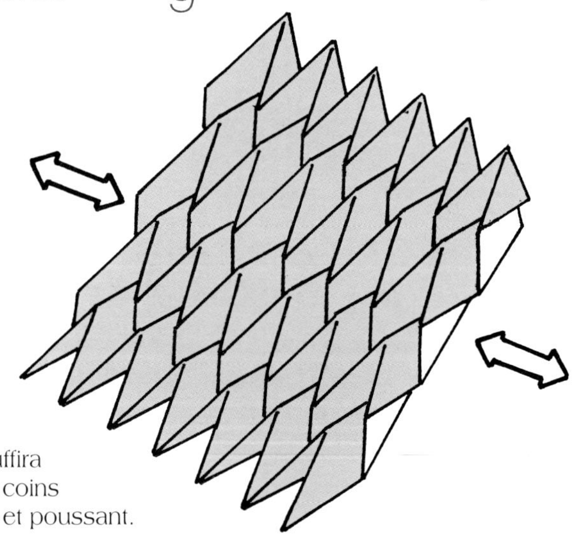

11 Pour l'animer, il suffira de le tenir par les coins opposés en tirant et poussant.

Chevrons

Ce modèle s'adresse à des plieurs chevronnés car il demande une agilité pour réussir à mettre en place tous les plis inversés. C'est un pliage purement esthétique qui accroche la lumière par un jeu d'ombres en éclairage rasant.

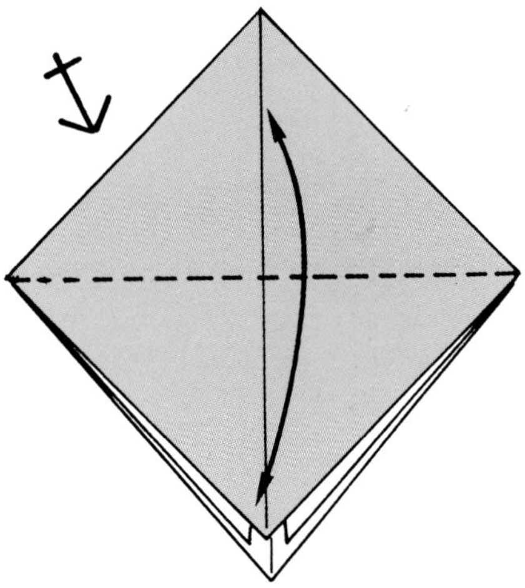

1 Faire une base préliminaire (voir p. 5) puis marquer une diagonale. Répéter derrière.

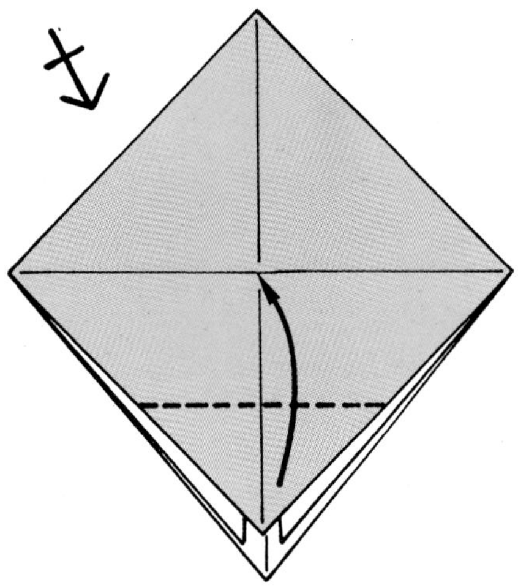

2 Rabattre la pointe au centre. Répéter derrière.

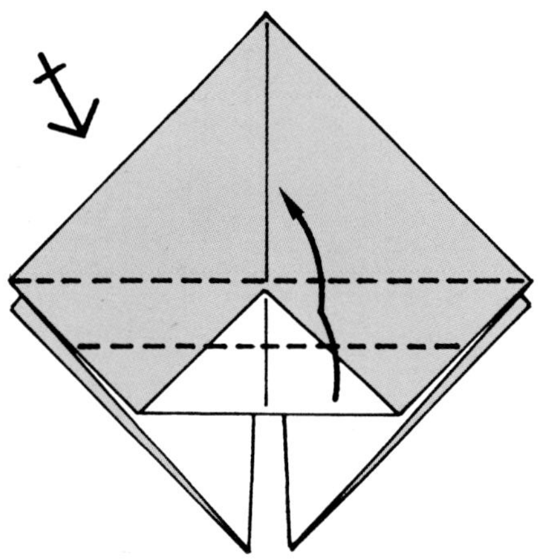

3 Enrouler en pliant. Répéter derrière.

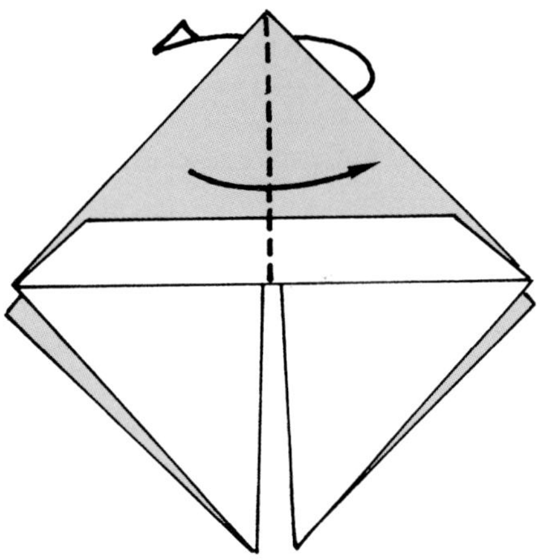

4 Plier les côtés jusqu'au centre, répéter derrière.

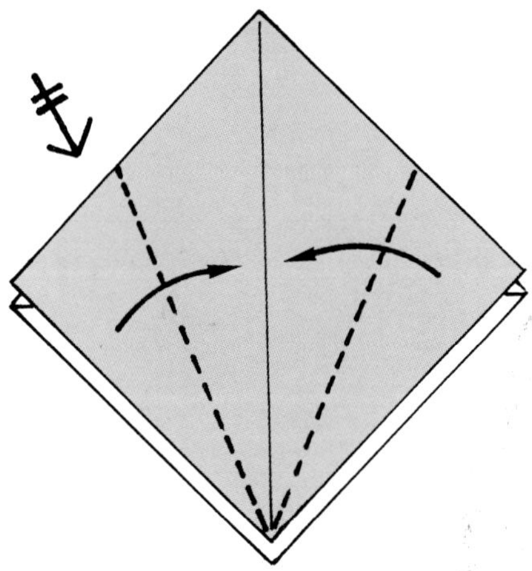

5 Plier les côtés jusqu'au centre, répéter derrière.

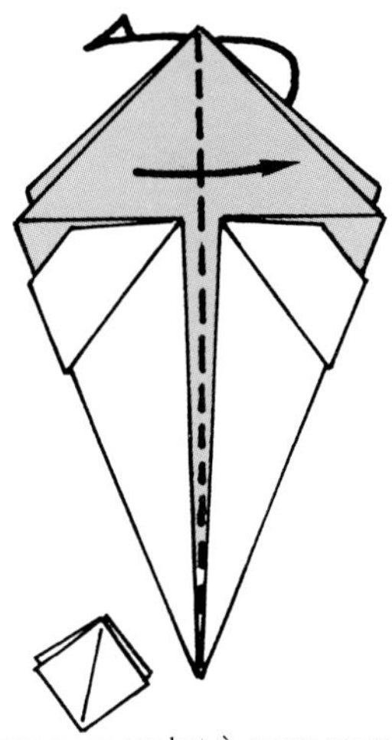

6 Tourner un volet à nouveau, idem derrière.

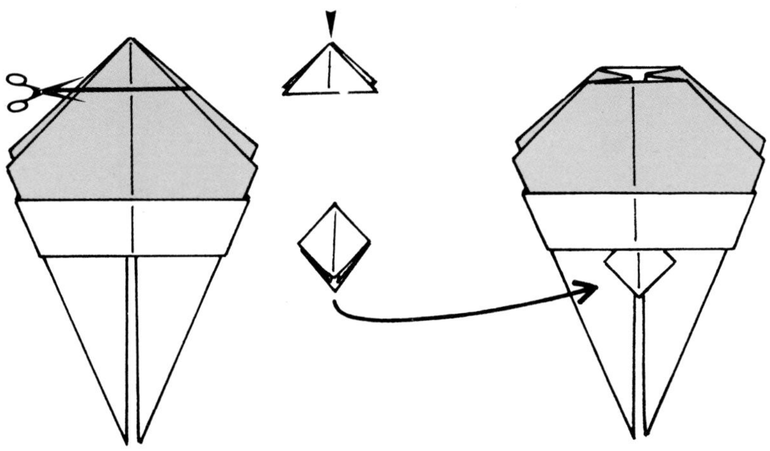

7 Couper la pointe puis inverser le morceau découpé en appuyant au centre.

8 Glisser ensuite cette mini-base préliminaire entre les pointes.

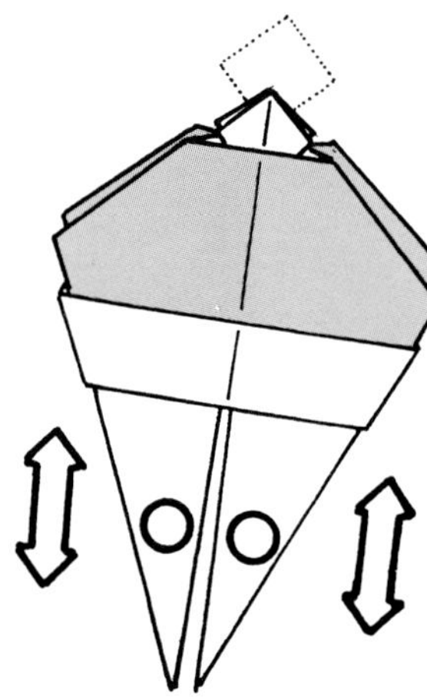

9 En actionnant les deux pointes en va-et-vient la petite bête va monter et réapparaître au bout.

La petite bête qui monte

Ce pliage, venu d'Angleterre, via l'île Maurice, est un modèle surprenant. Le petit carré placé au milieu va disparaître en continuant sa course pour réapparaître à l'autre bout simplement en actionnant les pointes d'avant en arrière.

Conseils

Plis et symboles

Avant de commencer, arrêtez-vous un moment aux pages des « Plis et symboles » où sont expliqués les plis essentiels : le pli « vallée », en creux, et le pli « montagne », en arête, ainsi que d'autres mouvements et combinaisons de plis qui seront utiles par la suite.

Comment plier ?

Chaque pli et son mouvement sont représentés sur un schéma par une flèche et des points à joindre deux à deux. Pour éviter toute erreur, faites bien la différence entre « plier le papier » et « marquer le pli ». Dans le premier cas, vous conservez le pli, dans le second, vous le pliez comme l'indique la double flèche. Reportez-vous si besoin au schéma suivant qui permet aussi de comprendre l'étape précédente .

Quel papier plier ?

Exercez-vous dans un premier temps à plier dans le format demandé des modèles simples, dans des papiers ordinaires. Pour cela, apprenez d'abord à connaître le papier en le pliant et en le manipulant spontanément. Découvrez sa texture soyeuse ou granuleuse, touchez sa surface brillante ou mate, estimez son épaisseur du bout des doigts : les meilleurs papiers sont ceux qui n'excèdent pas 90 g, comme le pop'set ou le kraft, ou les papiers d'origami. Interrogez-vous sur l'origine du papier et son degré de transparence. Dans tous les cas, préférez un papier qui marque bien son pli.

Comment couper son papier ?

Les papiers qui se présentent en grande feuille sont recoupés en carrés au cutter ou aux ciseaux. Un tracé préalable à angle droit est nécessaire. On peut aussi faire massicoter son papier ou découper des carrés dans des formats A4.

Niveaux de difficulté

Dans le sommaire, le niveau de chaque pliage est indiqué : d'une étoile pour les plus faciles jusqu'à trois étoiles pour les plus complexes. Mais chacun pourra, au gré de son imagination et de sa créativité, détourner ces pliages initiaux pour les adapter à ses besoins et y ajouter une touche personnelle. Je vous invite à découvrir la richesse d'expression des pliages.